시작하는
IFRS 회계원리

김동욱 · 김태동 · 김성환 · 최서연 · 김현동 · 표경민

교육과학사

머리말

회계는 '경영의 언어(language of business)'라고 합니다. 회계는 조직의 경제활동을 측정하여 그 결과를 다양한 정보이용자들(투자자, 채권자, 정책당국, 경영자 등)에게 제공하는 핵심적인 역할을 수행하기 때문입니다.

4차 산업혁명 시대에 진입하면서도 회계데이터 자체의 중요성, 사회 전반적으로 회계데이터를 체계적으로 이해하려는 수요의 증가, 기업 실무에서의 필요 등으로 회계학 학습의 수요는 지속적으로 증가하고 있습니다. 하지만 회계학을 처음 접하는 대부분의 사람들은 그 내용의 생소함과 어려움에 초반에 좌절하고 이는 회계학 공부의 포기로 이어지기도 합니다. 혹자들은 이에 대해 회계학이 가진 '진입 장벽'이라고 말하면서 초심자들이 겪는 자연스러운 현상이라고 치부하기도 합니다.

저자들은 학습자들의 저조한 이해도나 학습 실패의 원인 등을 오로지 '진입 장벽' 탓으로 돌리는 것이 교수자의 편의적 발상에 비롯된 것으로 봅니다. 이에 따라 저자들은 자연스럽게 회계학을 처음 접하는 이들이 무엇을 어려워하고 필요로 하는지, 어느 정도의 수준과 어떠한 교육방식이 필요한지, 급변하는 회계 및 기업환경 속에서 경쟁력을 갖춘 인재양성을 어떻게 효과적·효율적으로 실현할 것인지 등에 대한 저자들의 치열한 고민과 토론의 결과를 본서 전반에 반영하였습니다.

본서가 가진 구체적인 특징을 정리하면 다음과 같습니다.

첫째, 회계학을 처음 접하는 모든 분들께 도움이 되기를 기대하면서 기본을 중시하면서 최대한 쉽고 명료하게 개념을 전달하려고 하였습니다.

둘째, 저자들은 본서가 회계 초심자들을 위해 기초체력을 갖추는 과정이라는 점을 유념하면서 개론 수준을 넘어선 부분은 과감하게 배제하였습니다.

셋째, 국제회계기준의 단순한 인용을 지양하였습니다. 단순히 기준서의 문언을 그대로 해석하기보다는 여러 배경지식과 사례 등을 통해 그 내용을 이해하는 것이 규정의 취지와 논리를 학습하는 데 도움이 되기 때문에 저자 고유의 문장이나 설명으로 독자들에게 내용과 취지를 전달하는 데 최대한 초점을 맞추었습니다.

단순히 저자들의 지식과 견해를 일방적으로 전달하는 데 그치지 않고 독자들이나 이 책을 여러 용도에 사용하시는 분들의 지적을 과감히 수용하여 향후 발전적 개정을 거듭하려고 합니다. 그러므로 이 책에서 필요로 하는 개선사항은 과감히 지적해 주시길 부탁드립니다.

끝으로 본서의 출간에 많은 관심과 함께 소중한 조언을 주신 KAIST 정양헌 교수님과 광운대학교 김도형 교수님께 진심으로 감사드립니다. 본서 출간을 흔쾌히 허락해주신 교육과학사 한정주 대표님과 이주표 부장님께도 깊은 감사를 드립니다. 그리고 출간 준비가 길지 않았는데도 불구하고 강의 일정에 맞게 출간할 수 있도록 힘써주신 이정호 실장님을 비롯한 편집실 직원 여러분께도 무한한 고마움을 전합니다.

2020년 4월

저자 일동

목 차

제 7 장 현금및현금성자산

제 8 장 수취채권과 지급채무

제10장 유형자산과 무형자산

제11장 투자목적 금융자산

부 록 현가표

01 장

회계와 회계환경

학습목표

- ▶ 회계정보의 역할을 설명할 수 있다.
- ▶ 회계기준과 회계감사제도의 필요성을 설명할 수 있다.
- ▶ 재무회계와 관리회계를 비교하여 설명할 수 있다.

제 1 절 회계의 의의와 회계정보의 역할

1. 기업과 회계의 의의

(1) 기업

기업(enterprise)[1]은 재화나 용역을 제공하여 부가가치를 창출하고 영리를 추구하는 경제주체이다. 기업은 이익 창출을 위해 노력하거나 기여한 자들, 즉 임직원. 채권자, 주주 등에게 급여(임직원), 이자(채권자), 배당(주주) 등의 형태로 그 대가를 분배하고, 국가에 세금을 납부하며, 또한 기업이 속한 사회에 사회적 책임을 이행하는 사회적 존재이다.

기업에는 개인기업과 회사기업이 있다. 개인기업은 개인(자연인)이 주체가 되어 사업(business)을 하는 기업을 말하고, 회사기업은 일반대중으로부터 자본을 투자 받아 설립되는 독립된 하나의 실체로서 회사(법인)가 주체가 되어 사업을 하는 기업을 말한다.

(2) 상품매매기업, 제조기업, 서비스기업

다른 기업이 생산 또는 매입한 상품을 구입하여 판매하는 기업을 상품매매기업이라 한다. 그리고 직접 제품을 만들어 판매하는 기업을 제조기업이라 하며, 서비스(용역)를 제공하는 기업을 서비스기업이라 한다. 본 교재에서는 상품매매기업이 회계정보를 산출하는 과정을 중심으로 살펴본다.

(3) 회계의 의의

기업은 투자자로부터 위탁받은 자본을 운용하여 영업활동, 투자활동, 재무활동 등을

1) 본 교재에서는 영리기업에 한정하여 살펴본다.

수행한다. 이러한 활동의 결과를 체계적으로 정리하여 재무상태, 경영성과, 현금흐름, 자본변동 등의 회계정보를 정보이용자에게 주기적으로 제공한다. 이렇게 정보이용자의 정보욕구를 충족시켜 주는 과정이 회계(accounting)이며, 이러한 과정은 정보시스템을 통하여 이루어진다. 즉, 회계란 정보이용자들의 합리적 의사결정에 유용한 정보를 제공하기 위해 재무상태, 경영성과, 현금흐름, 자본변동 등에 관한 정보를 식별하고 측정하여 전달하는 정보시스템이라고 할 수 있다.

2. 회계시스템

회계의 본질은 기업의 정보비용자에게 합리적 의사결정에 유용한 회계정보를 생산하여 이를 보고하는 것이다. 기업은 이를 위하여 회계시스템(accounting system)을 설계하고 운용한다. 회계시스템은 기업의 영업활동, 투자활동, 재무활동 등을 통해서 발생한 거래나 사건 중 회계처리의 대상이 되는 것을 파악하고 그 영향을 측정한 후 의사결정에 유용한 회계정보로 변환한다. 이러한 회계시스템의 운용과정은 다음과 같이 구분할 수 있다.

(1) 인식 및 측정과정

인식(recognition)이란 기업의 활동 결과 발생하는 거래나 사건 중에서 회계처리의 대상이 되는 회계거래를 파악하여 장부 및 재무제표에 반영하는 과정을 말한다.

측정(measurement)이란 인식된 거래나 사건에 대하여 일정한 기준에 따라 화폐금액을 부여하는 과정을 말한다.

(2) 회계처리과정

회계처리과정이란 인식되고 측정된 거래나 사건을 회계장부에 기록하고 이를 분류하고 요약하여 회계정보로 전환하는 과정이다.

(3) 회계보고과정

회계보고과정이란 회계시스템에서 만들어진 정보가 정보이용자의 합리적인 의사결정에 유용한 회계정보가 되도록 재무제표 등의 형태로 전달되는 과정이다.

3. 정보이용자(이해관계자)

기업의 이해관계자들은 모두 합리적인 의사결정에 유용한 정보를 필요로 하는 회계정보이용자이다. 기업의 경영을 책임지고 있는 경영자, 중간관리자 등을 내부정보이용자라 하고 그 외 주주와 채권자, 거래처, 국가 등을 외부정보이용자라 한다.

외부정보이용자는 자신의 투자에 대한 적절한 보상을 받을 수 있는지와 투자한 기업이 도산할 위험은 없는지를 판단하는데 필요한 회계정보에 관심이 있다. 내부정보이용자는 원가절감과 생산성향상, 자원의 효율적 관리를 위한 경영의사결정에 필요한 회계정보에 관심이 있다.

제 2 절 회계기준과 회계감사제도

1. 회계기준

회계정보의 신뢰성을 제고하기 위해 회계정보를 작성하여 보고하는 과정에서 따라야 하는 준거기준이 필요하기 때문에 일반적으로 인정된 회계원칙(GAAP : generally accepted accounting principles)이 국가별로 제정되고 있다. 현재 우리나라의 일반적으로 인정된 회계원칙(GAAP)[2]은 한국채택국제회계기준(K-IFRS), 일반기업회계기준과 중

소기업회계기준 등으로 구분된다. 이 중 한국채택국제회계기준은 우리나라 주식시장(KOSPI 시장, KOSDAQ 시장)에 해당 회사 주식이 상장되어 있는 경우에 반드시 따라야 하는 회계기준이다. 본 교재에서는 원칙적으로 한국채택국제회계기준(K-IFRS)의 내용을 적용한다.

2. 회계감사제도

기업과 독립적인 위치에 있는 외부 회계전문가로 하여금 경영자가 회계기준을 준수하여 재무제표를 작성하였는지에 대하여 회계감사를 통하여 검증함으로써 재무제표의 신뢰성을 더욱 높일 수 있다. 우리나라는 '주식회사의 외부감사에 관한 법률'의 규정에 의하여 일정 요건을 충족하는 주식회사는 의무적으로 외부감사인의 회계감사를 받도록 하고 있다. 회계감사는 재무제표감사라고도 한다.

회계감사를 마친 해당 기업의 재무제표와 사업보고서 및 감사보고서는 금융감독원의 전자공시시스템인 DART(Data Analysis, Retrieval and Transfer) 시스템에 접속하여 확인할 수 있다.

제 3 절 재무회계와 관리회계

회계는 정보이용자를 크게 외부정보이용자와 내부정보이용자로 구분하며 이들의 정보욕구를 충족하기 위해 제공하는 회계정보의 성격에 따라 회계를 재무회계와 관리회계로 구분한다.

---

2) 직역하면 "일반적으로 인정된 회계원칙"이다. '일반적으로 인정된'의 의미는 '실무적으로 광범위하게 지지를 받고 있다'는 것을 의미한다.

1. 재무회계

재무회계(financial accounting)는 외부정보이용자의 의사결정에 유용한 재무적 정보를 제공할 목적으로 재무제표를 작성하고 이를 보고하는 일련의 과정을 다루는 회계를 말한다. 재무회계에서는 주로 과거 활동 결과에 대한 정보를 제공하며 엄격하게 규정된 재무제표(financial statements)라는 정보전달수단을 통하여 회계정보를 제공한다. 또한 기업의 경영자는 규정된 회계기준을 적용하여 정기적으로 재무제표를 작성하고 이를 외부에 공시해야 한다. 재무제표는 재무상태표, 포괄손익계산서, 현금흐름표, 자본변동표, 주석 등으로 구성된다.

2. 관리회계

관리회계(managerial accounting)는 내부정보이용자인 경영자의 경영의사결정에 유용한 재무적 정보를 제공할 목적으로 다양한 형태의 재무적 정보를 작성하여 보고하는 회계를 말한다. 관리회계에서는 주로 경영자의 미래예측을 도와주기 위한 정보를 수시로 제공한다. 재무회계처럼 엄격하게 규정된 정보전달수단은 없으며 회계정보를 작성할 때 준거해야 하는 특별한 기준도 없다. 관리회계정보는 의사결정 및 성과평가와 관련된 것이 대부분을 이루고 있다.

재무회계와 관리회계를 비교하면 〈표 1－1〉과 같다.

표 1-1 재무회계와 관리회계의 비교

구분	재무회계	관리회계
정보이용자	외부정보이용자	내부정보이용자(경영자)
정보제공 목적	투자 및 신용의사결정	경영의사결정
회계정보 기준	회계기준	준거기준 없음
정보제공 수단	재무제표	상황별로 다양
정보제공 시점	정기보고 (보고기간 말)	필요할 때 수시
정보의 시간적 속성	주로 과거	주로 미래

관리회계와 원가회계를 혼용하여 사용하는 경우가 많다. 원가회계(cost accounting)는 제조기업에서 생산한 제품의 제조원가를 결정하는 회계를 말한다.

재무회계에서는 제품의 매출원가를 산출하기 위해 원가회계에서 제공하는 제품의 제조원가정보를 이용한다. 관리회계에서는 관련의사결정을 위해 원가회계에서 제공하는 제품의 제조원가정보를 이용한다. 따라서 원가회계는 재무회계의 일부분이기도 하고 관리회계의 일부분이기도 하다. 단지 교과과정의 효율적 운용을 위하여 원가회계라는 교과목을 만들어 운용하고 있을 뿐이다.

한편, 기업은 영업활동 등의 결과로 얻은 이익과 재산 및 거래에 대하여 세법에 규정하는 방법에 따라 과세표준을 산출하여 세무신고를 하고 세금을 납부해야 되는데 이 과정을 다루는 회계를 세무회계(tax accounting)라 한다.

재무회계와 관리회계의 관계를 나타내면 [그림 1-1]과 같다.

그림 1-1 재무회계와 관리회계의 관계

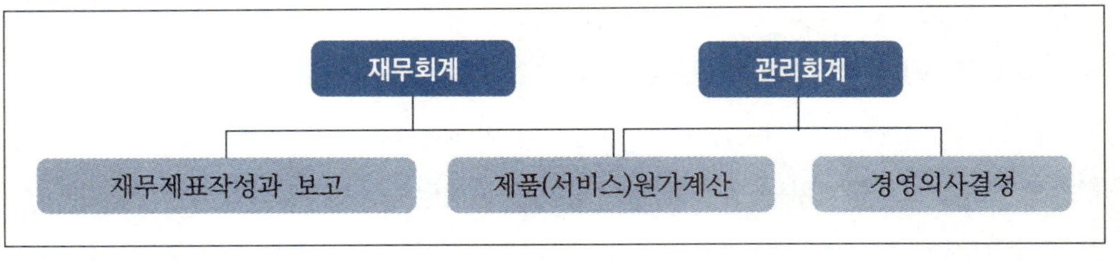

Exercises **연습문제**

객관식

01 기업의 이해관계자들 중 성격이 다른 하나는?

① 정부 ② 주주

③ 경영자 ④ 채권자

해설 ③

02 외부감사제도의 가장 기본적인 목적은 다음 중 어느 것인가?

① 회계정보의 신뢰성 제고

② 공모에 의한 부정의 적발

③ 회계부정의 사전 예방

④ 재무정보의 산출을 용이하게 함

해설 ①

03 회계시스템이 제공하는 정보로서 가장 거리가 먼 것은?

① 재무상태에 관한 정보

② 이익에 대한 정보

③ 현금흐름에 관한 정보

④ 예상되는 주가의 정보

해설 ④

04 회계의 기본적인 역할과 가장 거리가 먼 것은 다음 중 어느 것인가?

① 거래의 측정

② 의사결정에 유용한 정보의 전달

③ 조직의 성과평가

④ 공모에 의한 부정의 적발

해설 ④

05 재무회계와 관리회계를 비교한 아래의 설명 중 옳은 것은?

① 재무회계는 미래현금흐름 예측에 유용한 정보를 전혀 제공하지 못한다.
② 관리회계는 회계기준의 준수 등 정보의 생산 및 보고 방법에 제한이 많은 회계이다.
③ 관리회계는 주로 기업의 과거활동에 대한 정보를 제공한다.
④ 재무회계는 회계기준을 적용하지만 관리회계는 강요되는 준거기준이 없다.

해설 ④

06 다음 중 회계의 궁극적인 목적으로 가장 적합한 것은 어느 것인가?

① 기업과 관련된 모든 거래 사실을 기록한다.
② 기업의 이해관계자에게 의사결정에 유용한 회계정보를 제공한다.
③ 채권자에게 기업의 현금흐름을 보고한다.
④ 소유주에게 기업의 경제적성과를 화폐로 측정하여 보고한다.

해설 ②

07 (　　　)는 제조기업에서 생산한 제품의 제조원가를 결정하는 회계를 말한다. 재무회계에서는 제품의 매출원가를 산출하기 위해 (　　　)에서 제공하는 제품의 제조원가정보를 이용하며, 관리회계에서는 관련의사결정을 위해 (　　　)에서 제공하는 제품의 제조원가 정보를 이용한다. (　　　)안에 알맞은 말은?

① 세무회계　　② 정부회계
③ 원가회계　　④ 비영리회계

해설 ③

08 재무회계에서는 주로 과거 활동 결과에 대한 정보를 제공하며 엄격하게 규정된 (　　　)라는 정보전달수단을 통하여 회계정보를 제공한다. (　　　)는 재무상태표, 포괄손익계산서, 현금흐름표, 자본변동표, 주석 등으로 구성된다. (　　　)안에 알맞은 말은?

① 재무보고　　② 재무제표
③ 개념체계　　④ 경영분석보고서

해설 ②

09 다음 중 한국채택국제회계기준(K-IFRS)에서 요구하는 재무제표에 해당하지 않는 것은?

① 제조원가명세서 ② 자본변동표
③ 포괄손익계산서 ④ 현금흐름표

해설 ①

10 외부정보이용자는 자신의 투자에 대한 적절한 보상을 받을 수 있는지와 투자한 기업이 도산할 위험은 없는지를 판단하는데 필요한 회계정보에 관심이 있다. 기업과 관련된 다음의 정보이용자 중 외부이용자에 해당하지 않는 경우는?

① 국세청 ② 소유주
③ 경영자 ④ 채권자

해설 ③

02장

재무상태와 경영성과의 측정

제1절 재무상태와 경영성과의 측정

제2절 회계거래가 재무상태와 경영성과에 미치는 영향

학습목표

▶ 재무상태표의 구성 요소와 구조를 설명할 수 있다.
▶ 포괄손익계산서의 구성 요소와 구조를 설명할 수 있다.
▶ 회계거래의 요건을 설명할 수 있고 이를 식별할 수 있다.
▶ 재무상태표와 포괄손익계산서의 연결 관계를 설명할 수 있다.

제 1 절 재무상태와 경영성과의 측정

정보이용자는 기업의 재무상태, 경영성과, 현금흐름 및 자본변동에 관한 회계정보를 필요로 한다. 이러한 회계정보를 제공하기 위하여 작성되는 재무제표에는 재무상태표, 포괄손익계산서, 현금흐름표 및 자본변동표가 있다.

재무상태표는 일정시점의 재무상태를 보고하는 수단이고, 포괄손익계산서는 일정기간의 경영성과를 보고하는 수단이다. 그리고 현금흐름표는 일정기간의 현금흐름을 보고하는 수단이고, 자본변동표는 일정기간의 자본변동을 보고하는 수단이다.

본 장에서는 재무제표 중 가장 기본이 되는 두 가지 재무제표인 재무상태표와 포괄손익계산서를 중심으로 하여 각각의 구조, 재무상태와 경영성과의 측정방법 및 연결 관계 등을 살펴본다.

1. 재무상태표

(1) 재무상태표의 기본틀과 재무상태표 등식

재무상태표(statement of financial position)는 일정시점의 재무상태에 대한 정보를 제공한다. 즉, 기업이 보유하고 있는 자산(경제적 자원)과 부담하고 있는 부채(경제적 의무), 그리고 자본(소유주의 잔여청구권)[1]에 대한 정보를 제공한다. 따라서 기업의 자산과 부채 및 자본은 재무상태를 구성하는 세 가지 요소가 된다. 우리나라에 국제회계기준이 도입되기 이전에는 재무상태표를 대차대조표(balance sheet)라고 불렀는데 이는 대변과 차변을 대조하는 표라는 의미를 담고 있었다.

자산은 재무상태표의 왼편(차변)에, 부채와 자본은 재무상태표의 오른편(대변)에 표

1) 자본(equity)은 기업의 자산에서 부채를 차감한 잔여액으로서 기업의 자산에 대한 소유주의 잔여청구권(residual claim)을 의미하며 순자산(net assets)이라고도 한다.

시하기로 약속한다. 재무상태표의 오른쪽(대변)에 위치한 부채와 자본은 기업의 필요 자금을 어떻게 조달하였는가, 즉 조달된 자금의 원천을 나타낸다. 재무상태표의 왼쪽(차변)에 위치한 자산은 조달된 자금이 사용된 곳, 즉 운용결과를 나타낸다. 이러한 이유로 재무상태표의 차변의 합계와 대변의 합계는 항상 서로 같게 된다. 재무상태표는 〈표 2-1〉과 같은 틀을 가진다.

표 2-1 재무상태표의 기본틀

재무상태표

(주)한국 20×1년 12월 31일 현재 단위 : 원

왼편(차변)	오른편(대변)
자산 [경제적 자원]	부채 [경제적 의무]
	자본 [소유주의 잔여청구권]

재무상태표의 기본틀을 〈표 2-2〉와 같은 등식으로 표현할 수 있고 이를 재무상태표 등식 또는 회계등식이라고 한다.

표 2-2 재무상태표등식 (회계등식)

차변	=	대변
자산 [자금의 운용결과]		부채 + 자본 [자금의 조달원천]

(2) 자산, 부채, 자본

1) 자산

자산(assets)은 기업이 현재 보유[2]하고 있는 '미래에 경제적 효익을 창출할 것으로 기대되는 경제적 자원[3]'을 말한다. 기업은 보유하고 있는 자산을 활용하여 수익을 창출하고 현금을 획득한다.

자산에는 현금및현금성자산, 단기투자금융자산, 매출채권, 미수금, 대여금, 선급금, 선급비용, 미수수익, 소모품, 상품, 임차보증금[4], 토지, 건물, 비품, 차량운반구, 산업재산권(예 : 특허권, 상표권), 영업권, 개발비 등이 있다.

2) 부채

부채(liabilities)는 기업이 현재 부담하고 있는 '미래에 경제적 자원을 유출할 경제적 의무[5]'를 말한다.

부채에는 매입채무, 단기차입금, 미지급금, 선수금, 미지급비용, 선수수익, 예수금, 사채, 장기차입금, 충당부채[6] 등이 있다.

3) 자본

자본(equity)은 자산에서 부채를 차감한 잔여액으로서 기업의 자산에 대한 소유주(주주)의 잔여청구권(residual claim)을 의미하며 순자산(net assets)이라고도 한다.

자본은 소유주가 불입한 자본금(capital stock)과 기업이 획득한 이익(earnings) 중 소유주에게 배당으로 분배되지 않고 기업 내에 유보(retained)되어 있는 이익잉여금(retained earnings) 등으로 구분[7]된다.

---

2) 보유의 의미는 독점적으로 소유하거나 통제할 수 있는 것을 말한다. 기업이 경제적 자원을 아무리 많이 보유하고 있더라도 기업이 독점적으로 지배하고 통제할 수 없다면 자산이 될 수 없다.

3) 미래에 경제적 효익을 창출할 것으로 기대되는 경제적 자원을 미래현금창출능력 또는 미래용역잠재력으로 표현하기도 한다. 회계초보자들은 자산을 '**돈 되는 것**'으로 이해하면 좋겠다.

4) 임차보증금(임차인이 임대인에게 맡긴 보증금으로서 임차기간 종료시 임대인으로부터 돌려 받음)은 자산이고 임대보증금(임대인이 임차인으로부터 받아 둔 보증금으로서 임대기간 종료시 임차인에게 반환해야 함)은 부채이다.

5) 경제적 의무는 법적의무뿐만 아니라 의제의무(실무관행, 발표된 경영방침 등으로 인하여 발생하는 의무)를 포함한다. 회계초보자들은 부채를 '갚을 것'으로 이해하면 좋겠다.

6) 과거 경제적 사건의 결과로 발생한 현재의 의무로서 지출의 시기나 금액이 불확실하지만, 미래 경제적 효익이 있는 자원이 유출될 가능성이 높으면서 그 의무의 이행에 소요되는 금액을 신뢰성 있게 추정할 수 있기 때문에 부채로 인식할 수 있는 부채이다.

7) 실무적으로는 **납입자본(자본금, 자본잉여금)**, 이익잉여금, 기타자본구성요소(자본조정, 기타포괄손익누계액) 등으로 구성된다.

(3) 재무상태표의 구조

재무상태표는 일정시점의 재무상태를 나타내는 표로서 〈표 2-3〉과 같이 제일 윗부분에 "재무상태표"라고 쓰고 그 밑에 일정시점을 표시하는 "20×1년 12월 31일 현재"를 기재하며, 이의 좌측에 "기업 이름"을, 우측에 "금액 단위"를 표시한다. 여기서 일정시점이란 재무상태표일(보고기간 말)을 의미하는데 이는 회계기간의 마지막 날짜를 의미한다.

표 2-3 재무상태표의 구조

재무상태표

(주)한국 20×1년 12월 31일 현재 (단위 : 원)

자산		부채와 자본	
현금	200,000	매입채무	1,000,000
단기투자금융자산	1,000,000	장기차입금	2,000,000
매출채권	1,100,000	자본금	5,500,000
상품	700,000	이익잉여금	500,000
토지	2,000,000		
건물	3,500,000		
차량운반구	500,000		
자산총계	9,000,000	부채와 자본총계	9,000,000

〈표 2-3〉의 20×1년 12월 31일 현재 재무상태표를 살펴보자. (주)한국이 20×1년 12월 31일 현재 보유하고 있는 자산총계는 9,000,000원이고 부채총계는 3,000,000원이며 기업의 자산에 대한 주주의 청구권인 자본은 6,000,000원이다.

(주)한국의 자산은 현금 200,000원, 단기투자금융자산 1,000,000원, 매출채권 1,100,000원, 상품 700,000원, 토지 2,000,000원, 건물 3,500,000원, 차량운반구 500,000원으로 구성되어 있다.

(주)한국의 부채는 상품매입처에 지급해야 할 매입채무 1,000,000원, 금융회사에 갚아야 할 장기차입금 2,000,000원으로 구성되어 있다.

(주)한국의 자본은 주주로부터 조달된 자본금 5,500,000원과 기업 활동을 통해서 벌어들인 이익(특정 회계기간의 손익계산서에서 계산됨)의 누적액에서 주주에게 배당하지 않고 유보된 금액인 이익잉여금 500,000원의 합계액으로 구성되어 있음을 알 수 있다.

〈표 2-3〉의 재무상태표에서 확인할 수 있듯이 왼편(차변)의 자산총액은 오른편(대변)에 보고된 부채 및 자본총액의 합계액과 같고 다음과 같이 회계등식이 성립한다.

회계등식 :	차변	=	대 변		
	자산	=	부채	+	자본
	9,000,000	=	3,000,000	+	6,000,000

여기서 주의할 점은, 이익잉여금은 지금 현재 사용가능한 현금을 의미하지는 않는다는 것이다. (주)한국의 자산의 구성을 보면 알 수 있듯이 현재 기업이 사용가능한 현금은 재무상태표상 차변에 표시되어 있는 현금 200,000원뿐이다.

2. 손익계산서

(1) 손익계산서의 기본틀[8)]

손익계산서(income statement)는 일정기간의 경영성과를 나타내는 표로서 일정기간에 수익창출 활동을 통해서 획득한 수익과 그 수익을 획득하는 과정에서 발생한 비용, 그리고 수익과 비용의 차이인 순이익 또는 순손실에 대한 정보를 제공한다.

8) 포괄손익계산서의 구조와 내용에 대해서는 장을 달리하여 후술하기로 하고, 당분간 손익계산서를 중심으로 설명하고자 한다.

표 2-4 손익계산서의 기본틀[9] (순이익 가정)

손익계산서

(주)한국 20×1년 1월 1일부터 12월 31일까지 (단위 : 원)

비용	수익
순이익	

〈표 2-4〉에 소개한 손익계산서는 회계의 기초과정에서 소개될 수 있는 손익계산서이다. 이를 소개하는 이유는 차후에 소개할 분개(journal entry)의 원리를 소개할 때 활용하기 위해서이다. 공식적인 외부공표용으로 사용되는 손익계산서에 대해서는 후술하기로 한다.

수익은 순이익을 증가시켜 자본(순자산)을 구성하는 이익잉여금을 증가시키기 때문에 손익계산서의 오른편(대변)에 표시하기로 약속한다. 비용은 순이익을 감소시켜 자본(순자산)을 구성하는 이익잉여금을 감소시키기 때문에 손익계산서의 왼편(차변)에 표시하기로 약속한다.

순이익은 수익이 비용을 초과하는 경우에 수익에서 비용을 차감하여 계산된다. 반대로 순손실은 비용이 수익을 초과하는 경우에 비용에서 수익을 차감하여 계산된다. 순손실이 발생하면 〈표 2-5〉와 같은 구조를 가지게 된다.

표 2-5 손익계산서의 기본틀 (순손실 가정)

손익계산서

(주)한국 20×1년 1월 1일부터 12월 31일까지 (단위 : 원)

비용	수익
	순손실

9) '계정식' 손익계산서이다. 초보자용 손익계산서라고 보면 된다. 양쪽 합계를 맞추기 위하여 수익이나 비용 중 적은 금액을 보이는 쪽의 아래에 순이익 또는 순손실을 표기하면 된다. 외부보고용 손익계산서인 '보고식' 손익계산서는 후술한다.

(2) 수익, 비용, 순이익(순손실)

1) 수익

수익창출 활동의 대가로 발생하는 경제적 자원의 유입[10)]을 수익이라 한다. 따라서 소유주에 의한 출자와 관련된 것은 제외한다.

수익은 매출(영업수익)과 영업외수익(예 : 이자수익, 배당금수익, 임대료수익, 유형자산처분이익 등)으로 구성된다.

매출(sales)은 주된 영업활동과 관련하여 재화를 판매하거나 용역을 제공하고 그 대가로 받은 금액(현금매출) 또는 받을 금액(외상매출)으로 구성된다. 이자수익은 금융기관 등에 예금하고 받는 이자금액과 대여금에서 받은 이자금액을 말하고 배당금수익은 주식에 투자한 경우 피투자회사로부터 받는 현금배당액을 말한다. 임대료수익은 건물 등의 유형자산을 일정기간 사용하게 하고 받는 사용료금액을 말한다.

2) 비용

수익창출활동 과정에서 발생하는 경제적 자원의 유출[11)]을 비용이라 한다. 따라서 소유주에 대한 분배와 관련된 것(예 : 배당금의 지급)은 제외한다.

비용은 매출원가, 판매비와 관리비(예 : 급여, 임차료 복리후생비 등), 영업외비용(예 : 이자비용, 기부금, 유형자산처분손실 등), 법인세비용 등으로 구성된다.

상품매매기업이 재화를 인도하면서 매출이라는 수익이 창출된다. 이 때 인도한 상품의 원가만큼은 매출원가(cost of goods sold)라는 비용이 되는 것이다. 판매비와 관리비는 수익창출 과정에서 판매 및 관리활동과 관련되어 발생하는 급여(판매원과 사무원), 광고선전비, 판매운임, 임차료, 보험료, 접대비, 여비교통비, 차량유지비, 소모품비, 감가상각비, 대손상각비 등을 말한다. 그리고 영업외비용에는 이자비용, 기부금, 유형자산처분손실 등이 있다.

---

10) 수익의 창출을 통한 경제적 자원의 유입은 자산이 증가하거나 또는 부채가 감소하는 형태로 나타나면서 순자산(=자산-부채)의 증가를 초래한다.
11) 비용의 발생으로 인한 경제적 자원의 유출은 자산이 감소하거나 또는 부채가 증가하는 형태로 나타나면서 순자산(=자산-부채)의 감소를 초래한다.

3) 순이익과 순손실

위에서 소개한 손익계산서의 기본구조를 보면 알 수 있듯이 순이익(net income)은 수익총액이 비용총액을 초과하는 금액이며, 순손실(net loss)은 비용총액이 수익총액을 초과하는 금액이다. 일반적으로 순이익이 발생하면 흑자경영을 했다고 하고 반대로 순손실이 발생하면 적자경영을 했다고 한다.

(3) 손익계산서의 구조

손익계산서는 일정기간의 경영성과를 나타내는 표로서 〈표 2-6〉과 같이 제일 윗부분에 "손익계산서"라고 쓰고 그 밑에 일정기간을 표시하는 "20×1년 1월 1일부터 12월 31일까지"를 기재하며, 이의 좌측에 "기업 이름"을, 우측에 "금액 단위"를 표시한다.

표 2-6 손익계산서의 구조

손익계산서

(주)한국　　20×1년 1월 1일부터 12월 31일까지　　(단위 : 원)

비용과 순이익		수익	
매출원가	7,000,000	매출액	10,000,000
급여	1,000,000	이자수익	100,000
임차료	100,000		
광고선전비	100,000		
접대비	100,000		
이자비용	100,000		
비용합계	8,400,000		
순이익	1,700,000		
비용과 순이익 합계	10,100,000	수익 합계	10,100,000

〈표 2-6〉의 20×1년 1월 1일부터 12월 31일까지의 손익계산서를 살펴보자. (주)한국은 1년 동안 총수익을 10,100,000원 달성하였으며 이 수익을 달성하는데 총비용 8,400,000원이 발생하면서 결국 순이익 1,700,000원(=10,100,000-8,400,000)을 기록하였다.

(4) 손익계산서와 재무상태표의 연계관계

손익계산서는 수익에서 비용을 차감하여 순이익(순손실)을 산출하고 이렇게 산출된 순이익(순손실)은 재무상태표의 자본 중 기초이익잉여금에 가산(차감)되며, 여기에 배당금을 차감하여 기말이익잉여금이 결정된다. 즉, 「기초이익잉여금-배당금지급액+순이익=기말이익잉여금」이 성립한다. 이렇게 이익잉여금은 재무상태표와 손익계산서의 연계관계에서 핵심 역할을 한다.

결국 재무상태표의 자본은 「기초자본+추가출자-배당금지급액+순이익=기말자본」이 된다.

제 2 절 회계거래가 재무상태와 경영성과에 미치는 영향

회계거래는 회계등식에 영향을 미치며, 새로운 회계거래가 반영된 후에도 회계등식은 항상 성립한다.

회계거래의 의미를 살펴보고 회계거래가 회계등식에 미치는 영향을 분석함으로써 재무상태와 경영성과의 측정과정을 쉽게 이해할 수 있고, 재무제표를 작성하는데 근간이 되는 복식부기원리를 이해하는데도 도움이 될 것이다.

1. 회계거래

회계거래(accounting transactions)란 회계측정의 대상이 되는 거래로서 기업의 재무상태(자산, 부채, 자본)에 영향을 미치는 거래를 말한다. 즉, 회계거래는 기업의 재무상태에 영향을 주어야 하고, 화폐측정이 가능해야 한다. 따라서 계약체결, 주문, 약정, 채용 등은 회계거래에 해당하지 않는다.

2. 회계거래가 재무상태와 경영성과에 미치는 영향

20×1년 12월 1일부터 12월 31일까지 1개월 동안 기업 활동 결과 발생한 다음의 거래가 (주)한국의 재무상태에 어떻게 영향을 미치는지 알아보고 재무상태와 경영성과를 측정하여 보자.

① (주)한국이 20×1년 12월 1일에 설립되었고, 이후 은행으로부터 자금을 차입하였다. 거래내역은 다음과 같다(거래 ⓐ와 ⓑ).

거래 ⓐ : 주주로부터 2,000,000원(4,000주×주당 @500원)의 현금출자를 받았다.
분석 : 현금(자산) 2,000,000원이 증가하였고, 자본금(자본)이 2,000,000원 증가하였다.

회계등식에 미치는 영향 :

		자산	=	부채	+	자본
		현금				자본금
거래 발생 전 회계등식	:	0	=	0	+	0
거래의 영향	:	(+)2,000,000	=	0		(+)2,000,000
거래 발생 후 회계등식	:	2,000,000	=	0	+	2,000,000

* 차변합계(자산) = 대변합계(부채 + 자본) = 2,000,000

거래 ⓑ : 거래은행으로부터 1,000,000원을 차입(3년 후 상환 약정)하였다.

분석 : 현금(자산) 1,000,000원이 증가하였고, 장기차입금(부채)이 1,000,000원 증가하였다.

회계등식에 미치는 영향 :

	자산	=	부채	+	자본
	현금		장기차입금		자본금
거래 발생 전 회계등식 :	2,000,000	=	0	+	2,000,000
거래의 영향 :	(+)1,000,000	=	(+)1,000,000		0
거래 발생 후 회계등식 :	3,000,000	=	1,000,000	+	2,000,000

* 차변합계(자산) = 대변합계(부채 + 자본) = 3,000,000

② (주)한국은 영업활동을 위하여 20×1년 12월 5일 상품을 매입하였다. 거래내역은 다음과 같다(거래 ⓒ와 ⓓ).

거래 ⓒ : 상품을 300,000원에 외상으로 구입하였다.

분석 : 상품(자산) 300,000원이 증가하였고, 매입채무(부채)가 300,000원 증가하였다.

회계등식에 미치는 영향 :

	자산			=	부채			+	자본
	현금		상품		매입채무		장기차입금		자본금
거래 발생 전 회계등식 :	3,000,000	+	0	=	0	+	1,000,000	+	2,000,000
거래의 영향 :	0		(+)300,000	=	(+)300,000		0		0
거래 발행후 회계등식 :	3,000,000	+	300,000	=	300,000	+	1,000,000	+	2,000,000

* 차변합계(자산) = 대변합계(부채 + 자본) = 3,300,000

거래 ⓓ : 상품을 1,000,000원에 현금으로 구입하였다.

분석 : 상품(자산) 1,000,000원이 증가하였고, 구입대금을 현금으로 지급했으므로 현금(자산) 1,000,000원이 감소하였다.

회계등식에 미치는 영향 :

	자산		=	부채		+	자본
	현금	상품		매입채무	장기차입금		자본금
거래 발생 전 회계등식 :	3,000,000 +	300,000	=	300,000 +	1,000,000	+	2,000,000
거래의 영향 :	(−)1,000,000	(+)1,000,000	=	0	0		0
거래 발행후 회계등식 :	2,000,000 +	1,300,000	=	300,000 +	1,000,000	+	2,000,000

* 차변합계(자산) = 대변합계(부채 + 자본) = 3,300,000

③ (주)한국의 영업활동과 관련된 수익과 비용의 거래내역이다(거래 ⓔ와 ⓕ 및 ⓖ).

거래 ⓔ : 12월 10일에 상품(원가 180,000원)을 250,000원에 판매하고 판매대금은 현금으로 받았다.

분석 : 상품을 판매하여 매출(수익)이 발생하였고, 동시에 현금(자산) 250,000원이 증가하였다. 동시에 보유하고 있던 상품(자산) 180,000원이 제공되면서 매출원가(비용)가 발생하였다. 그 결과 상품판매를 통한 이익 70,000원(= 매출 250,000−매출원가 180,000)이 발생하면서 이익잉여금(자본)의 증가를 가져온다.

회계등식에 미치는 영향 :

	자산		=	부채		+	자본		
	현금	상품		매입채무	장기차입금		자본금		이익잉여금
거래 발생 전 회계등식 :	2,000,000 +	1,300,000	=	300,000 +	1,000,000	+	2,000,000	+	0
거래의 영향 :	(+)250,000	(−)180,000	=	0	0		0		(+)70,000
거래 발행후 회계등식 :	2,250,000 +	1,120,000	=	300,000 +	1,000,000	+	2,000,000	+	70,000

* 차변합계(자산) = 대변합계(부채 + 자본) = 3,370,000

거래 ⓕ : 12월 31일에 판매직원 12월분 급여 30,000원을 현금으로 지급하였다.

분석 : 급여(비용) 30,000원이 발생하였으므로 이익잉여금(자본)이 감소하였고, 현금(자산) 30,000원이 감소하였다.

회계등식에 미치는 영향 :

	자산			=	부채			+	자본		
	현금		상품		매입채무		장기차입금		자본금		이익잉여금
거래 발생 전 회계등식 :	2,250,000	+	1,120,000	=	300,000	+	1,000,000	+	2,000,000	+	70,000
거래의 영향 :	(-)30,000			=	0		0		0		(-)30,000
거래 발행후 회계등식 :	2,220,000	+	1,120,000	=	300,000	+	1,000,000	+	2,000,000	+	40,000

* 차변합계(자산) = 대변합계(부채 + 자본) = 3,340,000

거래 ⓖ : 12월 31일에 12월분 사무실 임차료 15,000원을 현금으로 지급하였다.

분석 : 사무실 임차료(비용) 15,000원이 발생하였으므로 이익잉여금(자본)이 감소하였고, 현금(자산) 15,000원이 감소하였다.

회계등식에 미치는 영향 :

	자산			=	부채			+	자본		
	현금		상품		매입채무		장기차입금		자본금		이익잉여금
거래 발생 전 회계등식 :	2,220,000	+	1,120,000	=	300,000	+	1,000,000	+	2,000,000	+	40,000
거래의 영향 :	(-)15,000			=	0		0		0		(-)15,000
거래 발행후 회계등식 :	2,205,000	+	1,120,000	=	300,000	+	1,000,000	+	2,000,000	+	25,000

* 차변합계액(자산) = 대변합계액(부채 + 자본) = 3,325,000

④ (주)한국이 12월 31일에 매입채무를 지급한 거래이다(거래 ⓗ).

거래 ⓗ : 매입채무 중 50,000원을 현금으로 상환하였다.

분석 : 매입채무를 상환하면서 매입채무(부채) 50,000원이 감소하였고, 동시에 보유하고 있던 현금(자산) 50,000원이 감소하였다.

회계등식에 미치는 영향 :

	자산		=	부채		+	자본	
	현금	상품		매입채무	장기차입금		자본금	이익잉여금
거래 발생 전 회계등식 :	2,205,000 +	1,120,000	=	300,000 +	1,000,000 +		2,000,000 +	25,000
거래의 영향 :	(−)50,000		=	(−)50,000	0		0	
거래 발행후 회계등식 :	2,155,000 +	1,120,000	=	250,000 +	1,000,000 +		2,000,000 +	25,000

* 차변합계(자산) = 대변합계액(부채 + 자본) = 3,275,000

위의 모든 거래를 반영한 후 변화된 20×1년 12월 31일 현재의 재무상태표를 작성해 보면 아래와 같다. 회계등식이 여전히 성립함을 확인할 수 있다.

재무상태표

(주)한국 20×1년 12월31일 현재 (단위 : 원)

자산		부채와 자본	
현금	2,155,000	매입채무	250,000
상품	1,120,000	장기차입금	1,000,000
		자본금	2,000,000
		이익잉여금	25,000
자산총계	3,275,000	부채와 자본총계	3,275,000

위의 재무상태표를 보면 20×1년 12월 1일부터 12월 31일까지 발생한 거래로 인하여 기업의 자산총액은 3,275,000원, 부채총액은 1,250,000원이 되었으며, 그 결과 자본총액은 2,025,000원이 되었다.

앞에서 살펴본 거래가 반영된 손익계산서는 아래와 같다.

손익계산서

(주)한국 20×1년 12월 1일부터 12월 31일까지 (단위 : 원)

비용과 순이익		수익	
매출원가	180,000	매출	250,000
급여	30,000		
임차료	15,000		
순이익	25,000		
합계	250,000	합계	250,000

손익계산서에서 산출된 순이익은 재무상태표의 이익잉여금(자본)의 증가를 초래한다. 이와 같이 손익계산서의 순이익(25,000원)이 재무상태표에 보고되는 이익잉여금의 증가액으로 연결되는 점을 확실하게 기억하여야 한다.

Exercises 연습문제

객관식

01 다음 중 회계거래가 아닌 것은?

① 사무실에서 사용할 책상, 의자 등을 외상으로 구입하였다.
② 월 급여 3,000,000원을 주기로 약정하고 종업원을 채용하였다.
③ 사무실 전기료가 50,000원이라는 고지서를 수령하였다.
④ 작년에 지급하지 못했던 임차료를 지급하였다.

해설 ② 단순한 계약의 체결이나 직원의 채용은 회계거래에 해당하지 않는다.

02 다음 중 기업의 재무상태에 영향을 미치지 않는 거래는?

① 상품을 외상으로 판매하였다.
② 창고건물이 장마에 침수되어 상품이 전부 파손되었다.
③ 원재료 공급회사와 10년간 100만 톤의 원재료를 구입하기로 약정하였다.
④ 차입금의 이자지급 기일이 도래 하였으나 아직 지급하지 않았다.

해설 ③ 단순한 약정은 회계거래에 해당하지 않는다.

03 다음 거래 중 자산총액, 부채총액, 자본총액에 변동을 유발하지 않는 것은?

① 토지를 외상으로 구입하였다.
② 매출채권을 현금으로 회수하였다.
③ 전기에 지급하지 못한 급여를 당기에 지급하였다.
④ 미지급배당금을 현금으로 지급하였다.

해설 ②

① 자산의 증가, 부채의 증가　　② 자산의 증가, 자산의 감소
③ 부채의 감소, 자산의 감소　　④ 부채의 감소, 자산의 감소

04 상품을 300,000원에 매입하면서 현금 100,000원을 지급하였다. 잔액은 6개월 후에 지급하기로 하였다. 이 거래는 재무상태에 어떠한 영향을 미치는가?

① 자산 증가, 부채 증가　　② 자산 감소, 부채 감소
③ 자본 감소, 자산 감소,　　④ 자산 증가, 자본 증가

해설 ① 자산(상품)의 증가 300,000원, 자산(현금)의 감소 100,000원, 부채(매입채무)의 증가 200,000원

05 (주)한국의 자산은 기초에 50,000원이었고, 기말에는 10,000원이 증가하였다. 기말부채는 27,500원이고 당기순이익은 7,500원이며 현금배당액이 3,000원이었다. 기초자본은 얼마인가?

① 28,000원　　② 29,500원
③ 30,000원　　④ 31,500원

해설 ①
기말자산 = 50,000 + 10,000 = 60,000
기말자본 = 60,000 − 27,500 = 32,500
기초자본 + 7,500 − 3,000 = 32,500
∴ 기초자본 = 28,000

06 다음의 자료를 이용하여 기말자본을 계산하면 얼마인가? 단, 주어진 자료만 고려한다.

• 기초자본	300,000원	• 총비용	320,000원	• 총수익	440,000원

① 380,000원　　② 420,000원
③ 440,000원　　④ 460,000원

해설 ② 기초자본 300,000 + 당기순이익 120,000원 = 기말자본 420,000원

07 다음의 자료를 이용하여 기초자본을 계산하면 얼마인가? 단, 주어진 자료만 고려한다.

• 기말자본	500,000원	• 총비용	300,000원	• 총수익	200,000원

① 300,000원　　② 400,000원
③ 500,000원　　④ 600,000원

해설 ④ 기초자본 ? − 당기순손실 100,000원 = 기말자본 500,000원

08 다음 중 재무상태표에서 확인되지 않는 항목은?

① 매출채권　　② 매출원가
③ 상품　　④ 장기차입금

해설 ②
① 매출채권 : 유동자산
② 매출원가 : 비용
③ 상품 : 유동자산
④ 장기차입금 : 비유동부채

09 다음 중 포괄손익계산서에서 확인되지 않는 항목은?

① 매출　　② 매출원가
③ 영업이익　　④ 이익잉여금

해설 ④ 이익잉여금은 재무상태표에 보고되는 자본의 구성요소이다.

10 (주)제주의 제11기 기초자본은 ₩1,400,000이다. 아래의 추가자료를 이용하여 회사의 기말자본을 계산하면 얼마인가?

• 총수익 ₩1,200,000	• 총비용 ₩800,000
• 추가출자액 ₩600,000	• 배당금지급액 ₩300,000

① ₩2,100,000　　② ₩2,200,000
③ ₩2,300,000　　④ ₩2,400,000

해설 ① 당기순이익 = 총수익 – 총비용 = ₩400,000
기초자본 + 추가출자 + 당기순이익 – 배당금 = 기말자본
₩1,400,000 + ₩600,000 + ₩400,000 – ₩300,000 = 기말자본
따라서 기말자본 = ₩2,100,000

주관식

01 (주)한국의 기초부채는 40,000원이었고, 기말에는 부채가 25,000원만큼 감소하였다. 기말순자산이 90,000원이고 기말자산은 기초보다 45,000원만큼 증가하였다. 당기 중 추가출자액은 30,000원이고 배당금지급액은 5,000원이었다. 당기순이익은 얼마인가?

해설 ① 기말자산 = 기말부채 + 기말자본(기말순자산) = 15,000 + 90,000 = 105,000
② 기초자본 = 기초자산 − 기초부채 = 60,000 + 40,000 = 20,000
③ 기말자본 = 기초자본 + 추가출자 + 당기순이익(X) − 배당금지급액
90,000 = 20,000 + 30,000 + X − 5,000
따라서 당기순이익(X) = 45,000원

02 (주)한국의 기초자산은 18,000원이고 기초부채는 11,000원이며, 당기 중 총수익은 15,000원이고 총비용은 12,500원이다. 당기 중 배당금지급액은 1,400원이고, 추가출자액은 2,000원이며 기말자산은 23,500원이다. 기말부채는 얼마인가?

해설 ① 기초자본 = 기말자산 − 기초부채 = 18,000 − 11,000 = 7,000
② 당기순이익 = 총수익 + 총비용 = 15,000 + 12,500 = 2,500
③ 기말자본 = 기초자본 + 추가출자 + 당기순이익 − 배당금지급액
= 7,000 + 2,000 + 2,500 − 1,400 = 10,100원
④ 기말부채 = 기말자산 − 기말자본 = 23,500 − 10,100 = 13,400원

03 다음 자료를 이용하여 물음에 답하라. 단, (주)한국은 12월말 결산법인이다.

[자료 1] (주)한국의 20×1년 1월 1일 자산, 부채, 자본의 내역은 아래와 같다.

현금	10,000원	매출채권	22,000원	장기차입금	18,000원
상품	10,000원	매입채무	23,000원	자본금	?
토지	20,000원	이익잉여금	6,000원		

[자료 2] (주)한국의 당기(20×1년 1월 1일부터 12월 31일까지)중 자본에 영향을 미치는 항목의 내역은 아래와 같다.

매출	100,000원	매출원가	55,000원	배당금지급액	3,000원
판매비	15,000원	관리비	13,000원	추가출자액	5,000원

[자료 3] (주)한국의 기말부채는 35,000원이다.

물음

(1) 기초자본금은 얼마인가?
(2) 당기순이익은 얼마인가?
(3) 기말자산은 얼마인가?
(4) 기말이익잉여금은 얼마인가?

해설 (1) ① 기초자산 = 10,000 + 22,000 + 10,000 + 20,000 = 62,000
② 기초부채 = 23,000 + 18,000 = 41,000
③ 기초자본(역산) = 62,000 − 41,000 = 21,000
④ 기초자본금(역산) = 21,000 − 6,000 = 15,000

|별해| (1) 기초시점의 재무상태표를 작성한 다음 역산하여 기초자본금을 계산한다.

재무상태표

(주)한국 20×1년 1월1일 현재 (단위 : 원)

계정과목	금액	계정과목	금액
자산		부채	
현금	10,000	매입채무	23,000
매출채권	22,000	장기차입금	18,000
상품	10,000	부채총계	41,000
토지	20,000	자본	
		자본금	?
		이익잉여금	6,000
		자본총계	21,000
자산총계	62,000	부채와 자본총계	62,000

따라서 기초자본금(?) = 21,000 − 6,000 = 15,000

(2) ① 수익 = 100,000
② 비용 = 55,000 + 15,000 + 13,000 = 83,000
③ 당기순이익 = 100,000 − 83,000 = 17,000

|별해| (2) 다음과 같이 손익계산서를 작성하여 당기순이익을 산출한다.

손익계산서

(주)한국　　　　20×1년 1월1일부터 12월 31일까지　　　　(단위 : 원)

계정과목	금액	계정과목	금액
매출원가	55,000	매출액	100,000
판매비	15,000		
관리비	13,000		
비용합계	83,000		
당기순이익	17,000		
합계	100,000	합계	100,000

상기와 같이 오른편(대변)에 수익을 표시하고 왼편(차변)에 비용과 순이익을 표시하는 손익계산서를 **계정식 손익계산서**라고 한다.

(3) ① 기말자본 = 기초자본 + 추가출자액 + 당기순이익 − 배당금지급액
= 21,000 + 5,000 + 17,000 − 3,000 = 40,000
② 기말자산 = 기말부채 + 기말자본 = 35,000 + 40,000 = 75,000

(4) ① 기말이익잉여금 = 기말자본 − 기말자본금
② 기말자본금 = 기초자본금 + 추가출자액 = 15,000 + 5,000 = 20,000
③ 기말이익잉여금 = 40,000 − 20,000 = 20,000

|별해| (4) 기말이익잉여금 = 기초이익잉여금 + 당기순이익 − 현금배당액
= 6,000 + 17,000 − 3,000 = 20,000

03장

회계순환과정 : 분개와 전기

학습목표

- ▶ 거래의 이중성과 대차평형의 원리를 설명할 수 있다.
- ▶ 분개의 의의를 설명할 수 있다.
- ▶ 분개의 내용을 총계정원장의 각 계정에 전기할 수 있다.
- ▶ 수정전시산표를 작성할 수 있다.

제 1 절 분개

1. 거래의 이중성과 대차평형의 원리

회계거래는 회계등식 "자산=부채+자본"에 영향을 미치는데 자산, 부채, 자본 중 하나 이상의 요소에 변화를 초래하고 이후에도 항상 등식이 성립한다.

거래가 발생하면 항상 두 가지 측면을 인식할 수 있고 반드시 차변요소와 대변요소가 같은 금액으로 변동한다는 사실을 앞 장에서 확인하였다. 이런 특성을 '거래의 이중성'이라 한다. 거래의 이중성으로 인하여 등식의 양쪽(차변과 대변)은 항상 같은 금액이 유지되는데 이를 대차평형의 원리(또는 대차평균의 원리)라 한다.

2. 거래요소의 결합

회계거래는 〈표 3-1〉에서 요약된 것처럼 모두 8가지 거래요소의 형태로 재무상태와 경영성과에 영향을 미친다. 이를 거래의 8요소라 한다. 이를 차변거래요소 4가지와 대변거래요소 4가지로 구분하여 정리하면 아래와 같다. 아래의 거래요소가 어떻게 결합되는지에 대해서는 후술하기로 한다.

표 3-1 거래의 8요소

차변거래요소	대변거래요소
자산 증가	자산 감소
부채 감소	부채 증가
자본 감소	자본 증가
비용 발생[1]	수익 발생[2]

1) 비용 발생은 이익잉여금(자본) 감소를 초래하지만, 손익계산서 작성을 위해 별도의 차변거래요소로 분류한다.
2) 수익 발생은 이익잉여금(자본) 증가를 초래하지만, 손익계산서 작성을 위해 별도의 대변거래요소로 분류한다.

3. 계정의 의의

계정(account)은 회계기록의 최소 단위이다. 즉, 재무상태표와 손익계산서의 구성요인 자산, 부채, 자본, 수익, 비용의 증가와 감소를 개별적으로 기록하는 최소단위이다. 현금계정, 매출채권계정, 매입채무계정, 장기차입금계정, 매출계정, 매출원가계정 등을 그 예로 들 수 있다.

4. 분개의 원리

거래가 발생하면 거래를 분석하여 분개장이라는 장부에 분개(journal entry)를 수행한다. 분개장에 〈표 3-2〉와 같이 차변과 대변으로 나누어 기록하는 것을 분개라 한다.

표 3-2 분개

(차변) 계정과목	금액	(대변) 계정과목	금액

복식부기에서는 해당 거래를 거래의 이중성과 대차평형의 원리에 따라 분석하여 차변거래요소와 대변거래요소를 파악하고 이를 근거로 차변계정과목과 금액, 대변계정과목과 금액을 결정하여 분개를 수행한다.

지금부터는 분개의 원리에 대해서 독자의 입장에서 연상하기 쉽게 설명해보고자 한다. 이를 이해한다면 분개의 사례를 무조건 암기하는 식의 저급한 공부 방법을 확실히 탈피할 수 있을 것이다. 우리는 재무상태표와 손익계산서의 기본틀과 구성요소가 아래와 같음을 이미 확인하였다.

[재무상태표의 기본틀 및 구성요소]

<table>
<tr><th>왼편(차변)</th><th>오른편(대변)</th></tr>
<tr><td rowspan="2">자산</td><td>부채</td></tr>
<tr><td>자본</td></tr>
</table>

[손익계산서의 기본틀 및 구성요소]

왼편(차변)	오른편(대변)
비용	수익

순이익(또는 순손실)은 수익과 비용을 비교한 차액만을 의미하는 것이기 때문에 순이익(순손실)을 제외하고 손익계산서의 기본구조를 위와 같이 소개하였다.

위의 재무상태표와 손익계산서의 기본틀을 나타내는 그림에서 보는 바와 같이 자산과 비용은 왼쪽이 원래 자기 자리이다. 또한 부채, 자본, 그리고 수익은 오른쪽이 원래 자기 자리이다. 원래의 자기 자리를 유념하면서 분개를 연습하면 된다.

자산, 부채, 자본, 수익, 그리고 비용의 각 항목이 증가하는 상황이라면 분개할 때도 원래 자기 자리에 적으면 된다. 그러나 각 항목이 감소하는 상황이라면 분개할 때 원래 자기 자리에 적지 못하고 반대편 자리에 적어야 한다. 다음 거래를 이용하여 분개를 이해한다.

[정리 : 분개 원리]

- 분개할 때 자산과 비용의 자기 자리는 왼쪽이다.
  → 증가하면 자기 자리(왼쪽)에 기록하고, 감소하면 반대편(오른쪽)에 기록한다.
- 분개할 때 부채, 자본 그리고 수익의 자기 자리는 오른쪽이다.
  → 증가하면 자기 자리(오른쪽)에 기록하고, 감소하면 반대편(왼쪽)에 기록한다.

[거래-1] (주)제주는 은행으로부터 3,000,000원을 차입하였다. 동 금액은 3년 후에 갚기로 하였다.

[분석]　차변 : 자산(현금) 증가　3,000,000 → 차변 기입
　　　　대변 : 부채(장기차입금) 증가　3,000,000 → 대변 기입

[분개]

(차변) 현금	3,000,000	(대변) 장기차입금	3,000,000

[거래-2] (주)제주는 상품을 2,000,000원에 현금으로 구입하였다.

[분석]　차변 : 자산(상품) 증가　2,000,000 → 차변 기입
　　　　대변 : 자산(현금) 감소　2,000,000 → 대변 기입

[분개]

(차변) 상품	2,000,000	(대변) 현금	2,000,000

[거래-3] (주)제주는 상품(원가 4,000,000원)을 판매하고 2,000,000원은 현금으로 받고 3,000,000원은 3개월 후에 받기로 하였다.

[분석]　차변 : 자산(현금) 증가　2,000,000 → 차변 기입
　　　　　　　자산(매출채권) 증가　3,000,000 → 차변 기입
　　　　대변 : 수익(매출) 발생　5,000,000 → 대변 기입
　　　　차변 : 비용(매출원가) 발생　4,000,000 → 차변 기입
　　　　대변 : 자산(상품) 감소　4,000,000 → 대변 기입

[분개]

(차변) 현금	2,000,000	(대변) 매출	5,000,000
매출채권	3,000,000		
(차변) 매출원가	4,000,000	(대변) 상품	4,000,000

상품의 판매거래는 수익(매출)의 발생과 비용(매출원가)의 발생이 동시에 일어난다는

사실에 유의한다. 후술할 계속기록법에 따라서 분개하면 위와 같다.

[거래-4] (주)제주는 직원 급여 500,000원을 지급하였다.

[분석] 차변 : 비용(급여) 발생 500,000 → 차변 기입
대변 : 자산(현금) 감소 500,000 → 대변 기입

[분개]

(차변) 급여	500,000	(대변) 현금	500,000

5. 분개장

분개장은 모든 거래의 분개를 발생 순서대로 기록하여 저장하는 장부이다. 실제 사용되는 분개장의 예는 〈표 3-3〉과 같다.

표 3-3 분개장 예

"1월 10일 현금 2,000,000원을 거래은행으로부터 차입(1년)하였다."와 "1월 15일 직원 급여 500,000원을 지급하였다."의 두 거래를 분개장에 기록하면 다음과 같다.

분개장

날짜		적요	원면*	차변	대변
20×1년 1월	10일	현금	1	2,000,000	
		단기차입금 (은행으로부터 현금 2,000,000원을 1년동안 차입)	14		2,000,000
	15일	급여	81	500,000	
		현금 (1월분 직원급여 500,000원을 지급)	1		500,000
		⋮			

* 원면 란에는 총계정원장의 계정번호를 기재하고 적요란에는 계정과목과 거래 내용을 간략히 기재한다. 총계정원장에서 급여계정의 계정번호를 "81"이라고 가정한 것이다.

제 2 절 전기

1. 전기

계정(account)은 재무상태표와 손익계산서에 보고될 각 항목의 증가와 감소를 기록하기 위해 사용한다. 계정의 모양이 영문 "T"자 모양과 같다고 하여 "T계정"이라고 부르기도 한다. 계정과목(계정의 이름)과 그 과목의 증가와 감소를 기록하기 위해서 왼편과 오른편의 양 지면으로 구성된다. 복식부기의 특성상 거래가 발생하면 반드시 2개 이상의 계정에 차변과 대변으로 나누어 기록이 이루어진다.

표 3-4 약식 T계정

계정과목	
차변(왼편)	대변(오른편)

거래가 발생하면 거래를 분석하여 분개장이라는 장부에 분개(journal entry)한 후 총계정원장(general ledger)에 있는 해당 계정에 다시 옮겨 적는다. 이를 전기(posting)라고 부른다. 분개의 차변내용을 계정의 차변에 기입하는 것을 차변기입(debit entry)이라 하고, 분개의 대변내용을 계정의 대변에 기입하는 것을 대변기입(credit entry)이라 한다.

분개를 해당 계정에 옮겨 적을 경우 일반적으로 거래일자, 계정과목, 금액 순으로 기입하면서 상대계정과목을 앞쪽에 기입한다. 즉, "01/10 (차변)현금 3,000,000 (대변)장기차입금 3,000,000"의 분개에서 차변거래요소 현금의 증가 3,000,000원을 현금계정의 차변에 "01/10 차입금 3,000,000"이라고 기입하고, 대변거래요소 장기차입금의 증가 3,000,000원을 장기차입금계정의 대변에 "01/10 현금 3,000,000원"이라고 기입한다.

(자산의 증가)		(부채의 증가)	
[분개] 01/10 (차변) 현금 3,000,000		(대변) 장기차입금 3,000,000	

현금 (차변)	현금 (대변)	장기차입금 (차변)	장기차입금 (대변)
01/10 장기차입금 3,000,000			01/10 현금 3,000,000

재무상태표의 자산을 구성하는 항목의 금액이 증가되면 해당 계정의 차변(왼편)에 기입되고, 감소되면 반대로 해당계정의 대변(오른편)에 감소가 기입된다. 반면에 부채와 자본을 구성하는 항목의 금액이 증가하면 해당 계정의 대변(오른편)이 기입되고, 감소되면 반대로 해당계정의 차변(왼편)에 감소가 기입된다. 그리고 손익계산서의 수익을 구성하는 항목의 금액이 발생하면 해당 계정의 대변(오른편)에 기입되고, 비용을 구성하는 항목의 금액이 발생하면 해당 계정의 차변(왼편)에 기입된다.

일정기간 동안의 거래가 모두 기록된 후에 각 항목의 계정을 살펴보면 자산항목의 계정은 차변에 증가액이 기입되고 대변에 감소액이 기입되어 차변합계액이 대변합계액을 초과하게 되는데, 이 때 초과금액을 차변잔액(debit balance)[1]이라 한다. 이러한 차변잔액이 재무상태표에 보고될 수 있는 일정시점의 자산항목의 금액이 된다. 부채와 자본항목의 계정은 차변에 감소액이 기입되고 대변에 증가액들이 기입되어 대변합계액이 차변합계액을 초과하게 되는데, 이 때 초과금액을 대변잔액(credit balance)이라 한다. 이러한 대변잔액이 재무상태표에 보고될 일정시점의 부채와 자본항목의 금액이 된다. 수익항목의 계정은 대변(오른편)에 발생액들이 기입되고 대변합계액이 일정기간 동안의 수익금액이 된다. 반면에 비용항목의 계정은 차변(왼편)에 발생액들이 기입되고 차변합계액이 일정기간 동안의 비용금액이 된다.

1) 정상적으로 거래를 기입하면 자산과 비용의 차변계정은 일정시점에서 있어서 차변에 잔액이 발생하고 부채와 자본 및 수익의 대변계정은 대변에 잔액이 발생한다. 따라서 자산과 비용의 일정시점의 차변잔액을 자산과 비용의 정상잔액(normal balance)이라 하고, 부채와 자본 및 수익의 일정시점의 대변잔액을 부채와 자본 및 수익의 정상잔액이라 한다.

각 자산과 부채 및 자본, 수익과 비용계정의 정상잔액과 재무상태표 및 손익계산서의 연결관계를 요약하면 〈표 3-5〉와 같다.

표 3-5 계정과 재무상태표 및 손익계산서의 연결관계

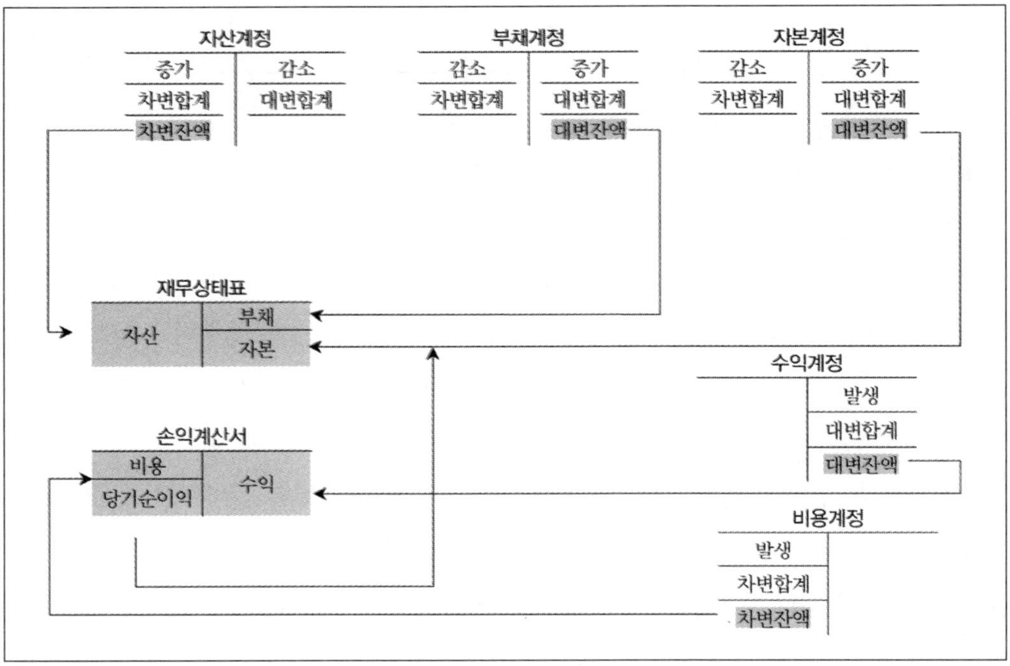

2. 총계정원장

총계정원장(general ledger)은 자산, 부채, 자본, 수익, 그리고 비용의 모든 계정을 설정해 놓은 책자형식의 기록부를 말하며 원장이라고도 한다. 즉, 분개장에 기록한 분개의 차변과 대변의 거래요소를 총계정원장에 있는 해당 계정에 옮겨서 기록하여 보관하는 장부가 총계정원장이라 한다. 총계정원장의 예는 〈표 3-6〉과 같다.

표 3-6 총계정원장 예

현금

계정번호 01

날짜		적요	분면*	차변	대변	잔액
1월	01일	전기이월		1,000,000		1,000,000
	10일	단기차입금(하나은행)	10	2,000,000		3,000,000
	25일	12월분 직원 급여 지급	20		500,000	2,500,000
		⋮				

*분면 란은 분개장의 페이지나 또는 분개전표 번호를 기재하여 서로 대조하는데 이용한다.

단기차입금

계정번호 14

날짜		적요	분면*	차변	대변	잔액
1월	01일	전기이월			1,000,000	1,000,000
	10일	현금차입(하나은행)	10		2,000,000	3,000,000
		⋮				

*분면 란은 분개장의 페이지나 또는 분개전표 번호를 기재하여 서로 대조하는데 이용한다.

거래를 분개장에 기록하면 거래 자료가 발생순서대로 기입되므로 거래를 파악하기가 쉽다. 또한 분개장을 이용함으로써 회계기록과정의 오류를 방지할 수 있다.

제 3 절 분개와 전기의 사례

다음은 (주)한국의 20×1년 12월 1일부터 12월 31일까지의 1개월 동안의 기업 활동 결과 발생된 거래내역이다. 거래를 분석하고 분개한 다음에 계정에 기록되는 과정을 살펴보자.

ⓐ 12월 1일 (주)한국을 설립하고 주주로부터 2,000,000원(4,000주×주당 500원)의 현금출자를 받았다. 사무실과 컴퓨터의 임차계약을 체결하고 월말에 월 15,000원을 지급하기로 계약하였다. 또한 매월 급여 30,000원을 주기로 하고 직원을 채용하였다.
ⓑ 12월 01일 은행에서 1,000,000원을 차입하였다. (3년 후 상환 약정)
ⓒ 12월 01일 원가 300,000원인 상품을 외상으로 구입하였다.
ⓓ 12월 01일 차량운반구를 1,000,000원에 현금으로 구입하였다.
ⓔ 12월 05일 상품(매입원가 80,000원)을 100,000원에 판매하고 대금은 현금으로 받았다.
ⓕ 12월 10일 상품(매입원가 100,000원)을 150,000원에 판매하고 대금은 30일 후에 받기로 하였다.
ⓖ 12월 20일 매입채무 중 50,000원을 현금으로 지급하였다.
ⓗ 12월 25일 급여 30,000원을 현금으로 지급하였다.
ⓘ 12월 31일 사무실 임차료 15,000원을 현금으로 지급하였다.

[거래 ⓐ] 주주의 출자

[거래분석]

차변 : 현금(자산) 2,000,000원 증가 → 현금계정 차변에 기입
대변 : 자본금(자본) 2,000,000원 증가 → 자본금계정 대변에 기입

[분개] ⓐ 12/01 (차) 현금 2,000,000 (대) 자본금 2,000,000

[전기]

현금

차변	대변
ⓐ 12/01 자본금 2,000,000	

자본금

차변	대변
	ⓐ 12/01 현금 2,000,000

사무실과 컴퓨터의 임차계약을 체결하고 직원을 채용한 것 자체는 회계처리의 대상이 되는 거래가 아니다. 만약 임차계약시 임차보증금을 지급하였다면 임차보증금 지급은 회계거래에 해당한다.

[거래 ⓑ] 현금의 차입

[거래분석]

차변 : 현금(자산) 1,000,000원 증가 → 현금계정 차변에 기입

대변 : 장기차입금(부채) 1,000,000원 증가 → 장기차입금계정 대변에 기입

[분개] ⓑ 12/01 (차) 현금 1,000,000 (대) 장기차입금 1,000,000

[전기]

현금

차변		대변	
ⓐ 12/01 자본금	2,000,000		
ⓑ 12/01 장기차입금	1,000,000		

장기차입금

차변		대변	
		ⓑ 12/01 현금	1,000,000

[거래 ⓒ] 상품의 신용매입과 매입채무의 인식

[거래분석]

차변 : 상품(자산) 300,000원 증가 → 상품계정 차변에 기입

대변 : 매입채무(부채) 300,000원 증가 → 매입채무계정 대변에 기입

[분개] ⓒ 12/01 (차) 상품 300,000 (대) 매입채무 300,000

[전기]

상품

차변		대변	
ⓒ 12/01 매입채무	300,000		

매입채무

차변		대변	
		ⓒ 12/01 상품	300,000

[거래 ⓓ] 차량운반구의 현금구입

[거래분석]

차변 : 차량운반구(자산) 1,000,000원 증가 → 차량운반구계정 차변에 기입

대변 : 현금(자산) 1,000,000원 감소 → 현금계정 대변에 기입

[분개] ⓓ 12/01 (차) 차량운반구 1,000,000 (대) 현금 1,000,000

[전기]

차량운반구

차변	대변
ⓓ 12/01 현금 1,000,000	

현금

차변	대변
ⓐ 12/01 자본금 2,000,000	ⓓ 12/01 차량운반구 1,000,000
ⓑ 12/01 장기차입금 1,000,000	

[거래 ⓔ] 상품의 현금판매

[거래분석 1]

차변 : 현금(자산) 100,000원 증가 → 현금계정 차변에 기입

대변 : 매출(수익) 100,000원 발생 → 매출계정 대변에 기입

[거래분석 2]

차변 : 매출원가(비용) 80,000원 발생 → 매출원가계정 차변에 기입

대변 : 상품(자산) 80,000원 감소 → 상품계정 대변에 기입

[분개] ⓔ 12/05 (차) 현금 100,000 (대) 매출 100,000

ⓔ 12/05 (차) 매출원가 80,000 (대) 상품 80,000

[전기]

현금

차변	대변
ⓐ 12/01 자본금 2,000,000	ⓓ 12/01 차량운반구 1,000,000
ⓑ 12/01 장기차입금 1,000,000	
ⓔ 12/05 매출 100,000	

매출

차변	대변
	ⓔ 12/05 현금 100,000

상품

ⓒ 12/01 매입채무	300,000	ⓔ 12/05 매출원가	80,000

매출원가

ⓔ 12/05 상품	80,000		

[거래 ⓕ] 상품의 신용(외상)판매와 매출채권의 인식

[거래분석 1]

차변 : 매출채권(자산) 150,000원 증가 → 매출채권계정 차변에 기입

대변 : 매출(수익) 150,000원 발생 → 매출계정 대변에 기입

[거래분석 2]

차변 : 매출원가(비용) 100,000원 발생 → 매출원가계정 차변에 기입

대변 : 상품(자산) 100,000원 감소 → 상품계정 대변에 기입

[분개]

ⓕ 12/10	(차)	매출채권	150,000	(대)	매출	150,000
ⓕ 12/10	(차)	매출원가	100,000	(대)	상품	100,000

[전기]

매출채권

ⓕ 12/10 매출	150,000		

매출

		ⓔ 12/05 현금	100,000
		ⓕ 12/10 매출채권	150,000

상품

ⓒ 12/01 매입채무	300,000	ⓔ 12/05 매출원가	80,000
		ⓕ 12/10 매출원가	100,000

매출원가

ⓔ 12/05 상품	80,000		
ⓕ 12/10 상품	100,000		

[거래 ⓖ] 매입채무의 지급

[거래분석]

차변 : 매입채무(부채)　　　50,000원 감소 → 매입채무계정 차변에 기입

대변 : 현금(자산)　　　50,000원 감소 → 현금계정 대변에 기입

[분개] ⓖ 12/20 (차) 매입채무 50,000 (대) 현금 50,000

[전기]

현금

ⓐ 12/01 자본금	2,000,000	ⓓ 12/01 차량운반구	1,000,000
ⓑ 12/01 장기차입금	1,000,000	ⓖ 12/20 매입채무	50,000
ⓔ 12/05 매출	100,000		

매입채무

ⓖ 12/20 현금	50,000	ⓒ 12/01 상품	300,000

[거래 ⓗ] 직원 급여의 지급

[거래분석]

차변 : 급여(비용)　　　30,000원 발생 → 급여계정 차변에 기입

대변 : 현금(자산)　　　30,000원 감소 → 현금계정 대변에 기입

[분개] ⓗ 12/25 (차) 급여 30,000 (대) 현금 30,000

[전기]

급여

ⓗ 12/25 현금	30,000		

현금

ⓐ 12/01 자본금	2,000,000	ⓓ 12/01 차량운반구	1,000,000
ⓑ 12/01 장기차입금	1,000,000	ⓖ 12/20 매입채무	50,000
ⓔ 12/05 매출	100,000	ⓗ 12/25 급여	30,000

[거래 ⓘ] 임차료 지급

[거래분석]

차변 : 임차료(비용)　　15,000원 발생 → 임차료계정 차변에 기입

대변 : 현금(자산)　　15,000원 감소 → 현금계정 대변에 기입

[분개] ⓘ 12/31 (차) 임차료 15,000 (대) 현금 15,000

[전기]

임차료

차변		대변	
ⓘ 12/31 현금	15,000		

현금

차변		대변	
ⓐ 12/01 자본금	2,000,000	ⓓ 12/01 차량운반구	1,000,000
ⓑ 12/01 장기차입금	1,000,000	ⓖ 12/20 매입채무	50,000
ⓔ 12/05 매출	100,000	ⓗ 12/25 급여	30,000
		ⓘ 12/31 임차료	15,000

[각 계정의 내용]

20×1년 12월의 거래들을 모두 기입한 결과 12월 31일 현재 각 계정의 내용은 다음과 같다.

〈자산계정〉

현금

차변		대변	
ⓐ 12/01 자본금	2,000,000	ⓓ 12/01 차량운반구	1,000,000
ⓑ 12/01 장기차입금	1,000,000	ⓖ 12/20 매입채무	50,000
ⓔ 12/05 매출	100,000	ⓗ 12/25 급여	30,000
		ⓘ 12/31 임차료	15,000
차변합계	3,100,000	대변합계	1,095,000
차변잔액	2,005,000		

매출채권

차변		대변	
① 12/10 매출	150,000		
차변합계	150,000	대변합계	0
차변잔액	150,000		

상품

차변		대변	
ⓒ 12/01 매입채무	300,000	ⓔ 12/05 매출원가	80,000
		ⓕ 12/10 매출원가	100,000
차변합계	300,000	대변합계	180,000
차변잔액	120,000		

차량운반구

차변		대변	
ⓓ 12/01 현금	1,000,000		
차변합계	1,000,000	대변합계	0
차변잔액	1,000,000		

〈부채계정〉

매입채무

차변		대변	
ⓖ 12/20 현금	50,000	ⓒ 12/01 상품	300,000
차변합계	50,000	대변합계	300,000
		대변잔액	250,000

장기차입금

차변		대변	
		ⓑ 12/01 현금	1,000,000
차변합계	0	대변합계	1,000,000
		대변잔액	1,000,000

〈자본계정〉

자본금

차변		대변	
		ⓐ 12/01 현금	2,000,000
차변합계	0	대변합계	2,000,000
		대변잔액	2,000,000

〈수익계정〉

매출

차변		대변	
		ⓔ 12/05 현금	100,000
		ⓕ 12/10 매출채권	150,000
		대변합계	250,000
		대변잔액	250,000

〈비용계정〉

매출원가

차변		대변	
ⓔ 12/05 상품	80,000		
ⓕ 12/10 상품	100,000		
차변합계	180,000		
차변잔액	180,000		

급여

차변		대변	
ⓗ 12/25 현금	30,000		
차변합계	30,000		
차변잔액	30,000		

임차료

차변		대변	
ⓘ 12/31 현금	15,000		
차변합계	15,000		
차변잔액	15,000		

제 4 절 수정전시산표

시산표(trial balance, T/B)는 총계정원장에 있는 모든 계정의 차변합계액과 대변합계액 및 그 계정의 잔액을 한 곳에 모아 놓은 표이다. 시산표는 반드시 작성해야 하는 것은 아니며 재무제표를 체계적이고 효율적으로 작성하기 위해 보조적으로 작성하는 표이다. 시산표[2)]에는 모든 계정의 차변합계액과 대변합계액 및 그 계정의 잔액을 모아 놓은 합계잔액시산표, 모든 계정의 차변합계액과 대변합계액만을 한 곳에 모아 놓은 합계시산표, 모든 계정의 잔액만을 모아 놓은 잔액시산표 등이 있다. 본서에서는 잔액시산표를 사용하기로 한다.

위에서 소개한 (주)한국의 20×1년 12월 1일부터 20×1년 12월 31일까지의 거래를 반영한 각 계정의 잔액을 확인한 후 잔액시산표를 작성하면 〈표 3-7〉과 같다. 〈표 3-7〉은 결산수정분개를 반영하기 전의 시산표이므로 수정전잔액시산표에 해당한다.

표 3-7 수정전잔액시산표

수정전잔액시산표

(주)대한 20×1년 12월 31일 (단위 : 원)

계정과목	차변	대변
현금	2,005,000	
매출채권	150,000	
상품	120,000	
차량운반구	1,000,000	
매입채무		250,000
장기차입금		1,000,000
자본금		2,000,000
매출		250,000
매출원가	180,000	
급여	30,000	
임차료	15,000	
합계	3,500,000	3,500,000

2) 결산수정분개를 반영하기 전의 시산표가 수정전시산표이고, 결산수정분개를 반영한 후의 시산표가 수정후시산표이다. 수정후시산표가 완성되면 손익계산서와 재무상태표를 작성할 수 있다.

시산표에도 대차평형의 원리가 그대로 적용되어 차변합계액 3,500,000원과 대변 합계액 3,500,000원은 일치한다. 만약 일치하지 않는다면 거래의 분개와 전기과정에서 오류가 발생한 것이므로 재무제표를 작성하기 전에 그 원인을 규명하여 수정해야 한다.

한편, 시산표의 차변총계와 대변총계가 일치한다고 해서 전혀 오류가 발생하지 않았다고 단언할 수는 없다. 예를 들면 거래의 분석이 잘못되어 적정한 계정에 기록되지 않은 오류, 특정거래를 완전히 누락한 경우, 금액을 차변과 대변에 동시에 동일한 금액으로 오기한 경우 등은 발견되지 않는다.

Exercises **연습문제**

객관식

01 분개장에 반영된 거래를 총계정원장에 옮겨 적는 절차를 무엇이라고 하는가?

① 결산 ② 전기

③ 분개 ④ 마감

해설 ② 분개장에 반영된 거래를 총계정원장에 옮겨 적는 절차를 전기라 한다.

02 계정기입에 대한 다음의 설명 중 옳지 않은 것은?

① 수익의 발생은 대변에 기록한다. ② 자산의 증가는 차변에 기록한다.

③ 자본의 감소는 차변에 기록한다. ④ 부채의 감소는 대변에 기록한다.

해설 ④ 부채의 감소는 차변에 기록한다.

03 다음 각 거래별 분개 중 옳지 않은 것은?

① 은행으로부터 3,000,000원을 차입하였다. 동 금액은 3년 후에 갚기로 하였다.

(차변) 현금	3,000,000	(대변) 장기차입금	3,000,000

② 상품을 2,000,000원에 현금으로 구입하였다. (계속기록법 적용)

(차변) 상품	2,000,000	(대변) 현금	2,000,000

③ 급여 500,000원을 지급하였다.

(차변) 현금	500,000	(대변) 급여	500,000

④ 매출채권 5,000,000원을 현금으로 회수하였다.

(차변) 현금	5,000,000	(대변) 매출채권	5,000,000

해설 ③

(차변) 급여	500,000	(대변) 현금	500,000

04 분개에 대한 다음의 설명 중 옳지 않은 것은?

① 한 거래에 대한 분개를 완료한 후의 차변금액과 대변금액의 합은 항상 일치한다.

② 자산은 항상 차변에만 기록된다.

③ 부채의 증가는 대변에 기록한다.

④ 자본의 감소는 차변에 기록한다.

해설 ② 자산의 증가는 차변에 기록하고 자산의 감소는 대변에 기록한다.

05 일반적으로 해당 계정의 정상잔액이 대변에 발생하는 것은?

① 장기차입금 ② 이자비용
③ 매출원가 ④ 건물

해설 ① 부채계정, 자본계정 및 수익계정의 잔액은 대변에 발생한다.

06 다음 중 계정의 분류가 적절하지 않은 것은?

① 자산계정 : 현금, 매출채권 ② 부채계정 : 단기차입금, 매입채무
③ 수익계정 : 매출, 이자수익 ④ 비용계정 : 매출원가, 임대료

해설 ④ 임대료는 수익계정이다. 임차료가 비용계정이다.

07 다음의 거래에 대한 분개를 올바르게 나타낸 것은 어느 것인가?

「주주로부터 2,000,000원의 현금출자를 받아서 (주)한국을 설립하였다.」

	차변	금액	대변	금액
①	(차) 현금	2,000,000	(대) 자본금	2,000,000
②	(차) 현금	2,000,000	(대) 장기차입금	2,000,000
③	(차) 상품	2,000,000	(대) 매입채무	2,000,000
④	(차) 차량운반구	2,000,000	(대) 현금	2,000,000

해설 ①

08 다음의 거래에 대한 분개를 올바르게 나타낸 것은 어느 것인가?

「차량운반구(1,000,000원)를 외상으로 구입하였다.」

	차변	금액	대변	금액
①	(차) 비품	1,000,000	(대) 미지급금	1,000,000
②	(차) 차량운반구	1,000,000	(대) 매입채무	1,000,000
③	(차) 비품	1,000,000	(대) 매입채무	1,000,000
④	(차) 차량운반구	1,000,000	(대) 미지급금	1,000,000

해설 ④

09 다음의 거래에 대한 분개를 올바르게 나타낸 것은 어느 것인가? 단, 계속기록법을 가정한다.

> 「상품(매입원가 100,000원)을 150,000원에 외상으로 판매하였다.」

①	(차) 매출채권	150,000	(대) 매출	150,000
②	(차) 매출채권	150,000	(대) 매출	150,000
	(차) 매출원가	100,000	(대) 상품	100,000
③	(차) 미수금	150,000	(대) 매출	150,000
④	(차) 미수금	150,000	(대) 매출	150,000
	(차) 매출원가	100,000	(대) 상품	100,000

해설 ②

10 다음의 모든 거래가 반영된 후에 현금계정의 올바른 잔액은 얼마인가?

> ⓐ 회사를 설립하면서 주주로부터 2,000,000원의 현금출자를 받았다.
> ⓑ 은행에서 1,000,000원을 차입하였다. (3년 후 상환 약정)
> ⓒ 원가 300,000원인 상품을 외상으로 구입하였다.
> ⓓ 차량운반구를 1,000,000원에 현금으로 구입하였다.
> ⓔ 상품(매입원가 80,000원)을 100,000원에 판매하고 대금은 현금으로 받았다.
> ⓕ 매입채무 중 50,000원을 현금으로 지급하였다.
> ⓖ 급여 30,000원을 현금으로 지급하였다.
> ⓗ 사무실 임차료 15,000원을 현금으로 지급하였다.

① 2,000,000원 ② 2,005,000원
③ 2,010,000원 ④ 2,015,000원

해설 ②

현금

차변		대변	
ⓐ 자본금	2,000,000	ⓓ 차량운반구	1,000,000
ⓑ 장기차입금	1,000,000	ⓕ 매입채무	50,000
ⓔ 매출	100,000	ⓖ 급여	30,000
		ⓗ 임차료	15,000
차변합계	3,100,000	대변합계	1,095,000
차변잔액	2,005,000		

Exercises 연습문제

주관식

01 다음의 거래를 분개하시오. (계속기록법[3] 적용)

1. 은행으로부터 3,000,000원을 차입하였다. 동 금액은 6개월 후에 갚기로 하였다.
2. 상품을 3,000,000원에 외상으로 구입하였다.
3. 상품(원가 2,000,000원)을 판매하고 3,000,000원의 현금을 수령하였다.
4. 상품(원가 1,000,000원)을 판매하고 대금 1,500,000원은 30일 후에 받기로 하였다.
5. 직원 급여 1,000,000원을 지급하였다.

해설

	차변	금액	대변	금액
1.	(차변) 현금	3,000,000	(대변) 단기차입금	3,000,000
2.	(차변) 상품	3,000,000	(대변) 매입채무	3,000,000
3.	(차변) 현금	3,000,000	(대변) 매출	3,000,000
	(차변) 매출원가	2,000,000	(대변) 상품	2,000,000
4.	(차변) 매출채권	1,500,000	(대변) 매출	1,500,000
	(차변) 매출원가	1,000,000	(대변) 상품	1,000,000
5.	(차변) 급여	1,000,000	(대변) 현금	1,000,000

02 아래에 전기된 내용을 보고 관련된 거래를 추정하고 분개를 나타내시오.

현금		장기차입금	
01/10 장기차입금 3,000,000			01/10 현금 3,000,000

해설 1월 10일에 장기차입금 3,000,000원을 차입하면서 현금을 수령하였다.

(차변) 현금 3,000,000 (대변) 장기차입금 3,000,000

3) 계속기록법을 적용하는 상황에서 상품을 구매할 경우에는 차변에 **상품**계정을 이용하여 분개한다. 그리고 상품을 판매를 하는 경우에는 매출(수익계정)을 인식함과 동시에 매출원가(비용계정)를 인식한다. 계속기록법과 재고실사법에 대한 더 자세한 내용은 다른 장에서 후술하기로 한다.

03 아래에 전기된 내용을 보고 관련된 거래를 추정하고 분개를 나타내시오.

상품

01/15 매입채무 3,000,000	

매입채무

	01/15 상품 3,000,000

해설 1월 15일에 원가 3,000,000원인 상품을 외상으로 구입하였다.
(차변) 상품 3,000,000 (대변) 매입채무 3,000,000

04 아래에 전기된 내용을 보고 관련된 거래를 추정하고 분개를 나타내시오.

임차료

01/31 현금 100,000	

현금

	01/31 임차료 100,000

해설 1월 31일에 사무실 임차료 100,000원을 현금으로 지급하였다.
(차변) 임차료 100,000 (대변) 현금 100,000

05 다음의 각 거래와 관련된 분개를 제시하시오.

ⓐ 주주로부터 2,000,000원의 현금출자를 받았다.
ⓑ 은행에서 1,000,000원을 차입하였다. (3년 후 상환 약정)
ⓒ 원가 300,000원인 상품을 외상으로 구입하였다.
ⓓ 차량운반구를 1,000,000원에 외상으로 구입하였다.
ⓔ 상품(매입원가 80,000원)을 100,000원에 판매하고 대금은 현금으로 받았다.
ⓕ 상품(매입원가 100,000원)을 150,000원에 판매하고 대금은 30일후에 받기로 하였다.
ⓖ 매입채무 중 50,000원을 현금으로 지급하였다.
ⓗ 급여 30,000원을 현금으로 지급하였다.
ⓘ 사무실 임차료 15,000원을 현금으로 지급하였다.
ⓙ 보험료 1년분 120,000원을 현금으로 지급하면서 비용으로 계상하였다.
ⓚ 매출채권 50,000을 회수하였다.
ⓛ 3개월치 임대료 300,000원을 현금으로 수령하면서 수익으로 계상하였다.
ⓜ 미지급한 차량 구입대금 1,000,000원을 현금으로 지급하였다.

해설

	차변	금액	대변	금액
ⓐ	(차) 현금	2,000,000	(대) 자본금	2,000,000
ⓑ	(차) 현금	1,000,000	(대) 장기차입금	1,000,000
ⓒ	(차) 상품	300,000	(대) 매입채무	300,000
ⓓ	(차) 차량운반구	1,000,000	(대) 미지급금	1,000,000
ⓔ	(차) 현금	100,000	(대) 매출	100,000
	(차) 매출원가	80,000	(대) 상품	80,000
ⓕ	(차) 매출채권	150,000	(대) 매출	150,000
	(차) 매출원가	100,000	(대) 상품	100,000
ⓖ	(차) 매입채무	50,000	(대) 현금	50,000
ⓗ	(차) 급여	30,000	(대) 현금	30,000
ⓘ	(차) 임차료	15,000	(대) 현금	15,000
ⓙ	(차) 보험료	120,000	(대) 현금	120,000
ⓚ	(차) 현금	50,000	(대) 매출채권	50,000
ⓛ	(차) 현금	300,000	(대) 임대료	300,000
ⓜ	(차) 미지급금	1,000,000	(대) 현금	1,000,000

04장

회계순환과정 : 결산수정분개

학습목표

▶ 결산수정분개의 필요성을 설명할 수 있다.

▶ 재무제표의 작성과정을 설명할 수 있다.

제 1 절 재무제표의 작성과정

1. 회계순환과정

회계순환과정(accounting cycle)은 분개에서 시작하여 재무제표를 작성(장부마감)하기까지 매기 반복적으로 수행되는 일련의 절차를 말한다. 매기 반복되는 회계순환과정을 도식화하면 [그림 4-1]과 같다.

그림 4-1 회계순환과정

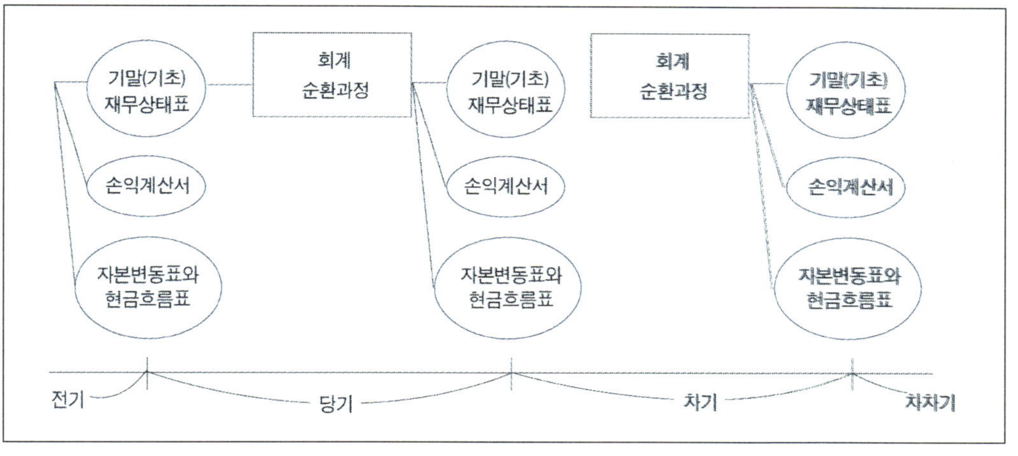

회계순환과정은 다음과 같은 단계로 이루어지며 크게 회계기간 중의 절차와 회계기간 말의 결산절차로 나눌 수 있다. 회계기간 중의 절차는 거래를 분석하여 분개하고 이를 분개장에 기록한 다음 총계정원장에 전기하기까지를 말하며, 회계기간 말의 절차는 수정전시산표를 작성하여 재무제표를 작성하고 장부를 마감하기까지를 말한다.

표 4-1 회계순환과정의 단계 및 주요절차

단계구분	주요절차	보조절차
회계연도 시작		
↓		
[회계기간 중]	〈거래를 기록하는 절차〉	
제1단계	거래의 분석과 분개	
제2단계	총계정원장에 전기	
↓		
[회계기간 말]	〈회계정보를 산출하고 장부를 마감하는 절차〉	
제3단계		수정전시산표
제4단계	결산수정분개 및 전기	
제5단계		수정후시산표
제6단계	재무제표 작성	
제7단계	마감분개 및 전기	마감후(이월)시산표
↓		
회계연도 종료		

(1) 회계기간중의 절차(거래기록절차)

회계기간중의 절차는 회계기간 중에 거래를 기록하는 절차로서 거래를 분석하여 분개하고 이를 분개장에 기록한 다음 원장에 전기하기까지를 말한다.

1) 거래의 분석과 분개

거래를 분석하여 분개한 다음 이를 분개장에 기록하는 절차이다. 거래의 발생사실을 입증하는 증빙자료를 근거로 하여 거래를 분석하여 분개한다.

2) 전기

분개장을 보고 거래 내용을 총계정원장 각 계정의 차변과 대변에 각각 기록하는 절차이다.

(2) 회계기간말의 절차(결산절차)

결산시에는 보고기간 말을 기준으로 일부 계정을 업데이트하는 결산수정분개를 수행한 다음에 재무제표를 작성하고 장부를 마감하는 절차를 수행하여야 한다. 이런 업무를 결산(closing)이라 한다.

2. 재무제표의 작성과정

(1) 수정전시산표 작성(선택)

보고기간 말을 기준으로 회계기록의 정확성을 확인하고 재무제표를 작성하기 위한 준비작업으로서 총계정원장의 모든 계정의 금액을 요약하여 수정전시산표(unadjusted trial balance)를 작성한다. 수정전시산표를 작성하는 것은 결산업무를 체계적이고 효율적으로 하기 위한 보조적인 절차일 뿐이며 반드시 수행하여야 하는 절차는 아니다.

〈표 4-2〉는 이미 앞 장에서 확인한 (주)한국의 20×1년 12월 31일의 수정전시산표이다. 회계기간은 20×1년 12월 1일부터 12월 31일까지이다.

표 4-2 수정전(잔액)시산표

수정전시산표

(주)한국 20×1년 12월 31일 (단위 : 원)

계정과목	차변	대변
현금	2,005,000	
매출채권	150,000	
상품	120,000	
차량운반구	1,000,000	
매입채무		250,000
장기차입금		1,000,000

계정과목	차변	대변
자본금		2,000,000
매출		250,000
매출원가	180,000	
급여	30,000	
임차료	15,000	
합계	3,500,000	3,500,000

(2) 결산수정분개 및 전기

자산, 부채, 자본, 수익 그리고 비용계정의 잔액이 보고기간 말 현재의 재무상태와 회계기간 동안의 경영성과를 적정히 나타내 주고 있는지를 검토한 후 수정사항을 확인한 경우에는 결산수정분개를 수행하고 이를 해당 계정에 전기한다.

〈표 4-2〉의 수정전시산표와 관련하여 아래와 같은 결산수정분개 사항이 있다고 가정하자. 회계기간은 20×1년 12월 1일부터 12월 31일까지이다.

결산수정분개 사항 :
(수정사항 1) 장기차입금에 대한 이자 5,000원이 발생(미지급이자 발생)한 상태이다.
(수정사항 2) 차량운반구와 관련된 감가상각비 2,000원(1개월분)을 장부에 반영하지 않은 상태이다.

(수정사항 1) 장기차입금에 대한 이자비용 인식

(주)한국 20×1년 12월 1일에 차입한 장기차입금과 관련된 1개월분 이자 5,000원이 발생하였으나 아직 지급하지 않았다.

[거래분석]

차변 : 이자비용(비용)　5,000원 발생 → 이자비용계정 차변에 기입
대변 : 미지급이자(부채)　5,000원 증가 → 미지급이자계정 대변에 기입

[수정분개] 12/31 (차) 이자비용 5,000 (대) 미지급이자 5,000

[전기]

이자비용			
12/31 미지급이자	5,000		

미지급이자			
		12/31 이자비용	5,000

(수정사항 2) 차량운반구에 대한 감가상각비 인식

차량운반구와 관련된 감가상각비(1개월분)를 2,000원으로 산출하였다.

[거래분석]

차변 : 감가상각비(비용) 2,000원 발생 → 감가상각비계정 차변에 기입

대변 : 차량운반구(자산) 2,000원 감소 → 감가상각누계액계정 대변에 기입

[수정분개] 12/31 (차) 감가상각비 2,000 (대) 감가상각누계액[1) 2,000

[전기]

감가상각비			
12/31 감가상각누계액	2,000		

감가상각누계액			
		12/31 감가상각비	2,000

[각 계정의 내역]

결산수정사항에 의해 새로이 설정되는 계정인 이자비용, 감가상각비, 감가상각누계액, 미지급이자의 계정내용은 다음과 같고 이들을 제외한 다른 계정은 앞 장에서 분개와 전기의 예에 있는 계정의 내용과 같다.

1) 감가상각비를 인식하는 분개를 할 때 차변(왼편)에는 감가상각비라는 비용계정을, 대변(오른편)에는 감가상각누계액이라는 자산차감계정을 사용한다. 본서 후반부에서 유형자산을 공부할 때 자세히 다루기로 한다.

이자비용

차변		대변
12/31 미지급이자	5,000	
차변합계	5,000	
차변잔액	5,000	

감가상각비

차변		대변
12/31 감가상각누계액	2,000	
차변합계	2,000	
차변잔액	2,000	

감가상각누계액

차변	대변	
	12/31 감가상각비	2,000
	대변합계	2,000
	대변잔액	2,000

미지급이자

차변	대변	
	12/31 이자비용	5,000
	대변합계	5,000
	대변잔액	5,000

(3) 수정후시산표 작성(선택)

결산수정분개를 원장에 전기함으로써 모든 계정의 잔액이 수정되어 확정되었으면 확정된 계정의 잔액을 한 곳에 모아 수정후시산표(adjusted trial balance)를 작성할 수 있다. 수정후시산표는 〈표 4-3〉과 같이 작성한다.

표 4-3 수정후(잔액)시산표

수정후시산표

(주)한국 20×1년 12월 31일 (단위 : 원)

계정과목	차변	대변
현금	2,005,000	
매출채권	150,000	
상품	120,000	
차량운반구	1,000,000	
감가상각누계액		2,000*
매입채무		250,000
장기차입금		1,000,000
미지급이자		5,000*
자본금		2,000,000
매출		250,000
매출원가	180,000	
급여	30,000	
임차료	15,000	

계정과목	차변	대변
감가상각비	2,000*	
이자비용	5,000*	
합계	3,507,000	3,507,000

* 결산수정분개 후 잔액이 새로 생성된 계정이다.

수정후시산표에도 대차평형원리가 그대로 적용되어 차변합계액과 대변합계액은 3,507,000원으로 일치한다.

(4) 재무제표의 작성

수정후시산표에는 재무상태표와 손익계산서의 작성에 필요한 모든 정보들이 적절히 분류되어 있기 때문에 재무제표를 쉽게 작성할 수 있다. 먼저 〈표 4－3〉의 수정후시산표에서 수익과 비용계정을 골라 〈표 4－4〉와 같이 손익계산서를 작성하여 당기순이익을 결정한다. 그리고 〈표 4－3〉의 수정후시산표에서 자산, 부채 및 자본계정을 골라 〈표 4－5〉와 같이 재무상태표를 작성한다. 이 과정에서 손익계산서의 당기순이익이 재무상태표의 자본에 포함되는 이익잉여금에 반영된다는 점에 유의하자.

표 4-4 손익계산서(계정식)

손익계산서

(주)한국 20×1년 12월1일부터 12월 31일까지 (단위 : 원)

비용과 순이익		수익	
매출원가	180,000	매출	250,000
급여	30,000		
임차료	15,000		
감가상각비	2,000		
이자비용	5,000		
순이익	18,000		
합계	250,000	합계	250,000

표 4-5 재무상태표

재무상태표

(주)한국　　20×1년 12월 31일 현재　　(단위 : 원)

항목	금액	항목	금액
자산		부채	
현금	2,005,000	매입채무	250,000
매출채권	150,000	미지급이자	5,000
상품	120,000	장기차입금	1,000,000
차량운반구	1,000,000	부채총계	1,255,000
감가상각누계액-차량	(2,000)	자본	
		자본금	2,000,000
		이익잉여금	18,000
		자본총계	2,018,000
자산총계	3,273,000	부채와 자본총계	3,273,000

〈재무제표 작성의 마무리과정〉

① 자본총계를 역산으로 구한다.

자본총계＝자산총계－부채총계＝3,273,000－1,255,000＝2,018,000

② 자본총계에서 자본금을 차감하여 기말시점의 이익잉여금을 산출한다.

기말이익잉여금＝2,018,000－2,000,000＝18,000

③ 확인절차

기말이익잉여금＝기초이익잉여금(0)＋당기순이익(18,000)－배당금(0)

[연계성 확인검토]

계정과목	금액
기초이익잉여금	0
(-) 배당금	0
(+) 당기순이익	(+)18,000
기말이익잉여금	18,000

(5) 장부의 마감

재무제표의 작성이 완료되면 마지막으로 총계정원장의 모든 계정을 마감하여야 한다. 먼저 수익과 비용의 계정(손익계정)과 재무상태표 항목인 미처분이익잉여금계정을 대상으로 하는 마감분개와 전기를 수행한다. 그리고 자산, 부채 및 자본의 계정에 대해서는 해당 계정의 잔액을 차기로 이월시키는 형식적인 마감을 수행한다.

1) 손익계정의 마감분개와 전기

일반적인 의미의 마감(closing)이란 계정의 차변과 대변의 합계액을 일치시키는 행위를 말하며, 손익계정을 마감할 때 수행하는 분개를 마감분개(closing entry)라 한다. 손익계정을 마감하기 위해서는 수익과 비용계정의 잔액을 모을 계정, 즉 집합손익(income summary)이라는 계정을 임시로 설정해야 한다.

수익계정의 잔액은 마감분개를 통해서 집합손익계정의 대변(오른편)에 대체시키고, 비용계정의 잔액은 마감분개를 통해서 집합손익계정의 차변(왼편)에 대체시킨 후 집합손익계정의 대변합계액과 차변합계액을 비교하면 당기순이익(또는 당기순손실)을 계산한다. 집합손익계정의 대변합계액(수익)이 차변합계액(비용)보다 더 크면 당기순이익이 발생한 것이고, 반대인 경우에는 당기순손실이 발생한 것이다. 이처럼 수익과 비용계정의 잔액들을 집합손익계정으로 대체시킴으로써 수익계정과 비용계정(손익계정)이 마감된다.

마지막으로 집합손익계정에서 계산된 당기순이익(또는 당기순손실)을 미처분이익잉여금계정으로 대체시킴으로써 집합손익계정도 마감된다.

〈표 4-4〉의 손익계산서의 수익과 비용계정을 집합손익계정으로 대체하는 마감분개는 다음과 같다.

12/31	(차) 매출	250,000	(대) 집합손익		250,000
12/31	(차) 집합손익	232,000	(대) 매출원가		180,000
				급여	30,000
				임차료	15,000
				감가상각비	2,000
				이자비용	5,000
12/31	(차) 집합손익	18,000	(대) 미처분이익잉여금		18,000

마감분개를 총계정원장에 전기한 후의 수익과 비용계정의 내용, 그리고 집합손익계정의 내용은 다음과 같다.

〈수익계정〉

매출

12/31 집합손익	250,000	ⓔ 12/05 현금	100,000
		ⓕ 12/10 매출채권	150,000
차변합계	250,000	대변합계	250,000

〈비용계정〉

매출원가

ⓔ 12/05 상품	80,000	12/31 집합손익	180,000
ⓕ 12/10 상품	100,000		
차변합계	180,000	대변합계	180,000

급여

ⓗ 12/25 현금	30,000	12/31 집합손익	30,000
차변합계	30,000	대변합계	30,000

임차료

ⓘ 12/31 현금	15,000	12/31 집합손익	15,000
차변합계	15,000	대변합계	15,000

감가상각비

ⓛ 12/31 감가상각누계액	2,000	12/31 집합손익	2,000
차변합계	2,000	대변합계	2,000

이자비용

12/31 미지급이자	5,000	12/31 집합손익	5,000
차변합계	5,000	대변합계	5,000

〈집합손익계정〉

집합손익

12/31 매출원가	180,000	12/31 매출	250,000
12/31 급여	30,000		
12/31 임차료	15,000		
12/31 감가상각비	2,000		
12/31 이자비용	5,000		
12/31 미처분이익잉여금	18,000		
차변합계	250,000	대변합계	250,000

〈이익잉여금계정〉

미처분이익잉여금

		12/31 집합손익	18,000
차변합계	0	대변합계	18,000
		대변잔액	18,000

수익과 비용계정은 마감분개와 전기를 통해 계정잔액이 모두 "0"이 된다. 수익과 비용계정의 잔액을 집합해 놓은 집합손익계정도 당기순이익을 계산한 후 미처분이익잉여금계정으로 대체되면서 계정잔액이 "0"이 된다. 이러한 이유로 수익계정, 비용계정, 그리고 집합손익계정을 임시계정(temporary account)이라고 부른다.

수익계정과 비용계정을 마감시켜서 잔액을 "0"으로 만들지 않으면 다음 기간의 수익, 비용과 합쳐지면서 해당 기간만의 당기순이익(또는 당기순손실)을 계산하기가 힘들어지기 때문에 마감분개를 수행한다고 이해해도 무방하다.

2) 재무상태표계정의 마감과 차기이월

재무상태표계정인 자산, 부채, 그리고 자본계정의 잔액은 그대로 차기로 이월된다. 즉, 아래와 같이 해당 계정의 차변과 대변의 금액을 일치시켜 마감함으로써 계정의 잔액을 차기로 이월시키고 차기의 새로운 거래를 기록하기 위한 준비를 한다.

자산계정

증가	×××	감소	×××
		차기이월	×××
차변합계	×××	대변합계	×××
전기이월	×××		

부채와 자본계정

감소	×××	증가	×××
차기이월	×××		
차변합계	×××	대변합계	×××
		전기이월	×××

〈자산계정〉

현금

차변	금액	대변	금액
ⓐ 12/01 자본금	2,000,000	ⓓ 12/01 차량운반구	1,000,000
ⓑ 12/01 차입금	1,000,000	ⓖ 12/20 매입채무	50,000
ⓔ 12/05 매출	100,000	ⓗ 12/25 급여	30,000
		ⓘ 12/31 임차료	15,000
		차기이월	2,005,000
차변합계	3,100,000	대변합계	3,100,000
01/01 전기이월	2,005,000		

매출채권

차변	금액	대변	금액
ⓕ 12/10 매출	150,000	차기이월	150,000
차변합계	150,000	대변합계	150,000
01/01 전기이월	150,000		

상품

차변	금액	대변	금액
ⓒ 12/01 매입채무	300,000	ⓔ 12/05 매출원가	80,000
		ⓕ 12/10 매출원가	100,000
		차기이월	120,000
차변합계	300,000	차변합계	300,000
01/01 전기이월	120,000		

차량운반구

차변	금액	대변	금액
ⓓ 12/01 현금	1,000,000		
		차기이월	1,000,000
차변합계	1,000,000	대변합계	1,000,000
01/01 전기이월	1,000,000		

감가상각누계액(자산차감계정)

차변	금액	대변	금액
		12/31 감가상각비	2,000
차기이월	2,000		
차변합계	2,000	대변합계	2,000
		01/01 전기이월	2,000

〈부채계정〉

매입채무

차변	금액	대변	금액
ⓖ 12/20 현금	50,000	ⓒ 12/01 상품	300,000
차기이월	250,000		
차변합계	300,000	대변합계	300,000
		01/01 전기이월	250,000

장기차입금

차변	금액	대변	금액
차기이월	1,000,000	ⓑ 12/01 현금	1,000,000
차변합계	1,000,000	대변합계	1,000,000
		01/01 전기이월	1,000,000

미지급이자

차변	금액	대변	금액
차기이월	5,000	12/31 이자비용	5,000
차변합계	5,000	대변합계	5,000
		01/01 전기이월	5,000

〈자본계정〉

자본금

12/31 차기이월	2,000,000	ⓐ 12/01 현금	2,000,000
차변합계	2,000,000	대변합계	2,000,000
		01/01 전기이월	2,000,000

미처분이익잉여금

차기이월	18,000	12/31 집합손익	18,000
차변합계	18,000	대변합계	18,000
		01/01 전기이월	18,000

장부마감 후 재무상태표계정은 잔액이 "0"이 되지 않고 금액이 차기로 이월된다. 재무상태표 계정은 영구적으로 존속하는 계정이라는 의미에서 영구계정(permanent account)이라고도 한다. 차기로 이월되는 재무상태표계정의 잔액을 한 곳에 모은 표를 마감후시산표(post-closing trial balance)라 한다.

제 2 절 결산수정분개의 목적과 유형

1. 결산수정분개의 목적

회계기간의 경영성과(이익정보)와 회계기간 말 현재의 재무상태(자산, 부채, 자본)를 확인하기 위해서는 모든 계정에 대하여 회계기간의 마지막 날(재무상태표일, 보고기간 말)을 기준으로 발생주의[2)]를 적용하여 업데이트할 필요가 있다. 이 때 수행하는 분개를 결산수정분개(adjusting entry)라고 한다.

2) 발생주의(accrual basis)에서는 현금의 유입 및 유출과 관계없이 수익과 비용이 발생하였다고 판단되어지는 각각의 인식원칙을 적용하여 수익과 비용을 인식한다.

2. 결산수정분개의 유형

결산수정분개의 유형에는 현금주의[3]회계에서 발생주의회계로 전환하는 결산수정분개, 자산과 부채의 평가 등과 관련된 결산수정분개 등이 있을 수 있다. 본서에서는 기초회계 수준의 결산수정분개 유형을 소개한다. 이를 요약하면 〈표 4-7〉과 같다.

표 4-7 결산수정분개의 유형

구분	결산수정분개	
1. 현금주의회계에서 발생주의회계로의 전환		
① 발생항목	(차) **미수수익** (차) 비용	(대) 수익 (대) **미지급비용**
② 이연항목	(차) 수익 (차) **선급비용**	(대) **선수수익** (대) 비용
③ 자산의 사용	(차) 감가상각비 (차) 소모품비	(대) 감가상각누계액 (대) 소모품
2. 자산과 부채의 평가[4]		
① 대손충당금의 설정(매출채권 평가)	(차) 대손상각비	(대) 대손충당금
② 재고자산의 저가평가	(차) 매출원가	(대) 재고자산평가충당금

3. 현금주의회계에서 발생주의회계로 전환하는 결산수정분개

(1) 발생항목

발생주의에서는 현금이 수입되거나 지출되지는 않았더라도 기말시점 현재 수익과 비

3) 현금주의(cash basis)에서는 수익은 현금이 수입될 때에 인식하고 비용은 현금이 지출될 때에 인식하여 당기순손익을 계산한다.
4) 해당 내용과 관련된 별도의 장에서 후술하기로 한다.

용이 발생하였다면 이를 장부에 반영해야 한다. 이 때 나타나는 대표적인 계정에는 미수수익과 미지급비용 등이 있다.

1) 미수수익

회계기간 중에 수익은 발생하였지만 그 대가를 현금으로 받지 않았다는 이유로 장부에 기록하지 않은 사항이 있다면 결산수정분개를 통하여 미수수익이라는 자산을 인식한다. 미수수익의 예로는 미수이자, 미수임대료 등이 있다.

(주)한국은 20×1년 12월 1일에 연 6%의 이자율로 5,000,000원을 하나은행에 1년간 예금하였는데 이자는 만기일인 20×2년 11월 30일에 일시에 받기로 하였다. 회계기간 말은 12월 31일이다.

〈거래분석〉

차변 : 미수이자(자산) 25,000원 증가 → 미수이자계정 차변에 기입

대변 : 이자수익(수익) 25,000원 발생 → 이자수익계정 대변에 기입

* 5,000,000×6%×(1/12) = 25,000

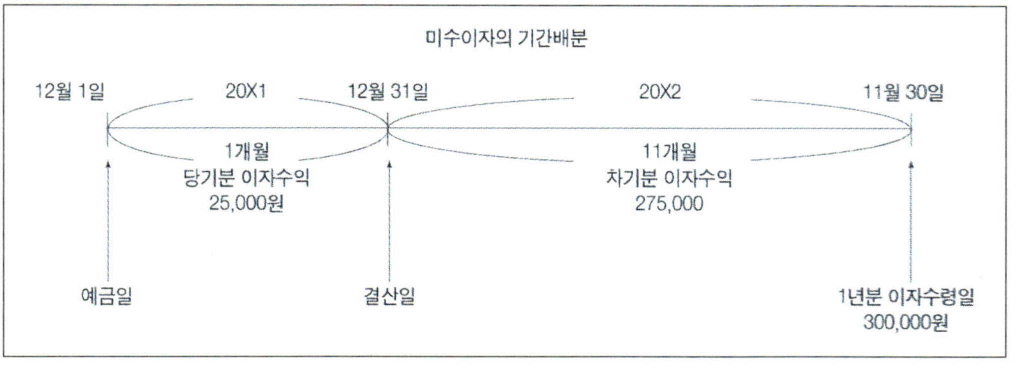

〈결산수정분개〉 12/31 (차) 미수이자 25,000* (대) 이자수익 25,000*

* 1개월분 이자발생액 25,000원을 수익으로 계상한다.

2) 미지급비용

회계기간 중에 비용은 발생하였지만 그 대가를 현금으로 지급하지 않은 사항이 있다

면 결산수정분개를 통하여 미지급비용이라는 부채를 인식한다. 미지급비용의 예로는 미지급급여, 미지급이자, 미지급임차료 등이 있다.

(주)한국은 20×1년 12월분 직원 급여 70,000원을 기업의 자금사정 때문에 지급하지 못하였다. 회계기간 말은 12월 31일이다.

〈거래분석〉

차변 : 급여(비용) 70,000원 발생 → 급여계정 차변에 기입

대변 : 미지급급여(부채) 70,000원 발생 → 미지급급여계정 대변에 기입

〈결산수정분개〉 12/31 (차) 급여 70,000* (대) 미지급급여 70,000

* 1개월분 급여 발생액 70,000원을 비용으로 계상한다.

(2) 이연항목

이연항목이란 이미 현금이 수입되거나 지출되면서 당기의 수익 또는 비용으로 이미 기록되었으나 이 중에서 차기의 수익과 비용에 해당하는 부분을 분리하여 차기로 이연시켜야 하는 항목을 말한다. 이연항목의 예로는 선수수익과 선급비용 등이 있다.

1) 선수수익

회계기간 중에 현금이 수입되면서 장부에 수익으로 기록하였으나 이 중 차기분 수익이 포함되어 있다면 결산수정분개를 통하여 해당 금액을 당기의 수익이 아닌 차기의 수익으로 이연시키면서 선수수익이라는 부채를 인식하여야 한다. 선수수익은 차기에 소멸되면서 차기의 수익으로 대체된다. 선수수익의 예로는 선수임대료, 선수이자 등이 있다.

(주)한국은 20×1년 12월 1일에 사무실 일부를 (주)서울에 임대해 주면서 1년치 임대료 240,000원을 미리 받았다. 회계기간 말은 12월 31일이다.

〈기중거래 기록시〉

〈거래분석〉

차변 : 현금(자산) 240,000원 증가 → 현금계정 차변에 기입

대변 : 임대료수익(수익) 240,000원 발생 → 임대료수익계정 대변에 기입

〈분개〉 12/01 (차) 현금 240,000 (대) 임대료수익 240,000

〈기말 결산시〉

수령한 금액 중 차기의 수익에 해당하는 11개월분의 임대료를 차기로 이연시킨다.

〈거래분석〉

차변 : 임대료수익(수익) 220,000원 취소 → 임대료수익계정 차변에 기입

대변 : 선수임대료(부채) 220,000원 증가 → 선수임대료계정 대변에 기입

* 240,000×(11/12)= 220,000

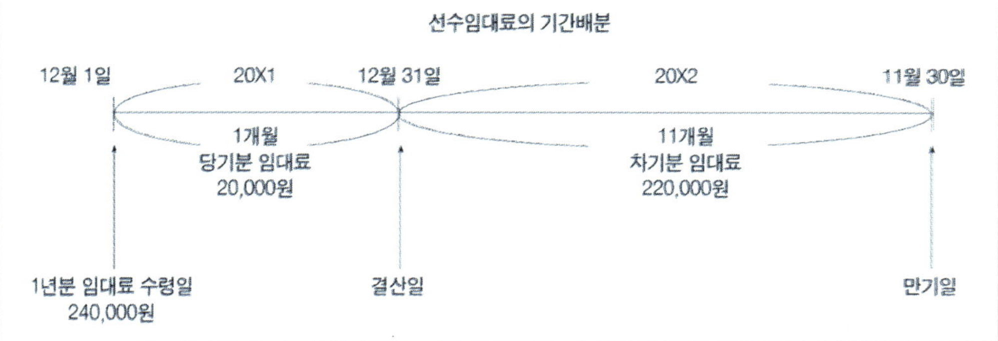

〈결산수정분개〉 12/31 (차) 임대료수익 220,000 (대) 선수임대료 220,000*

* 차기분 11개월치 임대료 선수령액 220,000원을 부채로 기록한다

★ 참고 : 선수수익의 대체적인 회계처리방법

〈현금수입시〉 먼저 수령한 임대료 전액을 부채(선수임대료)로 기록한다.

(차) 현금 240,000 (대) 선수임대료 240,000

〈기말결산시〉 결산수정분개를 통하여 당기분 임대료 1개월분을 수익으로 계상한다.

(차) 선수임대료 20,000* (대) 임대료수익 20,000

* 240,000×(1/12)=20,000

2) 선급비용

회계기간 중에 현금이 지출되면서 비용으로 기록되었으나 이 중 차기분 비용이 포함되어 있다면 결산수정분개를 통하여 해당 금액을 당기의 비용이 아닌 차기의 비용으로 이연시키면서 선급비용(prepaid expenses)이라는 자산을 인식해야 한다. 선급비용의 예로는 선급임차료, 선급이자 등이 있다.

(주)대한은 20×1년 12월 1일에 자동차보험에 가입하고 1년치 보험료 120,000원을 현금으로 지급하였다. 회계기간 말은 12월 31일이다.

〈기중거래 기록시〉

〈거래분석〉

차변 : 보험료(비용) 120,000원 발생 → 보험료계정 차변에 기입

대변 : 현금(자산) 120,000원 감소 → 현금계정 대변에 기입

〈분개〉	12/01	(차) 보험료	120,000	(대) 현금	120,000

〈기말 결산시〉

지출한 보험료 중 차기의 비용에 해당하는 11개월분의 보험료를 차기로 이연시킨다.

〈거래분석〉

차변 : 선급보험료(자산) 110,000원 증가 → 선급보험료계정 차변에 기입

대변 : 보험료(비용) 110,000원 취소 → 보험료계정 대변에 기입

* 120,000×(11/12) = 110,000

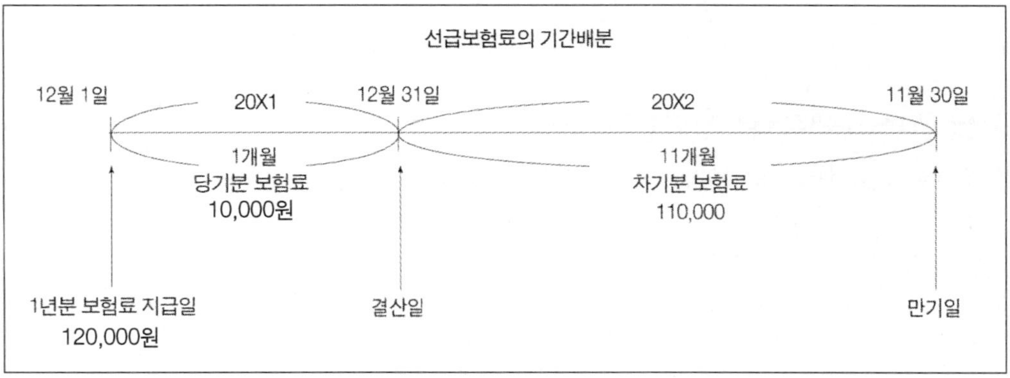

〈결산수정분개〉 12/31 (차) 선급보험료 110,000* (대) 보험료 110,000

* 차기분 11개월 보험료 선지급분 110,000원을 자산으로 기록한다.

★ 참고 : 선급비용의 대체적인 회계처리방법

〈현금지출시〉 먼저 지급한 보험료 전액을 자산(선급보험료)으로 기록한다.

(차) 선급보험료 120,000 (대) 현금 120,000

〈기말결산시〉 결산수정분개를 통하여 당기분 보험료 1개월분을 비용으로 계상한다.

(차) 보험료 10,000 (대) 선급보험료 10,000

* 120,000×(1/12)=10,000

(3) 자산의 사용에 따른 발생분개

1) 소모품

회계기간 중에 구입한 소모품을 자산으로 기록하였다가 기말 결산시에 당해 회계기간 동안에 사용된 부분에 대해서 결산수정분개를 통하여 소모품비(비용)로 계상한다.

(주)한국은 20×1년 12월 15일에 소모품 100,000원을 구입하였다. 회계기간 말은 12월 31일이다.

〈기중거래 기록시〉

〈거래분석〉

차변 : 소모품(자산) 100,000원 증가 → 소모품계정 차변에 기입

대변 : 현금(자산) 100,000원 감소 → 현금계정 대변에 기입

〈분개〉 12/15 (차) 소모품 100,000 (대) 현금 100,000

〈기말 결산시〉

당기말까지 사용한 소모품은 20,000원이며 이를 비용으로 인식한다.

〈거래분석〉

차변 : 소모품비(비용) 20,000원 발생 → 소모품비계정 차변에 기입

대변 : 소모품(자산) 20,000원 감소 → 소모품계정 대변에 기입

〈결산수정분개〉 12/31 (차) 소모품비 20,000* (대) 소 모 품 20,000

* 소모품 사용액 20,000원을 비용으로 기록한다.

★ 참고 : 소모품의 대체적인 회계처리방법

〈구입시〉 회계기간 중 구입 시에 구입금액 전액을 비용으로 기록한다.

(차) 소모품비 100,000 (대) 현금 100,000

〈기말결산시〉 결산수정분개를 통하여 미사용분 80,000원을 자산으로 계상한다.

(차) 소모품 80,000 (대) 소모품비 80,000

2) 감가상각비

기업은 영업활동에 장기간 사용할 목적으로 건물, 기계장치, 차량운반구 등의 유형자산을 보유한다. 이들은 구입시에 원가를 기록하였다가 사용하는 기간동안 합리적인 원가배분원칙에 따라 계산한 금액을 감가상각비(비용)로 계상한다.

(주)한국은 12월 1일 차량운반구를 구입하고 1,000,000원을 지급하였으며 5년간 사용할 예정이며, 잔존가치는 100,000원으로 추정한다. 매기간 일정한 금액을 감가상각비라는 비용으로 처리하는 정액법을 사용한다고 가정한다. 회계기간 말은 12월 31일이다. 정액법으로 감가상각한다면 1개월분 감가상각비는 15,000원이다.

〈거래분석〉

차변 : 감가상각비(비용) 15,000원 발생 → 감가상각비계정 차변에 기입

대변 : 차량운반구(자산) 15,000원 감소 → 감가상각누계액계정 대변에 기입

* 정액법에 의한 감가상각비 = (1,000,000 - 100,000) × (1/5) × (1/12) = 15,000

〈결산수정분개〉 12/31 (차) 감가상각비 15,000 (대) 감가상각누계액 15,000

Exercises **연습문제**

객관식

01 결산절차가 종결되면 계정 잔액이 영(0)이 되는 임시계정이 아닌 것은?

① 집합손익 ② 소모품비
③ 매출원가 ④ 이익잉여금

해설 ④ 이익잉여금은 재무상태표에 표시되는 영구계정이다.

02 다음의 계정 중 정상잔액이 대변(오른편)에 나타나지 않는 것은?

① 미지급비용 ② 선급보험료
③ 미지급금 ④ 이익잉여금

해설 ② 선급보험료는 자산계정이므로 정상잔액이 차변(왼편)에 나타난다.

03 결산수정분개에서 미수이자를 기록하지 아니하였다. 다음 중 그 영향으로 적합한 것은?

① 자산의 과소계상, 순이익의 과소계상
② 자산의 과대계상, 순이익의 과대계상
③ 자산의 과소계상, 순이익의 과대계상
④ 자산의 과대계상, 순이익의 과소계상

해설 ① 아래의 분개를 누락한 것이므로 자산이 과소계상되어 있고 수익도 과소계상되어 있다. 수익이 과소계상되어 있으므로 순이익도 과소계상되어 있다.

(차) 미수이자	XXX	(대) 이자수익	XXX

04 다음의 결산수정분개 사항이 법인세비용차감전순이익에 미치는 영향은?

ⓐ 수정전시산표의 선급보험료 중 기간경과분 미반영 ₩8,000
ⓑ 수정전시산표의 소모품 중 사용분 미반영 ₩6,000
ⓒ 수정전시산표에 당기 감가상각비 미반영 ₩10,000
ⓓ 임차료가 발생하였으나 수정전시산표에 미반영 ₩5,000
ⓔ 이자수익이 발생하였으나 수정전시산표에 미반영 ₩1,000

① ₩25,000 증가 ② ₩26,000 감소
③ ₩27,000 증가 ④ ₩28,000 감소

해설 ④

ⓐ (차) 보험료	8,000	(대) 선급보험료	8,000
ⓑ (차) 소모품비	6,000	(대) 소모품	6,000
ⓒ (차) 감가상각비	10,000	(대) 감가상각누계액	10,000
ⓓ (차) 임차료	5,000	(대) 미지급임차료	5,000
ⓔ (차) 미수이자	1,000	(대) 이자수익	1,000

비용 증가 = 8,000 + 6,000 + 10,000 + 5,000 = 29,000

수익 증가 = 1,000

05 다음의 결산수정분개 사항을 올바르게 반영할 경우 자산에 미치는 영향은?

ⓐ 수정전시산표의 선급보험료 잔액중 기간경과분 미반영 ₩8,000
ⓑ 수정전시산표의 소모품 잔액중 사용분 미반영 ₩6,000
ⓒ 수정전시산표에 당기 감가상각비 미반영 ₩10,000
ⓓ 임차료가 발생하였으나 수정전시산표에 미반영 ₩5,000

① ₩14,000 감소 ② ₩18,000 감소
③ ₩24,000 감소 ④ ₩29,000 감소

해설 ③

ⓐ (차) 보험료	8,000	(대) 선급보험료	8,000(자산감소)
ⓑ (차) 소모품비	6,000	(대) 소모품	6,000(자산감소)
ⓒ (차) 감가상각비	10,000	(대) 감가상각누계액	10,000(자산감소)
ⓓ (차) 임차료	5,000	(대) 미지급임차료	5,000

* 감가상각누계액은 **자산차감**계정이다.

06 다음 중 자산에 해당하는 것은 몇 개인가?

미수이자	선수임대료	선수금
미지급임차료	선급보험료	미지급금
소모품	미수금	선급금

① 3개 ② 4개
③ 5개 ④ 6개

해설 ③ 자산 : 미수이자, 선급보험료, 미수금, 선급금, 소모품
부채 : 선수임대료, 선수금, 미지급임차료, 미지급금

07 (주)오류의 회계담당자가 아래와 관련된 결산수정분개를 누락하였다. 이와 같은 오류가 수정되기 전의 법인세비용차감전순이익은 ₩5,000,000이다. 결산수정분개를 반영한 후의 정확한 법인세비용차감전순이익은 얼마인가?

> ⓐ 미지급급여 : ₩500,000
> ⓑ 미수이자 : ₩100,000
> ⓒ 수정전시산표의 선급보험료 잔액 중 기간이 경과한 금액 : ₩200,000
> ⓓ 수정전시산표의 선수임대료 잔액 중 기간이 경과한 금액 : ₩300,000

① ₩4,600,000　② ₩4,700,000
③ ₩4,800,000　④ ₩4,900,000

해설 ②

ⓐ	(차) 급여	500,000	(대) 미지급급여	500,000
ⓑ	(차) 미수이자	100,000	(대) 이자수익	100,000
ⓒ	(차) 보험료	200,000	(대) 선급보험료	200,000
ⓓ	(차) 선수임대료	300,000	(대) 임대료	300,000

정확한 법인세비용차감전순이익 = ₩5,000,000 − 500,000 + 100,000 − 200,000 + 300,000 = ₩4,700,000

08 수정전시산표의 선수임대료 잔액 ₩300,000 중에서 기간이 경과한 금액 ₩200,000이 포함되어 있다. 이 상황에 필요한 결산수정분개는 다음 중 어느 것인가?

①	(차) 선수임대료	200,000	(대) 임대료	200,000
②	(차) 선수임대료	100,000	(대) 임대료	100,000
③	(차) 임대료	200,000	(대) 선수임대료	200,000
④	(차) 임대료	100,000	(대) 선수임대료	100,000

해설 ①

09 수정전시산표의 선급보험료 잔액 ₩300,000 중에서 기간이 경과한 금액 ₩200,000이 포함되어 있다. 이 상황에 필요한 결산수정분개는 다음 중 어느 것인가?

①	(차) 선급보험료	200,000	(대) 보험료	200,000
②	(차) 선급보험료	100,000	(대) 보험료	100,000
③	(차) 보험료	200,000	(대) 선급보험료	200,000
④	(차) 보험료	100,000	(대) 선급보험료	100,000

해설 ③

10 수정전시산표의 보험료 잔액 ₩300,000 중에서 보고기간말 현재 선급보험료에 해당하는 금액은 ₩200,000이다. 이 상황에 필요한 결산수정분개는 다음 중 어느 것인가?

① (차) 선급보험료	200,000	(대) 보험료	200,000
② (차) 선급보험료	100,000	(대) 보험료	100,000
③ (차) 보험료	200,000	(대) 선급보험료	200,000
④ (차) 보험료	100,000	(대) 선급보험료	100,000

해설 ①

주관식

01 다음의 독립적인 거래에 대해서 각각 분개하고 해당계정에 전기하시오.

> (1) (주)한국은 20×1년 12월 20일에 매입원가가 110,000원인 상품을 150,000원에 판매하고 선수금 50,000원을 제외한 100,000원을 현금으로 받았다. (계속기록법 가정)
> (2) (주)대전은 20×1년 12월 25일에 차입금 300,000원을 현금으로 상환하면서 이자비용 20,000원을 함께 지급하였다.

해설 (1) (주) 한국의 20×1년 12월 20일자 거래

〈분개〉

(차) 선수금	50,000	(대) 매출	150,000
현금	100,000		
(차) 매출원가	110,000	(대) 상품	110,000

〈전기〉

매출

		xx/xx ------	xxx,xxx
		12/20 제좌	150,000

선수금

12/20 매출	50,000	xx/xx	xxx,xxx

현금

xx/xx ------	xxx,xxx		
12/20 매출	100,000		

(2) (주) 대전의 20×1년 12월 25일자 거래

〈분개〉 (차) 차입금 300,000 (대) 현금 320,000
이자비용 20,000

〈전기〉

현금

xx/xx ------	xxx,xxx	12/25 제좌	320,000

차입금

12/25 현금	300,000	xx/xx	xxx,xxx

이자비용

12/25 현금 20,000	

02 (주)한국의 20×1년 12월 31일 현재 수정전시산표와 결산수정분개에 관한 사항이다. 회계기간은 20×1년 1월 1일부터 12월 31일까지이다.

수정전시산표

(주)한국 20×1년 12월 31일 (단위 : 원)

계정과목	차변	대변
현금	500,000	
매출채권	1,000,000	
상품	500,000	
소모품	100,000	
건물	5,000,000	
매입채무		1,000,000
장기차입금		1,000,000
선수금		1,000,000
자본금		2,000,000
이익잉여금		500,000
매출		9,000,000
임대료수익		500,000
매출원가	5,500,000	
급여	2,000,000	
보험료	200,000	
접대비	100,000	
이자비용	100,000	
합계	15,000,000	15,000,000

결산수정사항은 다음과 같다.
① 기말 현재 미사용소모품은 50,000원이다.
② 보험료는 7월 1일에 건물에 대한 화재보험료 1년치를 지출한 것이다.
③ 장기차입금에 대한 이자비용 50,000원을 반영하지 못했다.
④ 임대료수익은 7월 1일 건물에 대한 임대료 1년치를 미리 수령한 것이다.
⑤ 건물에 대한 감가상각비는 200,000원으로 계산되었다.

물음

(1) 결산수정분개를 제시하시오.
(2) 수정후시산표를 작성하시오.
(3) 손익계산서를 작성하시오.
(4) 재무상태표를 작성하시오.
(5) 마감분개를 제시하시오.

해설 (1) 결산수정분개

① 소모품 중 사용분을 비용으로 계상한다.

(차) 소모품비	50,000*	(대) 소모품	50,000

* 100,000-50,000 = 50,000

② 차기분 보험료를 이연처리한다.

(차) 선급보험료	100,000*	(대) 보험료	100,000

* 200,000×(6/12) = 100,000

③ 당기 이자비용을 계상한다.

(차) 이자비용	50,000	(대) 미지급이자	50,000

④ 차기분 임대료를 이연처리한다.

(차) 임대료수익	250,000*	(대) 선수임대료	250,000

* 500,000×(6/12) = 250,000

⑤ 건물에 대한 감가상각비를 계상한다.

(차) 감가상각비	200,000	(대) 감가상각누계액	200,000

(2) 수정후시산표의 작성

수정후시산표

(주)한국 20×1년 12월 31일 (단위 : 원)

계정과목	차변	대변
현금	500,000	
매출채권	1,000,000	
상품	500,000	
소모품	50,000*	
선급보험료	100,000*	
건물	5,000,000	
감가상각누계액-건물		200,000*
매입채무		1,000,000
장기차입금		1,000,000
미지급이자		50,000*
선수금		1,000,000
선수임대료		250,000*
자본금		2,000,000
이익잉여금		500,000
매출		9,000,000
임대료수익		250,000*
매출원가	5,500,000	
급여	2,000,000	
보험료	100,000*	
접대비	100,000	
소모품비	50,000*	
감가상각비	200,000*	
이자비용	150,000*	
합계	15,250,000	15,250,000

* 결산수정분개에 의해 영향을 받은 것으로서 수정전시산표상의 금액이 변동되거나 새로이 생긴 계정들이다.

(3) 손익계산서

손익계산서

(주)한국　　20×1년 1월 1일부터 12월 31일까지　　(단위 : 원)

비용과 당기순이익		수익	
매출원가	5,500,000	매출	9,000,000
급여	2,000,000	임대료수익	250,000
보험료	100,000		
접대비	100,000		
소모품비	50,000		
감가상각비	200,000		
이자비용	150,000		
비용합계	8,100,000		
당기순이익	1,150,000		
합계	9,250,000	합계	9,250,000

(4) 재무상태표

재무상태표

(주)한국　　20×1년 12월 31일　　(단위 : 원)

자산		부채	
현금	500,000	매입채무	1,000,000
매출채권	1,000,000	미지급이자	50,000
상품	500,000	선수금	1,000,000
소모품	50,000	선수임대료	250,000
선급보험료	100,000	장기차입금	1,000,000
건물	5,000,000	부채총계	3,300,000
감가상각누계액-건물	(200,000)	자본	
		자본금	2,000,000
		이익잉여금	1,650,000
		자본총계	3,650,000
자산총계	6,950,000	부채와 자본총계	6,950,000

〈재무상태표의 작성 마무리과정〉

① 먼저 자본총계를 역산으로 구한다.
　자본총계 = 자산총계 − 부채총계 = 6,950,000 − 3,300,000 = 3,0,000

② 자본총계에서 자본금을 차감하여 기말이익잉여금을 산출한다.
　기말이익잉여금 = 3,650,000 − 2,000,000 = 1,650,000

③ 확인절차

기말이익잉여금 = 수정전시산표상의 이익잉여금(기초) − 배당금 + 당기순이익

[연계성 확인검토]

계정과목	금액
기초이익잉여금	500,000
(−) 배당금	(−) 0
계	500,000
(+) 당기순이익	1,150,000
기말이익잉여금	1,650,000

(5) 마감분개

일자	차변	금액	대변	금액
12/31	(차) 매출	9,000,000	(대) 집합손익	9,250,000
	임대료수익	250,000		
12/31	(차) 집합손익	8,100,000	(대) 매출원가	5,500,000
			급여	2,000,000
			보험료	100,000
			접대비	100,000
			소모품비	50,000
			감가상각비	200,000
			이자비용	150,000
12/31	(차) 집합손익	1,150,000	(대) 미처분이익잉여금	1,150,000

05장

회계순환과정 : 종합

제1절 상품매매기업의 영업활동과 재고관리시스템

제2절 상품매매거래의 회계처리

제3절 상품매매기업의 재무제표 작성과정

학습목표

- ▶ 상품매매기업의 재고관리시스템을 비교하여 설명할 수 있다.
- ▶ 재고실사법에서의 매출원가 산정과정을 설명할 수 있다.
- ▶ 계속기록법에서의 매출원가 산정과정을 설명할 수 있다.
- ▶ 상품매매기업의 재무제표 작성과정을 설명할 수 있다.

제 1 절 상품매매기업의 영업활동과 재고관리시스템

1. 상품매매기업의 영업활동

기업을 영업활동의 성격에 따라 재화를 구매하여 재판매하는 상품매매기업, 재화를 제조하여 판매하는 제조기업, 용역(services)을 제공하는 서비스기업으로 분류한다.

상품매매기업에서 판매목적으로 구매한 재화를 상품(merchandise)이라 하며, 제조기업에서 제조한 재화를 제품(product)이라 부른다.

상품매매기업의 영업활동은 상품의 매입활동에서 시작하여 판매활동을 거친 후 판매대금을 현금으로 회수함으로써 종료된다. 이 과정을 영업주기라 하며 기업은 회계기간마다 영업주기를 반복적으로 수행한다. 상품매매기업의 영업주기는 일반적으로 1년 이내이다.

2. 재고관리시스템

일반적으로 상품매매기업의 기초상품수량에 당기매입수량을 합하면 판매수량과 재고수량을 합한 것과 같다.

$$\frac{\text{기초상품수량} + \text{당기매입수량}}{\text{(판매가능수량)}} = \text{판매수량} + \text{재고수량}$$

상기 등식은 수량부족으로 인한 손실이 존재하지 않을 경우에는 항상 성립하는 산식으로서 상품관련 회계처리에서 많이 사용하며 재고관리의 기본이 된다. 등식에서 기초상품수량에 당기매입수량을 합한 수량을 판매가능수량이라고 하며, 등식에 의하면 판매수량을 알면 판매가능수량에서 판매수량을 차감하여 재고수량을 알 수 있고, 역으로 재고수량을 알면 판매가능수량에서 재고수량을 차감하여 판매수량을 알 수 있다.

상품의 재고관리시스템으로 사용되는 계속기록법과 실지재고조사법에 대한 설명은 아래와 같다.

(1) 계속기록법

계속기록법(perpetual system)을 사용하면 매입시와 판매시 마다 상품의 매입과 판매를 상품재고장에 기록하여 언제나 재고수량[=기초재고수량+당기매입수량 - 판매수량(실제 판매한 수량)]을 장부상으로 파악할 수 있다. 계속기록법에서는 판매수량과 재고수량 중에서 판매수량이 먼저 파악된다는 점을 명심하여야 한다. 계속기록법에서 작성되는 상품재고장의 예시는 〈표 5-1〉과 같다.

표 5-1 상품재고장

상품재고장

상품명 : 지우개 (단위 : 개, 원)

일자	적요	입고(매입)			출고(판매)			재고(보유)		
		수량	원가	금액	수량	원가	금액	수량	원가	금액
1/01	전기이월	100	7,000	700,000				100	7,000	700,000
2/10	매입	500	7,000	3,500,000				600	7,000	4,200,000
5/10	매출				200	7,000	1,400,000	400	7,000	2,800,000
8/20	매입	400	7,000	2,800,000				800	7,000	5,600,000
11/15	매출				300	7,000	2,100,000	500	7,000	3,500,000
12/31	차기이월				500	7,000	3,500,000			
	합계	1,000		7,000,000	1,000		7,000,000			
1/01	전기이월	500	7,000	3,500,000						

상품재고장을 보면 매입과 매출이 발생할 때마다 매입수량과 매출수량을 기록하여 재고수량을 기록하기 때문에 언제든지 장부를 열람하여 재고수량을 파악할 수 있다.

상품재고장을 보면 5월 10일의 재고수량은 400개(=100+500−200)이고 12월 31일의 재고수량은 500개(=100+900−500)이다. 만약 12월 31일 실제 재고수량이 450개라면 장부상 수량 500개보다 50개가 부족한데 바로 50개가 부족한 수량(감모수량)이며 이것이 재고수량에 포함되는 오류가 발생한다.

(2) 재고실사법(실지재고조사법)

재고실사법(periodic system)이란 회계기간 중에는 상품의 매입수량, 판매수량, 재고수량 등을 별도로 파악하지 않고 있다가 회계기간 말에 실제로 창고를 조사하여 재고수량을 파악한 후, 산식으로 판매수량[=기초재고수량+당기매입수량−재고수량(실제 조사한 수량)]을 파악한다. 재고실사법에서는 판매수량과 재고수량 중에서 재고수량이 먼저 파악된다는 점을 명심하여야 한다.

예를 들어 기초수량 100개이고 당기매입수량이 900개이며 실제 조사한 재고수량이 450개이면 판매수량은 상기 등식에 의하여 550개(=100+900−450)가 된다. 만약 실제로 판매한 수량이 500개라면 산식에 의해 산출한 수량 550개보다 50개가 부족한데 바로 50개가 부족한 수량(감모수량)이며 이것이 판매수량에 포함되는 오류가 발생한다.

(3) 수정재고실사법(병행법)

만약 상품재고장의 장부상 재고수량이 500개인데 실제 조사한 재고수량이 450개이면 50개는 감모수량이 된다. 이 경우 계속기록법만 사용된다면 감모수량이 기말재고수량에 포함되게 되며, 반대로 재고실사법만 사용된다면 감모수량이 판매수량에 포함되게 된다.

실제로는 많은 기업이 전산시스템을 도입하여 위의 두 방법을 병행하여 사용하고 있는데 이를 수정재고실사법(modified periodic system) 또는 병행법이라고 부른다.

구분	계속기록법	실지재고조사법	수정재고실사법
기초수량	100	100	100
당기매입수량	900	900	900
계(판매가능수량)	1,000	1,000	1,000
판매수량	(실제판매수량)500	(산식에 의한 수량)550	500
재고수량	(장부상)500	(실제조사수량)450	450
감모수량	0	0	50
계	1,000	1,000	1,000

3. 매출과 매출원가

(1) 매출과 매출원가

상품매매기업에서는 상품을 판매함으로써 받은(또는 받을) 금액만큼 매출(sales)이라는 수익으로 인식하며, 동시에 판매된 상품의 원가만큼을 매출원가(cost of goods sold)라는 비용으로 인식한다. 매출이라는 수익에서 매출원가라는 비용을 차감하면 매출총이익(gross margin, gross profit)이 계산된다. 보고식 손익계산서는 이처럼 매출에서 매출원가[1]를 차감하여 매출총이익을 보여주면서 출발한다.

다음은 (주)한국의 20×1년 1월 1일부터 12월 31일까지의 손익계산서[2]이다.

1) 매출원가가 보이는 경우에는 '기능별 손익계산서'라고 한다. 성격별 손익계산서는 중급회계 과정에서 학습하기 바란다.
2) 앞 장에서 소개된 손익계산서와는 양식이 조금 다르다는 느낌을 독자 여러분들은 받았을 것이다. 지금부터 소개되는 손익계산서가 외부공표용 손익계산서에 좀더 가깝다고 생각하면 된다.

손익계산서

(주)한국 20×1년 1월 1일부터 12월 31일까지 (단위 : 원)

매출		5,000,000
매출원가		(3,500,000)
매출총이익		1,500,000
판매비와 관리비		(800,000)
판매비	500,000	
관리비	300,000	
영업이익		700,000
:		:
당기순이익		700,000

계속기록법을 적용하는 경우라면 상기 손익계산서의 매출원가는 〈표 5-1〉의 상품재고장에 있는 정보를 이용하여 구할 수 있다. 또한, 재고실사법을 적용하는 경우에는 기초상품재고액에 당기매입액을 가산하여 판매가능액을 산출한 후, 여기에 기말상품재고액을 차감하면 매출원가를 산출할 수 있다.

내역 (재고실사법 가정)		금액
기초상품재고액(20×1년 01월 01일)	:	700,000(기초수량×매입단가)
(+)당기상품매입액	:	(+)6,300,000
=판매가능액	:	=7,000,000
(−)기말상품재고액(20×1년 12월 31일)	:	(−)3,500,000(기말수량×매입단가)
=매출원가		=3,500,000
매출원가=기초상품재고액+당기상품매입액−기말상품재고액		

(2) 매출총이익률과 매출원가율

매출총이익을 매출로 나눈 비율을 매출총이익률이라 하고, 매출원가를 매출로 나눈 비율을 매출원가율이라 한다. 따라서 매출원가율과 매출총이익률을 합은 "1"이 된다.

매출총이익률 = 매출총이익(1,500,000) ÷ 매출(5,000,000) = 30%
매출원가율 = 매출원가(3,500,000) ÷ 매출(5,000,000) = 70%

제 2 절 상품매매거래의 회계처리

상품의 매입과 매출이 있을 때마다 판매수량과 재고수량을 파악하는 계속기록법과 회계기말에 일시에 재고수량과 판매수량을 파악하는 재고실사법에서의 회계처리방법을 비교하여 설명한다.

1. 계속기록법

계속기록법(perpetual system)에서는 상품의 매입과 매출이 있을 때마다 상품재고장에서 상품의 증감 및 재고수량을 파악하고 이를 근거로 매출원가를 확정한 후에 기말상품재고액을 산출하여 이를 상품계정과 매출원가계정에 기록한다.

다음은 20×1년 한 해 동안의 (주)한국의 상품매매거래이다.

〈상품매매거래〉

① "02월 10일 상품 500개를 개당 ⓐ7,000원에 외상으로 매입하였다"
② "05월 10일 상품 200개를 1,800,000원에 외상으로 판매하였다"
③ "08월 20일 상품 400개를 개당 ⓐ7,000원에 외상으로 매입하였다"
④ "11월 15일 상품 300개를 3,200,000원에 외상으로 판매하였다"

계속기록법에 따른 회계처리를 살펴보자. 20×1년 기초상품재고액은 700,000원(100

개×@7,000원)이다. 계속기록법을 적용하므로 〈표 5−1〉의 상품재고장을 참조하여 아래의 회계처리를 진행하면 된다.

(1) 기중 거래 분개

① 매입 : 02/10 (차) 상품 3,500,000* (대) 매입채무 3,500,000

* 매입한 상품의 수량과 금액을 상품재고장의 입고(매입)란에 기록하고, 이를 전일의 재고수량과 금액을 합하여 재고(잔액)란에 당일의 재고를 기록한다. 500개 × ⓐ 7,000원 = 3,500,000

② 판매 : 05/10 (차) 매출채권 1,800,000* (대) 매출 1,800,000

(차) 매출원가 1,400,000* (대) 상품 1,400,000

* 판매된 상품의 원가는 상품재고장에서 계산한다. 200개 × ⓐ7,000 = 1,400,000

③ 매입 : 08/20 (차) 상품 2,800,000* (대) 매입채무 2,800,000

* 매입한 상품의 수량과 금액을 상품재고장의 입고(매입)란에 기록하고, 이를 전일의 재고수량과 금액을 합하여 재고(잔액)란에 당일의 재고를 기록한다. 400개 × ⓐ7,000 = 2,800,000

④ 판매 : 11/15 (차) 매출채권 3,200,000* (대) 매출 3,200,000

(차) 매출원가 2,100,000* (대) 상품 2,100,000

* 판매된 상품의 원가는 상품재고장에서 계산한다. 300개 × ⓐ7,000 = 2,100,000

(2) 판매시점에서의 상품재고액

판매시점의 상품재고액은 상품계정의 차변잔액이 되며 상품재고장의 재고란의 금액과 일치할 것이다.

- 05/10 상품재고액 2,800,000(400개 × @7,000원)*

  * 상품재고장의 재고란의 금액 = 상품계정잔액

- 11/15 상품재고액 3,500,000(500개 × @7,000원)*

  * 상품재고장의 재고란의 금액 = 상품계정잔액

상기 상품거래 내용을 상품재고장에 기록하면 〈표 5−2〉와 같게 된다.

표 5-2 상품재고장

상품재고장

상품명 : 지우개 (단위 : 개, 원)

일자	적요	입고(매입)			출고(판매)			재고(보유)		
		수량	원가	금액	수량	원가	금액	수량	원가	금액
1/01	전기이월	100	7,000	700,000				100	7,000	700,000
2/10	매입	500	7,000	3,500,000				600	7,000	4,200,000
5/10	매출				200	7,000	1,400,000	400	7,000	2,800,000
8/20	매입	400	7,000	2,800,000				800	7,000	5,600,000
11/15	매출				300	7,000	2,100,000	500	7,000	3,500,000
12/31	차기이월				500	7,000	3,500,000			
	합계	1,000		7,000,000	1,000		7,000,000			
01/01	전기이월	500	7,000	3,500,000						

〈전기〉

상 품

일자	계정	금액	일자	계정	금액
01/01	전기이월	700,000	05/10	매출원가	1,400,000
02/10	매입채무	3,500,000			
	차변잔액	2,800,000			
08/20	매입채무	2,800,000	11/15	매출원가	2,100,000
	차변잔액	3,500,000			

매출원가

일자	계정	금액			
05/10	상품	1,400,000			
11/15	상품	2,100,000			
	차변잔액	3,500,000			

(3) 결산수정분개

계속기록법하에서는 상품이 판매될 때마다 매출원가를 기록하므로 회계기간 말 매출원가계정의 차변합계액이 회계기간 전체의 매출원가가 되고, 상품계정의 차변잔액이 기말상품재고액이 되기 때문에 매출원가를 산정하기 위한 별도의 결산수정분개를 기록할 필요가 없다.

재무상태표

(주)한국　　20×1년 12월 31일 현재　　(단위 : 원)

계정과목	금액	계정과목	금액
자산		부채	
현금및현금성자산	:	매입채무	:
매출채권	:	미지급금	:
상품	3,500,000		
	:		:
자산총계		부채와 자본총계	

손익계산서

(주)한국　　20×1년 1월 1일부터 12월 31일까지　　(단위 : 원)

계정과목	금액	
매출		5,000,000
매출원가		(3,500,000)
매출총이익		1,500,000
판매비와 관리비		(800,000)
판매비	500,000	
관리비	300,000	
영업이익		700,000
:		:
당기순이익		700,000

2. 재고실사법(실지재고조사법, 실사법)

재고실사법(periodic system)에서는 상품의 매입과 매출이 있을 때마다 상품의 증감 및 재고수량을 파악하지 않고 매출시 매출원가를 별도로 기록하지 않는다. 그 대신 회계기간 말에 실제 조사를 통하여 상품재고수량을 파악하고 이를 근거로 기말상품재고액를 계산한 다음에 산식에 의하여 기말 시점에서 일시에 회계기간 동안의 매출원가를 산출한다.

재고실사법에서는 상품매입액을 상품계정에 기록하지 않고 상품계정을 분할[1)]하여 임시로 매입계정을 설정한 다음 당기 매입분을 별도의 매입계정의 차변에 기록한다. 기말 결산시에 상품계정(기초상품재고액)과 매입계정, 실지재고조사를 통하여 파악하고 산출한 기말상품재고액을 이용하여 매출원가를 산출한 다음에 이들을 상품계정과 매출원가에 기록한다.

제2절 초반부에 소개한 계속기록법에 있는 (주)한국의 상품매매거래에 대하여 재고실사법에 따라 회계기간 중의 회계처리와 기말결산시 회계처리를 살펴보자. 20×1년 1월 1일의 기초상품재고액은 700,000원(100개×@7,000원)이다.

(1) 기중 거래시 분개

① 상품매입시 : 02/10	(차) 매입	3,500,000	(대) 매입채무	3,500,000
② 상품판매시 : 05/10	(차) 매출채권	1,800,000	(대) 매출	1,800,000

* 매출원가에 대한 분개를 하지 아니한다.

---

1) 상품에 관한 거래 내용을 상품계정에서 모두 기록하는 방법은 기초상품재고액, 당기매입액, 매출에 대한 정보가 명확히 구분되지 않아 혼란스러울 수 있다. 따라서 다음과 같이 상품계정에 기록되는 거래 내용을 여러 계정으로 분할하여 기록하는 방법을 고안해 냈다. 이를 상품계정의 분할이라고 하며 이에는 2분법, 3분법, 5분법, 7분법 등이 있다.

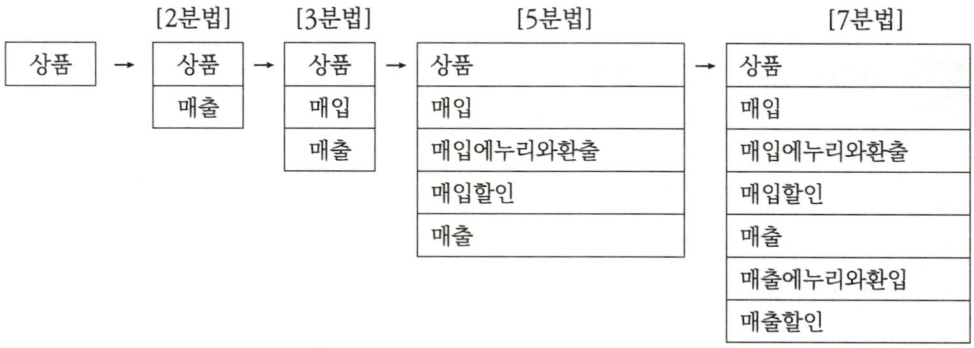

계속기록법에서 사용하는 방법은 2분법이 되는 것이고 재고실사법에서 사용하는 방법은 3분법에 해당하는 것이다. 5분법과 7분법은 당분간 무시하자. 이는 다른 장에서 자연스럽게 터득하게 된다.

③ 상품매입시 : 08/20 (차) 매입 2,800,000 (대) 매입채무 2,800,000

④ 상품판매시 : 11/15 (차) 매출채권 3,200,000 (대) 매출 3,200,000

*매출원가에 대한 분개를 하지 아니한다.

(2) 판매시점에서의 상품재고액

재고실사법에서는 상품재고장을 기록하지 않는다. 따라서 판매시점에서 상품재고액을 파악할 수 없다. 따라서 회계기간 말에 재고조사를 통하여 기말상품재고액을 확정한 후 매출원가를 산출한다. 재고실사법에서는 회계기간 중에 상품의 매입을 상품계정이 아닌 매입계정에 기록한다. 따라서 결산수정분개를 반영하기 전까지 상품계정에는 기초상품재고액만 기록된다.

〈전기〉

상 품

01/01	전기이월	700,000	
	차변합계	700,000	

매 입

02/10	매입채무	3,500,000	
08/20	매입채무	2,800,000	
	차변합계	6,300,000	

재고실사법에서는 회계기간 말에 재고실사와 결산수정분개를 통해 상품계정의 차변잔액을 기말상품재고액으로 수정하고 동시에 매출원가계정을 설정하여 매출원가를 산정한다.

(3) 결산수정분개

재고실사 결과 재고수량이 450개였다고 가정하면 기말상품재고액은 3,150,000원(450개×@7,000원)이 되고, 매출원가는 "매출원가＝기초상품재고액＋당기상품매입액 - 기말상품재고액"의 산식에 따라 계산하면 3,850,000원이 된다.

재고실사법에서 매출원가를 산출하는 결산수정분개[2]는 다음과 같다.

① (차) 매출원가 700,000 (대) 상품 700,000

* 기초상품재고액은 매출원가 산식에서 가산되는 항목이므로 매출원가계정의 차변에 기록하고 동시에 상품계정 대변에 기록하여 상품계정 잔액을 일단 "0"으로 만든다. 기초상품재고액이 전부 판매되었다고 가정하고 분개를 수행하면 된다.

② (차) 매출원가 6,300,000 (대) 매입 6,300,000

* 당기상품매입액도 매출원가 산식에서 가산되는 항목이므로 매출원가계정의 차변에 기록하고 동시에 매입계정의 대변에 기록하여 매입계정의 잔액을 "0"으로 만든다. 대기 매입분도 전부 판매되었다고 가정하고 분개를 수행하면 된다.

③ (차) 상품 3,150,000 (대) 매출원가 3,150,000

* 기말상품재고액은 매출원가 산식에서 차감되는 항목이므로 매출원가 계정의 대변에 기록하고 또한 기말상품으로 보고 되어야 하므로 상품계정의 차변에 기록한다. 재고실사를 통해서 확인한 기말상품재고액은 팔리지 않고 남아 있는 부분이기 때문에 이 만큼의 매출원가를 다시 취소함과 동시에 상품이라는 자산을 다시 인식하는 분개를 수행한다고 이해하면 된다.

〈전기〉

상 품

	일자	적요	금액		일자	적요	금액
	01/01	전기이월	700,000	①	12/31	매출원가	700,000
③	12/31	매출원가	3,150,000				
		차변잔액	3,150,000				

매 입

일자	적요	금액		일자	적요	금액
02/10	매입채무	3,500,000	②	12/31	매출원가	6,300,000
08/20	매입채무	2,800,000				
	차변합계	6,300,000			대변합계	6,300,000

매출원가

	일자	적요	금액		일자	적요	금액
①	12/31	상품	700,000	③	12/31	상품	3,150,000
②	12/31	매입	6,300,000				
		차변잔액	3,850,000				

2) 재고실사법에서 매출원가를 산출하는 결산수정분개에는 여러 방법이 있다. 위의 내용처럼 매출원가를 매출원가계정에서 산출하는 방법이 가장 일반적으로 사용된다. 이 이외에 매출원가를 매입계정에서 산출하는 방법과 집합손익계정에서 산출하는 방법도 있다.

상품관련 부분재무상태표와 매출원가관련 부분손익계산서를 약식으로 작성하면 다음과 같다.

재무상태표

(주)한국 20×1년 12월 31일 현재 (단위 : 원)

자산		부채	
현금및현금성자산	:	매입채무	:
매출채권	:	미지급금	:
상품	3,150,000		
	:		:
자산총계		부채와 자본총계	

손익계산서

(주)한국 20×1년 1월 1일부터 12월 31일까지 (단위 : 원)

매출		5,000,000
매출원가		(3,850,000)
매출총이익		1,150,000
판매비와관리비		(800,000)
판매비	500,000	
관리비	300,000	
영업이익		350,000
:		:
당기순이익		350,000

상기에서 설명한 계속기록법과 실지재고조사법에 의한 회계처리방법을 요약하여 비교하면 〈표 5-3〉과 같다.

표 5-3 계속기록법과 실지재고조사법의 회계처리방법 비교

회계처리시기	계속기록법	실지재고조사법
매입시	(차) 상품 ××× (대) 매입채무 ×××	(차) 매입 ××× (대) 매입채무 ×××
판매시	(차) 매출채권 ××× (대) 매출 ×××	(차) 매출채권 ××× (대) 매출 ×××
	(차) 매출원가 ××× (대) 상품 ×××	없음
기말상품조사방법	장부(상품재고장)	재고실사(창고)
결산수정분개	없음	(차) 매출원가 ××× (대) 상품(기초) ××× (차) 매출원가 ××× (대) 매입 ××× (차) 상품(기말) ××× (대) 매출원가 ×××

제 3 절 상품매매기업의 재무제표 작성과정

재고실사법을 사용하는 (주)한국의 수정전시산표와 결산수정사항을 이용하여 수정후 시산표, 손익계산서와 재무상태표를 작성해 본다.

수정전시산표

(주)한국 20×1년 12월 31일 (단위 : 원)

계정과목	차변	대변
현금	1,350,000	
매출채권	3,000,000	
상품	700,000	
매입채무		5,800,000

계정과목	차변	대변
자본금		1,250,000
이익잉여금		100,000
매출		5,000,000
매입	6,300,000	
급여	500,000	
운반비	100,000	
보험료	120,000	
통신비	80,000	
합계	12,150,000	12,150,000

결산수정사항은 다음과 같다.

① 재고실사 결과 기말상품재고액은 3,500,000원(500개×7,000원)으로 확인되었다. 이는 장부상의 금액과 일치하였다.

② 보험료계정의 120,000원은 7월 1일에 1년치 화재보험료를 지급한 것이다.

③ 사무실과 창고에 대한 임차료 80,000원이 발생하였지만 아직 지급되지 않았다.

(1) 수정전시산표의 검토

수정전시산표를 검토하여 기업의 회계처리방법 등을 개괄적으로 파악한다. 시산표에 매입계정이 있는 것으로 보아 재고실사법에 의하여 상품매매거래를 회계처리하는 기업이다. 따라서 상품계정의 차변잔액은 기초상품재고액이고, 매입계정의 차변잔액은 당기상품매입액이다. 보험료계정이 있는 것으로 보아 회계기간 중에는 보험료를 현금주의로 회계처리하고 있는 기업임을 알 수 있다.

(2) 결산수정분개

결산수정사항을 분석하여 결산수정분개를 수행한다.

① 매출원가와 기말상품재고액에 대한 수정분개

(차) 매출원가	700,000	(대) 상품	700,000
(차) 매출원가	6,300,000	(대) 매입	6,300,000
(차) 상품	3,500,000	(대) 매출원가	3,500,000

② 보험료에 대한 수정분개(미리 지급한 보험료의 이연)

(차) 선급보험료	60,000*	(대) 보험료	60,000

* 120,000×(6/12)=60,000

③ 임차료에 대한 수정분개(지급하지 아니한 임차료의 발생)

(차) 임차료	80,000	(대) 미지급임차료	80,000

(3) 수정후시산표의 작성

수정후시산표

(주)한국 20×1년 12월 31일 (단위 : 원)

계정과목	차변	대변
현금	1,350,000	
매출채권	3,000,000	
선급보험료	60,000*	
상품	3,500,000*	
매입채무		5,800,000
미지급임차료		80,000*
자본금		1,250,000
이익잉여금		100,000
매출		5,000,000
매출원가	3,500,000*	
매입	0*	
급여	500,000	
임차료	80,000*	
운반비	100,000	

계정과목	차변	대변
보험료	60,000*	
통신비	80,000	
합계**	12,230,000	12,230,000

* 수정전시산표와 비교했을 때 금액이 변동되었거나 새로 설정된 계정이다.

(4) 손익계산서의 작성

손익계산서

(주)한국 20×1년 1월 1일부터 12월 31일까지 (단위 : 원)

매출		5,000,000
매출원가		(3,500,000)
기초상품재고액	700,000	
당기상품매입액	6,300,000	
계	7,000,000	
기말상품재고액	(3,500,000)	
매출총이익		1,500,000
판매비와 관리비		(820,000)
급여	500,000	
임차료	80,000	
운반비	100,000	
보험료	60,000	
통신비	80,000	
영업이익		680,000
:		:
당기순이익		680,000

(5) 재무상태표의 작성

재무상태표

(주)한국 20×1년 12월 31일 현재 (단위 : 원)

자산		부채	
현금및현금성자산	1,350,000	매입채무	5,800,000
매출채권	3,000,000	미지급임차료	80,000
선급보험료	60,000	부채총계	5,880,000
상품	3,500,000	자본	
		자본금	1,250,000
		이익잉여금	780,000*
		자본총계	2,030,000
자산총계	7,910,000	부채와 자본총계	7,910,000

〈재무상태표 작성의 마무리과정〉

① 먼저 자본총계를 역산으로 구한다.

자산총계 - 부채총계＝7,910,000－5,880,000＝2,030,000

② 그 다음 자본총계에서 자본금을 차감하여 기말이익잉여금을 산출한다.

기말이익잉여금＝2,030,000－1,250,000＝780,000

③ 〈확인절차〉

기말이익잉여금＝수정전시산표상 이익잉여금(기초)－배당금＋당기순이익

＝100,000＋680,000＝780,000

객관식

01 다음 중 매출원가를 산출하는 산식이 아닌 것은?

① 기초재고액 + 당기매입액 - 기말재고액
② 매출액 - 매출총이익
③ 판매가능액 + 기말상품재고액
④ 당기매입액 - 재고증가액

해설 ③ 매출원가 = 판매가능액 - 기말상품재고액

02 (주)북경에 20×1년 6월 30일 화재가 발생하여 상품보관 창고가 소실되었다. (주)북경의 매출총이익률은 20%이고, 20×1년 기초상품재고액이 1,850,000원이었으며 화재 발생시까지의 당기상품매입액은 10,500,000원이었고 매출은 14,000,000원이었다. 화재로 인하여 소실된 재고자산의 원가는 얼마인가?

① 950,000 ② 1,050,000
③ 1,150,000 ④ 1,250,000

해설 ③
- 매출원가 = 매출액 × 매출원가율 = 매출액 × (1 - 매출총이익율)
  = 14,000,000 × (1 - 0.2) = 11,200,000
- 상품재고액 = 1,850,000 + 10,500,000 - 11,200,000 = 1,150,000
- 소실된 재고자산의 원가 = 1,150,000

03 비용이 발생되었으나 지급하지 못한 거래를 장부에서 누락시켰을 때 나타날 수 있는 결과로 옳은 것은?

① 자산의 과소평가
② 시산표상의 차변과 대변 합계의 불일치
③ 비용의 과대계상
④ 이익의 과대계상

해설 ④
(차) 비용 XXX (대) 미지급비용 XXX
위의 분개를 누락하였기 때문에 비용이 과소계상되어서 이익이 과대계상된다. 또한 부채가 과소계상된다.

04 다음의 (　　　)안에 알맞은 단어로 바르게 짝지어진 것은?

> 「매출에서 매출원가를 차감하면 (　　　　)이 산출되며, 매출총이익에서 판매비와 관리비를 차감하면 (　　　　)이 계산된다.」

① 영업이익, 매출총이익　　② 매출총이익, 영업이익

③ 영업수익, 매출총이익　　④ 매출총이익, 영업수익

해설 ② 영업수익은 매출액을 의미한다.

05 다음 자료를 이용하여 매출총이익과 영업이익을 계산하면 각각 얼마인가? (단위 : 원)

> 매출 600,000 기말상품재고 200,000 기초상품재고 150,000 이자비용 50,000
> 판매비와관리비 100,000 당기매입원가 350,000 이자수익 50,000

① 매출총이익 250,000, 영업이익 100,000

② 매출총이익 250,000, 영업이익 150,000

③ 매출총이익 300,000, 영업이익 250,000

④ 매출총이익 300,000, 영업이익 200,000

해설 ④

매출 600,000 − 매출원가 300,000 = 매출총이익 300,000

매출원가 = 기초상품재고 + 당기매입원가 − 기말상품재고

= 150,000 + 350,000 − 200,000 = 300,000

매출총이익 − 판매비와관리비 = 영업이익

300,000 − 100,000 = 200,000

06 다음 자료를 이용하여 기초상품재고를 계산하면 얼마인가? (단위 : 원)

매출	10,000	매출원가	?	기초상품재고	?
당기매입원가	6,500	기말상품재고	1,500	매출총이익	3,000
판매비와 관리비	1,000	영업이익	?		

① 2,000　　② 2,500

③ 3,000　　④ 3,500

해설 ① 매출액 10,000 - 매출원가 ? = 매출총이익 3,000 ∴ 매출원가 7,000
매출원가 = 기초상품재고 + 당기매입원가 - 기말상품재고
7,000 = ? + 6,500 - 1,500 ∴ 기초상품재고 = 2,000
매출총이익 3,000 - 판매비와관리비 1,000 = 영업이익 2,000

07 다음 자료를 이용하여 당기매입원가(= 당기상품매입액)를 계산하면 얼마인가? (단위 : 원)

매출액	20,000	매출원가	?	기초상품재고	5,000
당기매입원가	?	기말상품재고	3,000	매출총이익	?
판매비와 관리비	2,000	영업이익	5,000		

① 11,000 ② 12,000
③ 13,000 ④ 14,000

해설 ①
매출총이익 ? - 판매비와관리비 2,000 = 영업이익 5,000 ∴ 매출총이익 = 7,000
매출액 20,000 - 매출원가 ? = 매출총이익 7,000 ∴ 매출원가 = 13,000
매출원가 = 기초상품재고 + 당기매입원가 - 기말상품재고
13,000 = 5,000 + ? - 3,000 ∴ 당기매입원가 = 11,000

08 (주)한국의 결산 과정 중 집합손익계정에서 계산된 당기순이익은 680,000원이었다. 이와 관련된 마감분개로서 적절한 것은 다음 중 어느 것인가?

① (차) 집합손익 680,000 (대) 당기순이익 680,000
② (차) 당기순이익 680,000 (대) 집합손익 680,000
③ (차) 집합손익 680,000 (대) 이익잉여금 680,000
④ (차) 이익잉여금 680,000 (대) 집합손익 680,000

해설 ③

09 장부를 마감하는 과정에서 확인한 집합손익계정의 차변금액의 합계는 50,000원이며, 대변금액의 합계는 80,000원이었다. 이와 관련된 다음의 설명 중 옳은 것은?

① 당기순이익이 30,000원이다.
② 당기순손실이 30,000원이다.
③ 미처분이익잉여금이 80,000원 증가된다.
④ 자본잉여금이 80,000원 증가된다.

해설 ①

10 재고실사법을 사용하는 어느 상품매매기업의 결산수정분개 중 일부이다. (　　)안에 공통적으로 들어갈 단어는?

(차) (　　　)	700,000	(대) 상품	700,000
(차) (　　　)	6,300,000	(대) 매입	6,300,000
(차) 상품	3,500,000	(대) (　　　)	3,500,000

① 매출　　② 매출원가
③ 재고자산　　④ 감가상각비

해설 ②

주관식

01 (주)서울의 회계담당자인 나몰랑 씨는 20×1년 12월 31일로 종료되는 회계기간의 수정전시산표를 다음과 같이 작성하였다. 회계기간은 20×1년 1월 1일부터 12월 31일까지이다.

수정전시산표

(주)서울　　20×1년 12월 31일　　(단위 : 원)

계정과목	차변	대변
현금	600,000	
매출채권	1,200,000	
선급보험료	600,000	
상품	1,500,000	
기계장치	4,100,000	
매입채무		2,200,000
단기차입금		2,600,000
선수금	**400,000**	
자본금		2,000,000
이익잉여금		500,000
매출		5,000,000
매입	4,500,000	
임차료	800,000	
급여	1,200,000	
합계	14,900,000	12,300,000

(1) 위의 시산표상에 포함된 오류 이외의 추가적인 오류사항은 다음과 같다.
매출 1,800,000원이 총계정원장에는 올바르게 전기되었으나 수정전시산표 작성과정에서 누락되다. 매출채권은 정확하게 반영되었다.
(2) 결산수정사항은 다음과 같다.
ⓐ 단기차입금에 대한 미지급이자 130,000원을 아직 기록하지 못했다.
ⓑ 미지급급여 150,000원의 계상이 누락되었다.
ⓒ 보험료 지출액 중 기간 미경과분은 300,000원이다.
ⓓ 기계장치에 대한 감가상각비는 200,000원이다.
ⓔ 재고실사 결과 기말상품재고액은 1,600,000원이다. 장부금액과 일치한다.

물음

(1) 올바른 수정전시산표의 차변합계금액과 대변합계금액은 얼마인가?
(2) 수정후시산표의 차변합계금액과 대변합계금액은 얼마인가?
(3) 매출원가를 포함한 총비용은 얼마인가?

해설 (1) 올바른 수정전시산표의 차변합계금액과 대변합계금액을 구한다.
① 차변합계금액 = 14,900,000 − 400,000(선수금) = 14,500,000
② 대변합계금액 = 12,300,000 + 400,000(선수금) + 1,800,000 = 14,500,000

(2) 올바른 수정전시산표의 차변합계금액과 대변합계금액에 각각 동일 금액으로 영향을 미치는 결산수정사항을 가감한다.
① 수정후시산표의 차변합계금액
= 14,500,000 + 130,000(ⓐ) + 150,000(ⓑ) + 200,000(ⓓ) = 14,980,000*
* 결산수정사항 ⓒ, ⓔ는 수정전시산표의 차변에서만 증가와 감소를 동시 초래하므로 차변합계금액에는 영향을 미치지 않는 수정사항이다.
② 수정후시산표의 대변합계금액
= 14,500,000 + 130,000(ⓐ) + 150,000(ⓑ) + 200,000(ⓓ) = 14,980,000

[참고] 결산수정분개

	차변	금액	대변	금액
ⓐ	(차) 이자비용	130,000	(대) 미지급이자	130,000
ⓑ	(차) 급여	150,000	(대) 미지급급여	150,000
ⓒ	(차) 보험료	300,000	(대) 선급보험료	300,000
ⓓ	(차) 감가상각비	200,000	(대) 감가상각누계액	200,000
ⓔ	(차) 매출원가	1,500,000	(대) 상품	1,500,000
	(차) 매출원가	4,500,000	(대) 매입	4,500,000
	(차) 상품	1,600,000	(대) 매출원가	1,600,000

(3) 총비용 = 800,000 + 1,200,000 + 130,000 + 150,000 + 300,000
+ 200,000 + 1,500,000 + 4,500,000 − 1,600,000
= 7,180,000

02 (주)대한의 20×1년 12월 31일 현재 수정전시산표와 결산수정분개에 관한 사항은 아래와 같다. 회계기간은 20×1년 1월 1일부터 12월 31일까지이다.

수정전시산표

(주)대한　　　20×1년 12월 31일　　　(단위 : 원)

계정과목	차변	대변
현금	500,000	
매출채권	1,000,000	
상품	500,000	
소모품	160,000	
건물	5,000,000	
매입채무		900,000
장기차입금		1,000,000
자본금		4,000,000
이익잉여금		600,000
매출		9,000,000
매입	6,000,000	
급여	2,000,000	
보험료	240,000	
이자비용	100,000	
합계	15,500,000	15,500,000

[Tip] 수정전시산표에 매입계정이 보인다. 따라서 상품의 금액은 기초상품재고액을 의미하며, 매입의 금액은 당기매입액을 의미한다. (재고실사법)

결산수정사항은 다음과 같다.

① 재고실사 결과 기말상품재고액은 1,500,000원이다. 장부상의 금액과 일치한다.
② 기말 현재 미사용소모품은 100,000원이다.
③ 보험료계정의 240,000원은 11월 1일에 1년치 화재보험료를 지급한 것이다.
④ 장기차입금에 대한 이자비용 발생액 60,000원을 장부에 반영하지 못했다.
⑤ 창고에 대한 임차료 발생액 100,000원을 장부에 반영하지 못했다.
⑥ 건물에 대한 감가상각비는 200,000원으로 계산되었다.

물음

(1) 결산수정분개를 제시하시오.
(2) 수정후시산표를 작성하시오.
(3) 손익계산서를 작성하시오.
(4) 재무상태표를 작성하시오.
(5) 마감분개를 제시하시오.

해설 (1) 결산수정분개

① 매출원가와 기말상품재고액에 대한 수정분개

(차) 매출원가	500,000	(대) 상품	500,000
(차) 매출원가	6,000,000	(대) 매입	6,000,000
(차) 상품	1,500,000	(대) 매출원가	1,500,000

② 소모품 중 사용분을 비용으로 계상한다.

(차) 소모품비	60,000*	(대) 소모품	60,000

* 160,000-100,000 = 60,000

③ 차기분 보험료를 이연처리한다.

(차) 선급보험료	200,000*	(대) 보험료	200,000

* 240,000×(10/12) = 200,000

④ 당기 이자비용을 계상한다.

(차) 이자비용	60,000	(대) 미지급이자	60,000

⑤ 임차료에 발생액을 계상한다.

(차) 임차료	100,000	(대) 미지급임차료	100,000

⑥ 건물에 대한 감가상각비를 계상한다.

(차) 감가상각비	200,000	(대) 감가상각누계액	200,000

(2) 수정후시산표의 작성

수정후시산표

(주)대한 20×1년 12월 31일 (단위 : 원)

계정과목	차변	대변
현금	500,000	
매출채권	1,000,000	
상품	1,500,000*	
소모품	100,000*	
선급보험료	200,000*	
건물	5,000,000	
감가상각누계액-건물		200,000*
매입채무		900,000
장기차입금		1,000,000
미지급이자		60,000*
미지급임차료		100,000*
자본금		4,000,000
이익잉여금		600,000
매출		9,000,000
매입	0*	

계정과목	차변	대변
매출원가	5,000,000*	
급여	2,000,000	
보험료	40,000*	
소모품비	60,000*	
임차료	100,000*	
감가상각비	200,000*	
이자비용	160,000*	
합계	15,860,000	15,860,000

* 수정전시산표와 비교했을 때 금액이 변동되었거나 새로 설정된 계정이다.

(3) 손익계산서의 작성

손익계산서

(주)대한 20×1년 1월 1일부터 12월 31일까지 (단위 : 원)

매출		9,000,000
매출원가		(5,000,000)
기초상품재고액	500,000	
당기상품매입액	6,000,000	
계	6,500,000	
기말상품재고액	(1,500,000)	
매출총이익		4,000,000
판매비와 관리비		(2,400,000)
급여	2,000,000	
보험료	40,000	
임차료	100,000	
소모품비	60,000	
감가상각비	200,000	
영업이익		1,600,000
영업외수익		0
영업외비용		(160,000)
이자비용	160,000	
:		:
당기순이익		1,440,000

(4) 재무상태표의 작성

재무상태표

(주)대한　　20×1년 1월 1일 현재　　(단위 : 원)

자산		부채	
현금	500,000	매입채무	900,000
매출채권	1,000,000	미지급이자	60,000
상품	1,500,000	미지급임차료	100,000
소모품	100,000	장기차입금	1,000,000
선급보험료	200,000	부채총계	2,060,000
건물	5,000,000	자본	
감가상각누계액-건물	(200,000)	자본금	4,000,000
		이익잉여금	2,040,000
		자본총계	6,040,000
자산총계	8,100,000	부채와 자본총계	8,100,000

〈재무상태표 작성의 마무리과정〉

① 먼저 자본총계를 역산으로 구한다.
자산총계 − 부채총계 = 8,100,000 − 2,060,000 = 6,040,000

② 그 다음 자본총계에서 자본금을 차감하여 기말이익잉여금을 산출한다.
기말이익잉여금 = 6,040,000 − 4,000,000 = 2,040,000

③ 확인절차
기말이익잉여금 = 수정전시산표상 이익잉여금(기초) − 배당금 + 당기순이익
= 600,000 + 1,440,000 = 2,040,000

[연계성 확인검토]

계정과목	금액
기초이익잉여금	600,000
(−) 배당금	(−) 0
(+) 당기순이익	1,440,000
기말이익잉여금	2,040,000

(5) 마감분개

12/31	(차) 매출	9,000,000	(대) 집합손익		9,000,000
12/31	(차) 집합손익	7,560,000	(대) 매출원가		5,000,000
			급여		2,000,000
			보험료		40,000
			임차료		100,000
			소모품비		60,000
			감가상각비		200,000
			이자비용		160,000
12/31	(차) 집합손익	1,440,000	(대) 미처분이익잉여금		1,440,000

06장

재무보고를 위한 개념체계 및 재무제표

학습목표

- ▶ 재무보고를 위한 개념체계의 필요성을 설명할 수 있다.
- ▶ 유용한 재무정보의 질적특성을 설명할 수 있다.
- ▶ 재무제표의 종류와 구성요소를 설명할 수 있다.

제 1 절 재무보고를 위한 개념체계의 의의 및 구성

1. 재무보고를 위한 개념체계의 의의

재무보고를 위한 개념체계(conceptual framework for financial reporting)는 재무제표를 작성하고 표시함에 있어서 기초가 되는 개념을 정립하고, 회계실무를 평가할 수 있는 준거체계를 제공하여 주며, 새로운 회계실무를 발전시키는 지침으로서의 역할을 수행한다.

재무보고를 위한 개념체계는 한국채택국제회계기준이 아니므로 특정한 측정과 공시에 관한 기준을 정하지 아니하며, 어떤 경우에도 특정 한국채택국제회계기준에 우선하지 아니한다.

2. 재무보고를 위한 개념체계의 구성

국제회계기준위원회(IASB, International Accounting Standard Board)가 제정한 개념체계의 구성과 그 주요내용을 요약하면 ⟨표 6-1⟩과 같다.

표 6-1 재무보고를 위한 개념체계의 구성과 그 주요내용

개념체계의 구성	주요내용
(1) 재무보고의 목적	정보이용자의 경제적 의사결정에 유용한 정보를 제공
(2) 유용한 재무정보의 질적 특성	① 근본적 질적특성 : 목적적합성, 표현의 충실성 ② 보강적 질적특성 : 이해가능성, 적시성, 검증가능성, 비교가능성
(3) 재무제표의 표시와 공시	보고실체와 재무제표, 재무제표의 요소와 인식과 제거, 재무제표의 요소의 측정, 표시와 공시
(4) 이익측정과 자본유지개념	명목재무자본유지, 실물자본유지, 불변구매력재무자본유지

제 2 절 재무보고의 목적과 유용한 재무정보의 질적특성

1. 재무보고의 목적

일반목적 재무보고의 목적은 투자자(잠재적 투자자 포함)와 채권자 등이 의사결정을 할 때 필요로 하는 유용한 재무정보를 제공하는 것이다.

2. 유용한 재무정보의 질적특성

유용한 재무정보가 갖춰야 할 질적특성(qualitative characteristics)은 일반목적 재무보고를 통해 제공되는 정보가 그 목적을 달성하기 위해 갖추어야 할 주요 속성을 말한다.

질적특성은 근본적 질적특성(fundamental qualitative characteristics)과 보강적 질적특성(enhancing qualitative characteristics)으로 구분되며, 이에 대한 포괄적 제약요인으로 원가(cost)를 제시하고 있다.

① 근본적 질적특성 : 목적적합성, 표현의 충실성

② 보강적 질적특성 : 이해가능성, 적시성, 검증가능성, 비교가능성

③ 포괄적 제약요인 : 원가

근본적으로 재무정보가 유용하기 위해서는 목적적합성과 표현의 충실성을 갖춰야 한다. 또한 재무정보가 이해가능하고, 적시성 있고, 검증가능하며, 비교가능한 경우에는 그 재무정보의 유용성은 보강된다.

(1) 근본적 질적특성 : 목적적합성(relevance)

근본적으로 재무정보가 유용하기 위해서는 목적적합성을 갖춰야 한다. 목적적합성을

갖춘 재무정보는 정보이용자의 경제적 의사결정에 차이를 유발한다. 목적적합성을 구성하는 세부요소는 다음과 같다.

1) 예측가치와 확인가치

정보이용자가 미래 결과를 예측하기 위해 사용할 수 있는 재무정보는 예측가치(predictive value)를 가지고 있는 것이다. 한편, 정보이용자가 과거의 평가를 확인하거나 변경하는데 사용할 수 있는 재무정보는 확인가치(confirmatory value)를 가지고 있는 것이다. 예측가치와 확인가치는 상호 연관되어 있다.

2) 중요성

중요성(materiality)을 갖춘 재무정보는 해당 정보가 누락되거나 잘못 기재되었을 경우 정보이용자의 의사결정에 영향을 미칠 수 있다.

(2) 근본적 질적특성 : 표현의 충실성(representational faithfulness)

근본적으로 재무정보가 유용하기 위해서는 표현의 충실성을 갖춰야 한다. 표현의 충실성을 갖춘 재무정보는 나타내고자 하는 경제적 실질을 충실하게 표현해야 한다.

충실한 표현을 유지하려면 그 서술에 아래와 같은 세 가지 특성이 있어야 한다.

1) 완전한 서술(complete depiction)

정보이용자가 재무보고에 서술되어 있는 현상을 이해하는데 필요한 기술과 설명을 특정 재무정보가 모두 포함하고 있다면 완전한 서술이 충족되는 것이다.

2) 중립적인 서술(neutral depiction)

정보이용자가 제공받는 재무정보가 선택되거나 표시되는 과정에서 편의가 없으면 중립적 서술이 충족되는 것이다.

3) 오류가 없는 서술(depiction free from error)

실제 현상의 기술에 오류나 누락이 없고, 보고 정보를 생산하는 데 사용되는 절차의 선택 및 적용시 오류가 없으면 오류가 없는 서술이 충족되는 것이다.

(3) 보강적 질적특성 : 이해가능성(understandability)

근본적 질적특성을 보강할 수 있는 정보가 되려면 이해가능성을 갖춰야 한다. 즉, 재무정보는 정보이용자에게 쉽게 이해될 수 있도록 제공되어야 한다.

(4) 보강적 질적특성 : 적시성(timeliness)

근본적 질적특성을 보강할 수 있는 정보가 되려면 적시성을 갖춰야 한다. 일반적으로 적정 시기를 놓친 정보는 유용성이 낮아진다.

(5) 보강적 질적특성 : 검증가능성(verifiability)

근본적 질적특성을 보강할 수 있는 정보가 되려면 검증가능성을 갖춰야 한다. 즉, 제공되는 정보에 대하여 합리적인 판단력이 있고 독립적인 서로 다른 관찰자가 어떤 서술이 충실한 표현인지에 대하여 합의할 수 있어야 한다.

(6) 보강적 질적특성 : 비교가능성(comparability)

근본적 질적특성을 보강할 수 있는 정보가 되려면 비교가능성을 갖춰야 한다. 즉, 재무정보는 항목 간의 유사점과 차이점을 정보이용자가 식별하고 이해할 수 있게 제공되어야 한다.

(7) 유용한 재무보고에 대한 제약 : 원가

재무정보를 보고하는 과정에서 원가(cost)가 발생한다. 해당 정보의 활용을 통해서 기대되는 효익이 그 원가를 정당화 한다.

제 3 절 재무제표의 표시와 공시

1. 재무제표 작성의 가정 : 계속기업(going concern)

재무제표는 그 목적에 부합하기 위하여 기업이 계속기업, 즉 예상 가능한 미래에 영업을 계속할 것이라는 가정을 하고 작성된다. 이는 경영진이 기업을 청산하거나 경영활동을 중단할 의도를 가지고 있지 않다면 재무제표는 계속기업(going concern)을 전제로 작성되어야 한다는 의미이다.[1)]

역사적 원가주의, 감가상각, 수익비용대응 개념, 유동성배열 등은 계속기업가정을 근거로 하는 개념들이다.

2. 재무제표의 요소

(1) 재무상태표의 구성요소

재무상태표의 구성 요소는 자산, 부채 및 자본이다. 자산(asset)은 과거 사건의 결과로

1) 계속기업에서 '계속(going)'의 의미는 영구적(permanent)이라는 뜻이 아니라 예상 가능한 충분할 정도의 기간을 의미한다. 경영진은 재무제표를 작성할 때 적어도 보고기간 말로부터 향후 12개월 기간에 대하여 이용가능한 모든 정보를 고려하여 계속기업으로서의 존속가능성을 평가해야 한다.

기업이 통제[2]하는 현재의 경제적자원이다. 경제적 자원은 경제적 효익(economic benefits)을 창출할 잠재력[3]을 지닌 현재의 권리를 의미한다.

부채(liability)는 과거 사건의 결과로 기업의 경제적 자원을 이전해야 하는 현재의무[4]이다. 자본(equity)은 기업의 자산에서 모든 부채를 차감한 후의 잔여지분이다.

(2) 포괄손익계산서의 기본요소

포괄손익계산서의 구성 요소는 수익과 비용이다. 수익(income)은 자본(순자산)의 증가를 가져오는 자산의 증가 또는 부채의 감소이다. 단, 지분참여자의 출자와 관련된 것은 제외한다.[5]

광의의 수익(income)의 정의에는 협의의 수익(revenue)과 차익(gains)을 모두 포함하며, 시장성 있는 유가증권의 재평가나 장기성 자산의 장부금액 증가로 인한 미실현이익을 포함한다. 협의의 수익은 기업의 정상영업활동의 일환으로 발생하며 매출액, 수수료수익, 이자수익, 배당수익, 로열티수익 및 임대료수익 등 다양한 명칭으로 구분된다. 한편, 차익은 광의의 수익의 정의를 충족하는 항목 중 협의의 수익이외의 항목으로 기업의 정상영업활동의 일환이나 그 이외의 활동에서 발생할 수 있다.

비용(expense)은 자본(순자산)의 감소를 가져오는 자산의 감소 또는 부채의 증가이다. 단, 지분참여자에 대한 분배와 관련된 것은 제외한다. 광의의 비용의 정의에는 협의의 비용(expense)뿐만 아니라 차손(losses)을 포함하며, 외화차입금의 환율상승의 영향으로 발생하는 미실현손실도 포함한다. 협의의 비용은 기업의 정상영업활동의 일환으

---

2) 경제적 자원을 통제하기 위해서는 **사용지시권**과 **효익획득권**이 있어야 한다. 즉, 경제적자원의 사용을 지시할 수 있는 현재의 능력이 있어야 하며, 경제적 자원과 관련된 미래 경제적 효익이 해당 기업에게만 유입되어야 한다.

3) 경제적 효익을 창출할 잠재력은 ① 계약상 현금흐름 또는 다른 경제적자원의 수취할 수 있는 자격이나 권한 ② 다른 당사자와 유리한 조건으로 경제적 자원을 교환할 수 있는 자격이나 권한 ③ 경제적 자원을 판매하여 현금 또는 다른 경제적 자원을 수취할 수 있는 자격이나 권한 ④ 경제적 자원을 이전하여 부채를 상환할 수 있는 자격이나 권한 등을 말한다.

4) 경제적 자원을 이전해야하는 의무는 ① 현금을 지급할 의무 ② 재화를 인도하거나 용역을 제공할 의무 ③ 불리한 조건으로 다른 당사자와 경제적 자원을 교환할 의무 ④ 불확실한 특정 미래사건이 발생할 경우 경제적 자원을 이전할 의무 등을 말한다.

5) 쉽게 말하면, 영업활동 또는 영업외활동을 통해서 거두어들이는 것이다. 영업활동을 통해서 거두어들이면 영업수익(매출)이고, 영업외활동을 통해서 거두어들이면 영업외수익이다. (收 : 거둘 수)

로 발생하며 매출원가, 급여 및 감가상각비 등 다양한 명칭으로 구분된다. 한편, 차손은 광의의 비용의 정의를 충족하는 항목 중 협의의 비용이외의 항목으로 기업의 정상영업 활동의 일환이나 그 이외의 활동에서 발생할 수 있다.

3. 재무제표 요소의 인식과 제거

(1) 재무제표 요소의 인식

인식(recognition)은 재무제표 요소 중 하나의 정의를 충족하는 항목을 재무상태표나 포괄손익계산서[6] 등에 반영하는 과정이다.[7] 특정 재무제표 요소를 인식하기 위해서는 다음의 네 가지 요건을 모두 충족해야 한다.

첫째, 특정 재무제표 요소의 정의를 충족해야 한다. 둘째, 재무제표 요소를 인식하는 것이 정보이용자에게 목적적합한 정보를 제공해야 한다. 셋째, 재무제표 요소를 인식하는 것이 재무정보를 충실하게 표현한다. 넷째, 재무제표이용자들에게 제공되는 정보의 효익이 그 정보를 활용하는 원가를 정당화할 수 있어야 한다.

(2) 재무제표 요소의 제거

제거(derecognition)는 기존에 인식된 자산 또는 부채가 더 이상 해당 요소의 정의를 충족하지 못할 때 자산이나 부채를 삭제하는 것이다.

자산은 통제를 상실하였을 때 제거하며, 부채는 현재의무를 더 이상 부담하지 않을 때 제거한다.

6) 개념체계에서의 손익계산서는 기타포괄손익을 제외하고 당기손익만을 표시하는 당기손익계산서를 말한다. 당기손익과 기타포괄손익을 포함한 포괄손익계산서를 개념체계에서는 재무성과표로 표현한다.

7) **재무보고를 위한 개념체계**에서는 재무제표의 종류를 재무상태표, 재무성과표, 그 밖의 재무제표, 주석 등으로 소개하고 있고, **기준서 1001호(재무제표의 표시)**에서는 재무제표의 종류를 재무상태표, 포괄손익계산서, 자본변동표, 현금흐름표, 주석 등으로 소개하고 있다.

4. 재무제표 요소의 측정

재무회계에 인식된 요소들은 화폐단위로 측정(measurement)되어야 한다. 이를 위해서는 측정기준(measurement basis)를 선택해야 한다.

측정기준에는 역사적 원가(historical cost)와 현행가치(current value)가 있다. 현행가치는 현행원가(current cost), 공정가치(fair value), 자산의 사용가치(value in use for assets) 또는 부채의 이행가치(fulfillment value for liabilities) 등을 포함하는 개념이다.

자본은 직접 측정하지 않는다. 자본은 인식된 모든 자산의 장부금액에서 인식된 모든 부채의 장부금액을 차감하여 측정한다.

(1) 역사적 원가

역사적 원가는 자산, 부채, 수익, 비용 등을 발생시키는 실제 거래나 경제적 사건의 가격에서 도출된 정보를 사용하여 화폐적 측정치를 제공한다.

자산과 관련된 역사적 원가는 해당 자산을 취득하거나 창출하는 과정에서 실제로 발생한 원가의 가치로서 일반적으로 거래원가를 포함한다. 부채와 관련된 역사적 원가는 해당 부채가 발생하거나 특정 부채를 인수하면서 실제로 수취한 대가에서 거래원가를 차감한 가치이다.

(2) 현행가치

현행가치는 측정일 현재의 조건을 반영하기 위해 새롭게 생성된 정보를 사용하여 재무제표 요소의 화폐적 정보를 제공한다. 현행가치는 현행원가, 공정가치, 자산의 사용가치 또는 부채의 이행가치 등을 포함하는 개념이다.

1) 현행원가(current cost)

자산의 현행원가는 측정일 현재 시점에서 파악한 동등한 자산의 원가이다. 이는 측정일에 지급할 대가와 그 날에 발생할 거래원가를 포함한 개념이다. 부채의 현행원가는 측정일 현재시점에서 파악한 동등한 부채에 대해 수취할 수 있는 대가에서 그 날에 발생할 거래원가를 차감한 개념이다. 현행원가는 역사적원가와 마찬가지로 유입가치이다.

2) 공정가치(fair value)

공정가치는 측정일 현재 시점에서 시장참여자 사이의 정상거래에서 자산을 매도할 때 받게 되거나 부채를 이전할 때 지급하게 될 가격이다. 공정가치는 활성시장에서 관측되는 가격으로 직접 결정될 수 있다.[8)]

자산의 공정가치는 자산을 취득할 때 발생하는 거래원가로 인해 증가하지는 않는다. 또한 부채의 공정가치는 부채를 발생시키거나 인수할 때 발생하는 거래원가로 인해 감소하지도 않는다.

3) 자산의 사용가치와 부채의 이행가치

자산의 사용가치(value in use for assets)는 자산의 사용과 궁극적인 처분으로 얻을 것으로 기대하는 현금흐름 또는 경제적 효익의 현재가치를 의미한다. 부채의 이행가치(fulfillment value for liabilities)는 부채를 이행할 때 이전해야 하는 현금흐름 또는 경제적 자원의 현재가치를 의미한다.

사용가치와 이행가치는 미래의 현금흐름에 기초하기 때문에 자산을 취득하거나 부채를 인수할 때 발생하는 거래원가는 포함하지 않는다.

8) 공정가치가 활성시장에서 직접 관측되지 않는 경우에는 **현금흐름기준 측정기법** 등을 사용하여 간접적으로 결정된다. 이 경우에는 미래현금흐름의 추정치, 화폐의 시간가치 등의 요소가 고려된다.

제 4 절 재무제표의 종류

재무제표는 정보이용자의 경제적 의사결정에 유용한 재무정보를 제공하는 것을 목적으로 한다. 전체 재무제표의 종류에는 기말 재무상태표, 기간 포괄손익계산서, 기간 자본변동표, 기간 현금흐름표, 주석[9] 등이 포함된다.[10] 재무제표는 최소한 1년을 보고 빈도로 하여 작성한다.

보고실체는 현금흐름을 제외하고는 발생기준회계를 적용하여 재무제표를 작성한다. 발생기준(accrual basis)은 현금의 유입과 유출이 없더라도 수익과 비용의 발생을 거의 확실하게 하는 결정적인 상황이 발생하였을 때 수익과 비용을 인식하는 것이다.[11]

1. 재무상태표

재무상태표(statement of financial position)는 일정시점의 재무상태(자산, 부채, 자본)를 나타내는 재무제표이다. 재무상태표의 구성요소는 자산(asset), 부채(liability) 및 자본(equity)이며, 복식부기시스템의 특성상 자산의 금액은 항상 부채와 자본의 합계금액과 같게 되는데 이러한 관계를 재무상태표 등식(또는 회계등식)이라 한다.[12]

---

9) 주석(notes)은 재무상태표, 포괄손익계산서, 자본변동표 및 현금흐름표에 표시되는 정보에 추가하여 제공된 정보를 말한다. 재무제표에 표시된 항목을 구체적으로 설명하거나 세분화하여 제공한다. 재무제표 인식요건을 충족하지 못하는 항목에 대한 추가적인 정보도 제공한다.

10) 회계정책을 소급하여 적용하거나, 재무제표의 항목을 소급하여 재작성 또는 재분류 하는 경우에는 전기 기초 재무상태표도 전체재무제표에 포함된다.

11) 반면에 현금기준(cash basis)은 현금의 유입과 유출이 있는 경우에만 현금의 유입은 수익으로 인식하고 현금의 유출을 비용으로 인식하는 것이다.

12) 한국채택국제회계기준 제1001호(재무제표 표시)에서는 구체적인 재무상태표 형식을 제시하지 않고 있다. 재무상태표에 포함할 최소 항목을 대분류 수준에서만 제시하고 있다. 또한 재무상태표 또는 주석에 표시하는 더욱 세부적인 항목들은 사례로만 제시하고 있다.

(1) 자산

자산은 다음 중 어느 하나에 해당한다면 유동자산(current asset)으로 해당하며, 이를 제외한 모든 자산은 비유동자산(non-current asset)에 해당한다.

(1) 정상영업주기 내에 실현될 것으로 예상하거나, 정상영업주기 내에 판매하거나 소비할 의도가 있다.
(2) 단기매매 목적으로 보유하고 있다.
(3) 보고기간 후 12개월 이내에 실현될 것으로 예상한다.
(4) 현금및현금성자산에 포함되는 것으로서 교환이나 부채 상환 목적을 위한 사용 제한 기간이 보고기간 후 12개월 이상이 아니다.

유동자산에는 현금및현금성자산, 단기투자금융자산, 매출채권, 재고자산, 선급비용 등이 포함되며, 비유동자산에는 장기투자금융자산, 관계기업주식, 투자부동산, 유형자산(토지, 건물, 비품, 차량운반구 등), 무형자산(산업재산권, 개발비 등), 생물자산 등이 포함된다.

(2) 부채

부채는 다음 중 어느 하나에 해당한다면 유동부채(current liability)에 해당하며, 이를 제외한 모든 부채는 비유동부채(non-current liability)에 해당한다.

(1) 정상영업주기 내에 결제될 것으로 예상한다.
(2) 단기매매 목적으로 보유하고 있다.
(3) 보고기간 후 12개월 이내에 결제하기로 되어 있다.
(4) 보고기간 후 12개월 이상 부채의 결제를 연기할 수 있는 무조건의 권리가 보유하지 않는다.

유동부채에는 매입채무, 단기차입금, 선수금, 유동성장기부채, 당기법인세부채 등이 포함되며, 비유동부채에는 장기차입금, 사채, 이연법인세부채, 순확정급여부채 등이 포함된다.

(3) 자본

한국채택국제회계기준에서는 자본을 납입자본, 이익잉여금 및 기타자본구성요소로 분류한다.

1) 납입자본

납입자본(contributed capital, paid in capital)은 기업과 소유주와의 자본거래에서 소유주가 기업에 납입한 자본금액이다. 자본금과 자본잉여금으로 구분할 수 있다.

2) 이익잉여금

이익잉여금(retained earning)은 기업활동에서 발생한 이익 중 소유주에 대한 배당 등을 통하여 처분된 금액을 차감한 후에 기업내에 유보된 잉여금이다.

3) 기타자본구성요소

기타자본구성요소(other components of equity)는 자본 중에서 납입자본과 이익잉여금으로 분류되지 않는 자본항목들이다. 자본조정과 기타포괄손익누계액을 말한다.

표 6-2 재무상태표 양식(예시)[13]

재무상태표

(주)한국　　20X1년 12월 31일 현재　　(단위 : 원)

과목	금액		과목	금액	
유동자산		×××	**유동부채**		×××
현금및현금성자산	×××		매입채무	×××	
단기투자금융자산	×××		단기차입금	×××	
매출채권	×××		유동성장기부채	×××	
재고자산	×××		…	×××	
…	×××		**비유동부채**		×××

13) 국제회계기준에서는 규정을 크게 벗어나지 않는 범위 내에서 재무제표 양식의 자율성을 인정한다.

과목	금액		과목	금액	
비유동자산		×××	장기차입금	×××	
장기투자금융자산	×××		사채	×××	
관계기업주식	×××		…	×××	
투자부동산	×××		**부 채 총 계**		×××
유형자산	×××		자본금	×××	
무형자산	×××		이익잉여금	×××	
기타비유동자산	×××		기타자본구성요소	×××	
…	×××		**자 본 총 계**		×××
자 산 총 계		×××	**부 채 및 자 본 총 계**		×××

2. 포괄손익계산서

포괄손익계산서(statement of comprehensive income)는 소유주와의 자본거래에 따른 자본의 변동을 제외한 순자산의 변동을 표시하는 재무제표이다. 한국채택국제회계기준이 도입되면서 포괄손익을 보여주는 포괄손익계산서 개념까지 손익계산서의 범위가 확장되었다. 포괄손익은 당기순손익과 기타포괄손익으로 구성된다.

(1) 당기순손익

한국채택국제회계기준에서는 원칙적으로 한 회계기간에 인식되는 모든 수익과 비용 항목은 당기손익으로 인식한다. 수익과 비용의 정의를 만족하면서도 당기손익에 반영되지 않는 항목은 기타포괄손익거래와 전기손익수정거래이다. 전기손익수정거래에 대해서는 중급회계에서 학습하기로 한다.

(2) 기타포괄손익

기타포괄손익은 당기손익으로 인식하지 않은 수익과 비용항목으로서 장기 미실현보유손익의 성격을 지닌 항목들이다. 포괄손익계산서의 양식[14]은 아래의 [유형 I]과 같다.

표 6-3 포괄손익계산서 양식 [유형 I]

포괄손익계산서

(주)한국 20X1년 1월1일부터 12월 31일까지 (단위 : 원)

구분	당기	전기
매출	×××	×××
(-)매출원가	(×××)	(×××)
매출총이익	×××	×××
(-)판매비와 관리비	(×××)	(×××)
영업이익	×××	×××
(+)영업외수익(차익 포함)	×××	×××
(-)영업외비용(차손 포함)	(×××)	(×××)
법인세비용차감전순이익	×××	×××
(-)법인세비용	(×××)	(×××)
당기순이익(당기순손실)	×××	×××
(±)**기타포괄손익**	×××	×××
당기손익으로 재분류되는 기타포괄손익	(±) ×××	(±) ×××
당기손익으로 재분류되지 않는 기타포괄손익	(±) ×××	(±) ×××
총포괄이익(총포괄손실)	×××	×××

실무적으로는 매출[15]에서 시작하여 당기순이익까지 도달하는 과정을 보여주는, 즉 당기순손익만의 구성요소를 배열하는 경우에는 손익계산서를 별도로 작성할 수 있다. 이 경우에는 [유형 II]의 포괄손익계산서, 즉 당기순이익에서 시작하여 기타포괄손익의 구성요소를 차가감하면서 총포괄손익까지 도달하는 과정을 보여주는 포괄손익계산서를 별도로 작성하면 된다.

14) 기초회계 수준이기 때문에 중단사업이 발생하지 않았을 경우를 가정한 양식을 예시하였다.
15) 전통적으로 사용해왔던 '매출액'과 같은 의미이다.

표 6-4 포괄손익계산서 양식 (유형II)

포괄손익계산서

(주)한국 20X1년 1월1일부터 12월 31일까지 (단위 : 원)

구분	당기	전기
당기순이익(당기순손실)	×××	×××
(±)기타포괄손익	×××	×××
당기손익으로 재분류되는 기타포괄손익	(±) ×××	(±) ×××
당기손익으로 재분류되지 않는 기타포괄손익	(±) ×××	(±) ×××
총포괄이익(총포괄손실)	×××	×××

3. 현금흐름표

현금흐름표(statement of cash flows)는 일정기간 현금및현금성자산의 변동내용을 활동별로 표시하는 재무제표이다. 현금흐름에 영향을 미치는 활동을 크게 영업활동, 투자활동 및 재무활동으로 구분하여 각 활동별로 현금의 흐름에 대한 정보를 제공한다.

현금흐름표에 관한 자세한 내용은 본서의 후반부에서 설명한다.

4. 자본변동표

자본변동표(statment of changes in shareholders' equity)는 일정기간 자본의 변동내용을 나타내는 재무제표이다. 자본변동표에 관한 자세한 내용은 본서의 후반부에서 설명한다.

[보론-1] 수익과 비용의 인식에 대한 전통적 생각

1. 수익의 인식

영업주기는 기업이 보유중인 현금으로 상품을 매입하면서부터 시작하여 이를 판매하여 판매대금을 현금으로 회수할 때까지를 말한다. 기업의 수익창출활동은 매입과정, 판매과정, 대금회수과정을 통하여 점차적으로 이루어진다. 따라서 수익창출활동의 전체 과정을 통하여 창출되는 수익을 언제 인식할 수 있느냐가 문제이다. 발생주의를 적용하는 경우에 일반적으로 수익이 인식되는 시점은 다음의 두 요건이 충족되는 시점이다.

(발생요건) [가득되었다, earned]…… 기업이 거래상대방에 대해 돈 받을 만큼의 일을 했다는 의미이다. 수익창출활동의 결정적 사건이 발생해야 하고 대부분의 의무(노력)가 이행되어야 한다는 것이다.
(측정요건) [실현되었다, realized or realizable]…… 수익이 실현되었기 때문에 거래상대방으로부터 받을 수 있는 금액이 결정되었거나 결정가능하다는 의미이다. 수익금액을 합리적으로 측정가능해야 한다는 것이다.

일반적으로 위의 두 가지 요건을 가장 잘 충족시키는 시점은 재화의 인도(판매)시점이다.

그러나 특수한 상황에서는 업종에 따라서 판매하기 전의 생산단계에서 수익을 인식할 수도 있고, 용역을 제공하는 정도(작업진행정도)에 따라 수익을 인식할 수도 있다.

2. 비용의 인식

비용의 경우에도 수익창출활동의 전체 과정을 통하여 발생되는 비용을 언제 인식할 것인가가 문제이다. 일정기간 동안에 수익을 획득하기 위하여 발생된 비용을 관련되는 수익과 서로 대응시켜 비용으로 인식하는 것을 대응원칙(matching principle)이라 한다. 비용의 각 항목은 성격에 따라 동일 기간에 인식된 수익과 대응되는 정도가 다르며,

대응의 정도에 따라 인식하는 방법에는 직접대응과 간접대응이 있다. 간접대응은 즉시 인식하는 방법과 합리적으로 원가를 배분이라는 방법으로 구분된다.

(1) 직접대응

직접대응(direct matching)이란 특정 수익을 획득하는데 직접적인 인과관계를 가지고 발생한 비용은 당해 수익을 인식할 때에 직접 대응시켜 비용으로 인식하는 것을 말한다. 매출원가가 가장 대표적인 항목이며 판매수수료, 판매운임 등도 이에 해당된다.

(2) 간접대응

간접대응(indirect matching)이란 특정 수익을 획득하는데 직접적인 인과관계는 없지만 특정 회계기간의 수익창출활동에 기여한 것으로 판단되는 비용을 특정회계기간의 비용으로 인식하는 것을 말한다. 간접대응은 즉시 인식하는 방법과 합리적으로 원가를 배분하는 방법으로 나뉜다. 간접대응은 발생한 비용을 특정 회계기간의 비용으로 인식하는 것이라 하여 기간대응(period matching)이라고도 한다.

1) 즉시 인식

특정 수익과 직접적인 인과관계 없이 특정 회계기간 동안에 발생한 비용을 특정회계기간의 수익창출에 기여한 것으로 보아 발생 즉시 비용으로 인식하는 것이다. 예를 들면 급여, 임차료, 광고선전비, 보험료, 통신비, 수도광열비 등이 즉시 인식하는 비용들이다.

2) 합리적 원가배분

기업이 보유하고 있는 자산을 사용한다는 것은 직·간접적으로 특정 회계기간의 수익의 창출에 기여한다는 것으로 볼 수 있다. 이런 경우에 자산의 원가 중 회계기간 동안 사용된 금액을 산출하여 비용으로 인식하는 것을 합리적인 원가배분이라 한다. 예를 들면 회계기간 동안 사용한 소모품을 소모품비로 인식하는 것이나 건물, 기계장치 등의 자산에 대해 감가상각비를 인식하는 것 등이 여기에 해당한다.

[보론-2] 재무제표 사례

재무상태표

제 43 기 20X3.12.31 현재
제 42 기 20X2.12.31 현재
S전자 제 41 기 20X1.12.31 현재 (단위 : 백만원)

	제 43 기	제 42 기	제 41 기
자산			
유동자산	43,952,271	39,496,344	36,243,130
현금및현금성자산	2,269,422	2,718,731	1,826,362
단기투자금융상품	13,400,572	11,269,481	10,930,660
당기손익-공정가치 측정 금융자산	1,258,873	655,969	1,159,144
매출채권	17,296,647	15,216,204	13,377,718
미수금	1,757,644	1,580,639	1,609,158
선급금	883,859	958,714	904,550
선급비용	1,091,766	1,121,674	1,097,422
재고자산	5,326,417	5,451,432	4,750,964
기타유동자산	667,071	523,500	587,152
비유동자산	89,311,784	78,103,505	70,935,875
기타포괄손익-공정가치 측정 금융자산	3,618,727	2,969,023	2,690,819
관계기업주식	39,478,292	25,464,768	22,631,419
유형자산	39,808,935	43,032,531	38,708,906
무형자산	2,464,948	2,447,791	2,439,491
임차보증금	400,178	349,454	280,879
장기선급비용	2,924,694	3,048,948	3,411,517
이연법인세자산	142,314	202,158	0
기타비유동자산	473,696	588,832	772,844
자산총계	133,264,055	117,599,849	107,179,005
부채			
유동부채	24,770,263	26,969,912	24,991,737
매입채무	5,785,104	6,983,494	6,022,488
단기차입금	3,034,621	4,259,170	4,415,095

	제 43 기	제 42 기	제 41 기
미지급금	4,423,468	6,509,234	5,893,021
선수금	218,229	979,418	588,206
예수금	459,481	574,015	315,196
미지급비용	5,469,762	5,027,821	4,444,795
당기법인세부채	2,217,161	614,256	1,713,443
유동성장기부채	5,150	5,536	5,459
충당부채	3,134,268	1,858,861	1,326,152
기타유동부채	23,019	158,107	267,882
비유동부채	2,605,923	2,173,031	2,327,044
사채	72,103	83,045	87,338
장기미지급금	775,585	697,705	870,180
순확정급여부채	1,378,105	864,928	613,102
이연법인세부채	0	0	294,777
장기충당부채	367,743	351,556	295,356
기타비유동부채	12,387	175,797	166,291
부채총계	27,376,186	29,142,943	27,318,781
자본			
자본금	897,514	897,514	897,514
우선주자본금	119,467	119,467	119,467
보통주자본금	778,047	778,047	778,047
자본잉여금	4,403,893	4,403,893	4,403,893
이익잉여금	105,306,520	88,735,491	79,511,777
기타자본구성요소	-4,720,058	-5,579,992	-4,952,960
자본총계	105,887,869	88,456,906	79,860,224
부채와자본총계	133,264,055	117,599,849	107,179,005

손익계산서

제 43 기 20X3.01.01부터 20X3.12.31까지
제 42 기 20X2.01.01부터 20X2.12.31까지
S전자 제 41 기 20X1.01.01부터 20X1.12.31까지 (단위 : 백만원)

	제 43 기	제 42 기	제 41 기
매출수익	141,206,377	120,815,977	112,249,475
매출원가	99,431,997	90,406,166	77,980,673
매출총이익	41,774,380	30,409,811	34,268,802
판매비와관리비	23,263,944	20,651,728	21,891,236
영업이익	18,510,436	9,758,083	12,377,566
기타수익	2,860,100	3,160,477	3,317,617
기타비용	621,002	1,191,742	736,979
금융수익	3,204,014	4,003,059	4,455,961
금융비용	3,205,690	4,211,603	4,350,770
법인세비용차감전순이익	20,747,858	11,518,274	15,063,395
법인세비용	3,349,328	1,470,082	1,801,114
계속영업이익	17,398,530	10,048,192	13,262,281
당기순이익	17,398,530	10,048,192	13,262,281
주당이익			
기본주당이익	115,576	66,995	88,972
희석주당이익	115,524	66,932	88,704

※ 기본주당이익과 희석주당이익의 금액 단위는 "원"입니다.

포괄손익계산서

제 43 기 20X3.01.01부터 20X3.12.31까지
제 42 기 20X2.01.01부터 20X2.12.31까지
S전자 제 41 기 20X1.01.01부터 20X1.12.31까지 (단위 : 백만원)

	제 43 기	제 42 기	제 41 기
당기순이익	17,398,530	10,048,192	13,262,281
기타포괄손익	451,754	-886,730	689,326
당기손익으로 재분류되지 않는 세후포괄손익	-414,850	-357,679	-169,683
종업원급여 재측정요소	-414,850	-357,679	-169,683
당기손익으로 재분류되는 세후포괄손익	866,604	-529,051	859,009
기타포괄손익-공정가치 측정 금융자산평가손익	866,604	-529,051	859,009
총포괄이익	17,850,284	9,161,462	13,951,607

자본변동표

제 43 기 20X3.01.01부터 20X3.12.31까지
제 42 기 20X2.01.01부터 20X2.12.31까지
S전자　　　　제 41 기 20X1.01.01부터 20X1.12.31까지　　　　(단위 : 백만원)

		자본				
		자본금	자본잉여금	이익잉여금	기타자본 구성요소	자본합계
20X1.01.01 (기초자본)		897,514	4,403,893	68,108,490	-6,618,514	66,791,383
자본의 변동	포괄손익					
	당기순이익(손실)			13,262,281		13,262,281
	매도가능금융자산평가				859,009	859,009
	종업원급여 재측정요소				-169,683	-169,683
	자본에 직접 인식된 주주와의 거래					
	배당			-1,858,994		-1,858,994
	종속회사와의 사업결합					
	자기주식의 처분				1,060,990	1,060,990
	주식선택권				-84,762	-84,762
	기타					
20X1.12.31 (기말자본)		897,514	4,403,893	79,511,777	-4,952,960	79,860,224
20X2.01.01 (기초자본)		897,514	4,403,893	79,511,777	-4,952,960	79,860,224
자본의 변동	포괄손익					
	당기순이익(손실)			10,048,192		10,048,192
	매도가능금융자산평가				-529,051	-529,051
	종업원급여 재측정요소				-357,679	-357,679
	자본에 직접 인식된 주주와의 거래					
	배당			-824,478		-824,478
	종속회사와의 사업결합				43,933	43,933
	자기주식의 처분				288,773	288,773
	주식선택권				-73,008	-73,008
	기타					
20X2.12.31 (기말자본)		897,514	4,403,893	88,735,491	-5,579,992	88,456,906
20X3.01.01 (기초자본)		897,514	4,403,893	88,735,491	-5,579,992	88,456,906
자본의 변동	포괄손익					
	당기순이익(손실)			17,398,530		17,398,530
	매도가능금융자산평가				866,604	866,604
	종업원급여 재측정요소				-414,850	-414,850
	자본에 직접 인식된 주주와의 거래					
	배당			-827,501		-827,501
	종속회사와의 사업결합				-6,277	-6,277
	자기주식의 처분				455,377	455,377
	주식선택권				-33,071	-33,071
	기타				-7,849	-7,849
20X3.12.31 (기말자본)		897,514	4,403,893	105,306,520	-4,720,058	105,887,869

현금흐름표

제 43 기 20X3.01.01부터 20X3.12.31까지
제 42 기 20X2.01.01부터 20X2.12.31까지
제 41 기 20X1.01.01부터 20X1.12.31까지

S전자 (단위 : 백만 원)

	제 43 기	제 42 기	제 41 기
영업활동 현금흐름	23,065,604	17,266,913	18,145,464
영업에서 창출된 현금	23,037,393	18,504,792	17,247,621
당기순이익	17,398,530	10,048,192	13,262,281
조정	11,381,647	9,333,018	8,391,636
영업활동으로 인한 자산부채의 변동	-5,742,784	-876,418	-4,406,296
이자의 수취	329,046	439,817	298,228
이자의 지급	-77,682	-104,811	-174,019
배당금 수입	1,605,097	1,281,095	1,908,529
법인세 납부액	-1,828,250	-2,853,980	-1,134,895
투자활동 현금흐름	-21,206,370	-15,561,437	-17,525,376
단기투자금융상품의 순증감	-2,132,937	-338,474	-2,733,811
당기손익-공정가치 측정 금융자산 순증감	-581,248	525,519	981,607
기타포괄손익-공정가치 측정 금융자산의 처분	2,840	287,136	6,668
기타포괄손익-공정가치 측정 금융자산의 취득	-7,338	-288,625	-311,061
관계기업주식의 처분	151,334	359,300	255,691
관계기업주식의 취득	-3,279,314	-3,821,797	-591,872
유형자산의 처분	164,938	360,607	1,086,948
유형자산의 취득	-14,094,835	-12,995,991	-14,880,858
무형자산의 처분	41,773	2,817	15,728
무형자산의 취득	-621,842	-632,613	-1,157,805
보증금의 감소	233,724	56,516	85,344
보증금의 증가	-281,511	-125,980	-104,925
사업결합으로 인한 현금유출입액	-192,349	1,140	40,095
물적분할로 인한 현금유출액	-501,006	0	0
사업양도로 인한 현금유입액	0	917,653	179,437
기타 투자활동으로 인한 현금유출입액	-108,599	131,355	-396,562
재무활동 현금흐름	-2,308,543	-813,107	-935,946
단기차입금의 순차입(상환)	-1,362,628	-143,678	744,921
주식선택권의 행사로 인한 자기주식의 처분	88,473	160,827	184,291
사채 및 장기차입금의 상환	-206,840	-5,695	-6,288
배당금 지급	-827,548	-824,561	-1,858,870
현금및현금성자산의순증가(감소)	-449,309	892,369	-315,858
기초 현금및현금성자산	2,718,731	1,826,362	2,142,220
기말 현금및현금성자산	2,269,422	2,718,731	1,826,362

Exercises 연습문제

객관식

01 유용한 재무정보의 질적특성 중에서 근본적 질적특성에 해당하는 것은 다음 중 어느 것인가?

① 검증가능성 ② 표현의 충실성
③ 이해가능성 ④ 비교가능성

해설 ② 근본적 질적특성은 목적적합성과 표현의 충실성이다.

02 유용한 재무정보의 질적특성 중에서 보강적 질적특성에 해당하지 않는 것은 다음 중 어느 것인가?

① 검증가능성 ② 목적적합성
③ 이해가능성 ④ 비교가능성

해설 ② 목적적합성은 표현의 충실성과 함께 근본적 질적특성에 해당한다.

03 일반적인 비용의 인식기준과 관련이 없는 개념은?

① 인과관계 ② 대응원칙
③ 즉시인식 ④ 실현기준

해설 ④

04 수익과 비용의 인식에 대한 다음의 설명 중 가장 잘못된 것은?

① 수익은 일반적으로 재화가 인도되는 시점에서 인식된다.
② 상품 판매대금 100,000원을 먼저 수령한 판매처에 상품을 인도한 경우의 판매시 회계처리는 "(차변)선수금 100,000 (대변)매출 100,000"이다.
③ 수익은 재화의 판매나 용역의 제공 등으로 인하여 발생하는 자산의 감소나 부채의 감소를 말한다.
④ 임차료, 보험료, 광고선전비, 급여 같은 비용은 특정수익과 직접적으로 관련이 없는 것으로 지출될 때에 비용으로 즉시 인식한다.

해설 ③ 수익은 재화의 판매나 용역의 제공 등으로 인하여 발생하는 자산의 증가나 부채의 감소를 말한다.

05 재무제표와 공시에 관한 다음의 설명 중 옳지 않은 것은?

① 한국채택국제회계기준상 재무제표의 종류에는 재무상태표, 포괄손익계산서, 이익여금처분계산서, 현금흐름표가 있으며, 주석을 포함한다.

② 재무상태표의 표시방법은 보다 신뢰성 있고 목적적합한 정보의 제공을 위해 유동성·비유동성 구분법과 유동성 순서배열법 중 회사가 선택할 수 있다.

③ 기업의 정상영업주기 내에 실현될 것으로 예상하거나, 정상영업주기 내에 판매하거나 소비할 의도가 있는 자산은 12개월 이내에 실현되지 않더라도 유동자산으로 보고한다.

④ 총포괄손익이란 기업의 일정기간 동안 발생한 모든 순자산의 변동을 말한다. 단, 회사의 소유주와의 자본거래로 인한 순자산의 변동은 제외한다.

해설 ① 한국채택국제회계기준상 재무제표에는 이익잉여금처분계산서가 포함되지 않는다.

06 재무제표와 공시에 관한 다음의 설명 중 옳지 않은 것은?

① 기타포괄손익은 당기손익으로 인식하지 않은 수익과 비용항목으로 모두 장기미실현보유손익 성격의 항목이다.

② 재분류조정대상이 아닌 기타포괄손익은 최초에 기타포괄손익으로 인식하고 후속기간에 당기손익으로 재분류하지 않으며, 이익잉여금으로 직접 대체할 수 있다.

③ 재분류조정대상 기타포괄손익은 해당 기타포괄손익거래가 실현되는 경우 당기손익으로 재분류조정을 수행한다.

④ 일정기간 포괄손익의 변동내용을 표시하기 위해 단일의 포괄손익계산서만을 작성해야 한다.

해설 ④ 기업의 선택에 따라서 당기순손익의 구성요소를 표시하는 손익계산서와 당기순손익에서 시작하여 기타포괄손익의 구성요소를 표시하는 포괄손익계산서로 구분하여 작성할 수도 있다.

07 재무정보의 질적 특성에 관한 설명으로 옳지 않은 것은?

① 표현충실성을 위해서는 서술이 완전하고, 중립적이며, 오류가 없어야 한다.

② 보강적 질적 특성은 만일 어떤 두 가지 방법이 현상을 동일하게 목적적합하고 충실하게 표현하는 것이라면 이 두 가지 방법 가운데 어느 방법을 현상의 서술에 사용해야 할지를 결정하는 데에도 도움을 줄 수 있다.

③ 중요성은 개별 기업 재무보고서 관점에서 해당 정보와 관련된 항목의 성격이나 규모 또는 이들 모두에 근거하여 해당 기업에 특유한 측면의 목적적합성을 의미한다.

④ 하나의 경제적 현상을 충실하게 표현하는데 여러 방법이 있을 수 있으나 동일한 경제적 현상에 대해 대체적인 회계처리방법을 허용하면 비교가능성이 증가한다.

해설 ④ 하나의 경제적 현상을 충실하게 표현하는데 여러 방법이 있을 수 있으나 동일한 경제적 현상에 대해 대체적인 회계처리방법을 허용하면 비교가능성이 감소한다.

08 재무보고를 위한 개념체계에 대한 아래의 설명 중 옳지 않은 것은 어느 것인가?

① 재무제표는 일반적으로 기업이 계속기업이며 예상가능한 기간 동안 영업을 계속할 것이라는 가정 하에 작성된다.

② 재무정보의 질적 특성과 원가제약을 고려함으로써 서로 다른 자산, 부채, 수익과 비용에 대해 서로 다른 측정기준을 선택하는 결과가 발생할 수 있다.

③ 목적적합하고 검증가능성이 확보된 재무정보가 비교가능하고, 적시성이 있으면 그 재무정보의 유용성은 보강된다.

④ 표현충실성을 위해서는 서술이 완전하고, 중립적이며, 오류가 없어야 한다.

해설 ③ 목적적합하고 표현충실성이 확보된 재무정보가 비교가능하고, 검증가능하며, 적시성 있고, 이해가능한 경우 그 재무정보의 유용성은 보강된다.

09 재무보고를 위한 개념체계에 대한 아래의 설명 중 옳지 않은 것은 어느 것인가?

① 개념체계는 국제회계기준이 아니다. 따라서 개념체계의 어떠한 내용도 회계기준이나 회계기준의 요구사항에 우선하지 않는다.

② 기업이 청산을 하거나 거래를 중단하려는 의도나 필요가 있다면, 재무제표는 계속기업과는 다른 기준에 따라 작성되어야 한다.

③ 유용한 재무정보의 질적 특성은 목적적합성과 표현충실성, 비교가능성, 검증가능성, 적시성과 이해가능성이다. 이 중에서 목적적합성과 표현충실성은 보강적 질적특성에 해당한다.

④ 제거는 기업의 재무상태표에서 인식된 자산이나 부채를 삭제하는 것이다. 제거는 일반적으로 특정 항목이 자산 또는 부채의 정의를 충족하지 못할 때 발생한다.

해설 ③ 목적적합성과 표현충실성은 근본적 질적특성에 해당한다.

10 재무보고를 위한 개념체계에 대한 아래의 설명 중 옳지 않은 것은 어느 것인가?

① 재무제표요소의 정의를 만족하는 항목이 목적적합한 정보를 제공하면서, 충실한 표현을 제공할 수 있다면, 재무제표에 인식이 되어야 한다.

② 목적적합성과 표현충실성이라는 두 근본적 질적 특성이 없는 재무정보는 유용하지 않으며, 더 비교가능하거나, 검증가능하거나, 적시성이 있거나, 이해가능하더라도 유용하게 할 수 없다.

③ 목적적합하고 충실하게 표현된 재무정보는 보강적 질적 특성이 없더라도 여전히 유용할 수 있다.

④ 근본적 질적특성과 보강적 질적특성은 동등한 것이다.

해설 ④ 근본적 질적특성과 보강적 질적특성은 그 명칭만 보더라도 동등한 것이 아니다.

07 장

현금및현금성자산

학습목표

▶ 현금및현금성자산에 포함되는 항목을 설명할 수 있다.
▶ 은행계정조정표를 작성할 수 있다.

제 1 절 현금및현금성자산의 의의

현금은 소액현금, 당좌예금과 보통예금, 현금성자산 등의 다양한 형태로 존재하며, 기업은 현금관련계정으로 소액현금계정, 당좌예금계정, 보통예금계정, 현금성자산계정 등 네 가지 계정을 통상 사용한다. 일반적으로 재무상태표에는 이들을 현금및현금성자산으로 통합하여 공시한다.

1. 현금및현금성자산의 구성

(1) 현금

현금(cash)은 수중에 있는 현금(cash on hand)과 은행에 있는 현금(cash in bank)인 예금으로 구분한다. 수중에 있는 현금은 통화(currency), 그리고 타인발행당좌수표, 자기앞수표, 우편환증서, 송금환 등의 통화대용증권을 말한다. 은행에 있는 현금은 당좌예금 및 보통예금과 같은 요구불예금을 말한다. 또한 현금으로 분류되기 위해서는 사용하는데 전혀 제한이 없어야 한다. 만약 사용제한이 있다면 현금으로 분류할 수 없다.

표 7-1 현금 분류

구분	종류	사용제한
통화	주화와 지폐	없음
통화대용증권	타인발행당좌수표, 우편환증서, 송금환, 자기앞수표 등	없음
요구불예금	당좌예금, 보통예금	없음

(2) 현금성자산

기업은 유동성과 지급능력을 높이면서 이익을 창출하기 위해 은행 등 금융회사가 발행한 금융상품을 취득하여 여유 현금을 운용한다. 여기서 말하는 금융상품은[1]은 금융회사가 취급하는 정형화된 투자상품으로서 정기예금, 정기적금, 양도성예금증서(CD), 환매조건부채권(RP), 기업어음(CP), 어음관리구좌(CMA) 등이 있다.

현금성자산(cash equivalent)은 현금은 아니지만 즉시 현금으로 전환할 수 있어 현금으로 취급할 수 있는 것을 말한다. 현금성자산으로 분류되기 위해서는, ⓐ 큰 거래비용이 없이 현금으로의 전환이 용이하고, ⓑ 이자율변동에 따른 가치변동의 위험이 중요하지 않은 채무증권과 단기금융상품으로서, ⓒ 취득당시 만기(또는 상환일)가 3개월 이내에 도래하는 것이어야 한다. 현금성자산은 사용하는데 제한이 없어야 한다. 만약 사용제한이 있다면 현금성자산으로 분류할 수 없다.

현금성자산으로 분류되지 못한 금융상품 중 재무상태표일 현재 만기가 1년 이내에 도래하는 것은 단기투자금융자산으로 분류하고, 만기가 1년 이후에 도래하는 것은 장기투자금융자산으로 분류한다.

2. 당좌예금과 당좌차월

기업은 현금을 효율적으로 관리하기 위해 당좌수표를 발행하여 대금을 지급하는 제도를 이용하고 있다. 당좌수표(check)는 은행에 당좌예금(checking account)을 보유한 자가 은행을 지급인으로 하여 일정금액을 당좌수표 소지인에게 무조건 지급하도록 위탁하는 증서를 말한다. 당좌수표의 양식은 [그림 7－1]과 같다.

---

1) 금융회사가 취급하는 정형화된 금융상품 중 일부 금융상품에 대하여 알아보자.
   ① 환매조건부채권(RP) : 금융기관이 보유하고 있는 채권을 고객에게 매각하고 일정기간 후에 이자를 붙여서 매입할 것을 조건으로 하는 금융상품을 말한다.
   ② 양도성예금증서(CD) : 고객의 정기예금에 대해 은행이 발행하는 무기명증서로서 은행이 예금의 만기일에 예금증서 소지인에게 원금과 약정이자를 지급하는 금융상품이다. 양도성예금증서는 만기일 이전에 유통시장에서 매매할 수 있다.
   ③ 기업어음(CP) : 기업이 단기자금을 조달하기 위해 발생하는 어음을 말하며, 금융기관을 통하여 고객에게 판매되고 어음만기일에 이자와 원금을 지급하는 금융상품이다.
   ④ 어음관리구좌(CMA) : 고객이 맡긴 예금을 금융기관이 어음이나 채권 등에 투자하여 얻은 실적 중에서 일정수수료를 제외하고 고객에게 돌려주는 금융상품이다.

그림 7-1 당좌수표

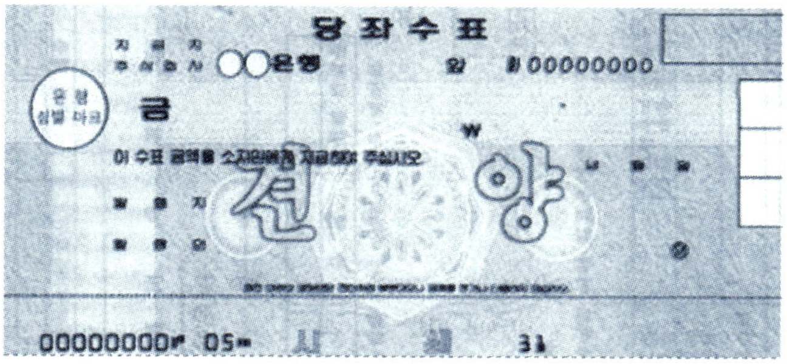

당좌거래를 하기 위해서는 기업이 먼저 은행과 당좌거래약정을 체결하고 당좌예금계좌를 개설한다. 이후에 기업은 현금을 당좌예금 계좌에 예입하고 예입한 금액을 한도로 당좌수표를 발행하여 대금을 지급하면 당좌수표를 소지한 자가 은행에 이를 제시하여 현금을 인출해 가는 제도이다. 기업이 현금을 예입하면 당좌예금계정이 증가하고 대금을 결제하기 위해 당좌수표를 발행하면 당좌예금계정이 감소하게 된다. 따라서 타인이 발행한 당좌수표, 즉 타인발행당좌수표를 수령하면 기업은 이를 현금으로 처리한다.

사례 7-1

(주)한국은 1월 19일 하나은행과 당좌거래약정을 체결하고 현금 1,000,000원을 입금하였다.

〈입금시〉

(차) 당좌예금	1,000,000	(대) 현금	1,000,000

(주)한국은 2월 20일 (주)미국으로부터 상품을 500,000원에 매입하고 하나은행 당좌수표를 발행하여 교부하였다.

〈당좌수표로 결제시〉

계속기록법 :	(차) 상품	500,000	(대) 당좌예금	500,000
재고실사법 :	(차) 매입	500,000	(대) 당좌예금	500,000

원칙적으로 기업은 당좌예금 잔액 한도 내에서 수표를 발행할 수 있으며 당좌예금잔액을 초과하여 발행한 당좌수표는 지급거절을 당하게 되는데 이를 부도수표(dishonoured checks)[2]라 한다. 그러나 은행과 당좌차월약정을 맺어 당좌예금 잔액을 초과하여 당좌수표를 발행할 수도 있다. 당좌예금잔액을 초과하여 발행한 경우 당좌예금의 대변잔액, 즉 음(−)의 당좌예금을 당좌차월(bank overdrafts)이라 한다. 회계기말 현재 보충되지 않고 당좌차월이 있는 경우에는 사실상 은행으로부터의 단기차입을 한 경우와 같기 때문에 단기차입금으로 공시한다. 또한 한 은행의 당좌차월은 다른 은행의 당좌예금과 상계하여서는 아니 되며 총액으로 각각 당좌예금과 당좌차월(단기차입금)로 공시하여야 한다.

한편, 약속어음을 발행하여 교부할 수 있는데 약속어음(notes)은 은행에 당좌예금을 가진 자(발행인)가 은행을 지급인으로 하여 미래의 약정한 날짜(만기일)에 약속어음 소지인에게 일정금액을 지급하도록 위탁하는 증서를 말한다. 약속어음의 양식은 [그림 7−2]와 같다.

그림 7-2 약속어음

약속어음은 당좌수표와 달리 미래의 약정한 날짜, 즉 만기일에 지급하도록 약정하는 것으로 발행일에 어음상 증서채무가 발생한다. 따라서 약속어음 발행일에 당좌예금의 감소로 처리하지 아니하고 부채의 증가로 처리한다. 미래의 만기일에 은행에서 지급되

---

2) NSF checks라고도 하는데 이는 not-sufficient-fund check의 약자이다.

면 당좌예금의 감소로 처리한다. 따라서 재고자산 또는 용역을 판매하면서 타인이 발행한 약속어음을 수령하면 이를 현금이 아니라 매출채권(받을어음)으로 분류한다.

제 2 절 은행계정조정표

1. 은행계정조정표의 활용

(1) 필요성

은행과 기업의 예입 기록의 시간적 차이, 은행수수료나 이자수익인식의 시간적 차이, 당좌거래의 구조적인 원인, 착오 등으로 인하여 기업장부상의 당좌예금계정 잔액과 은행장부상의 당좌계좌 잔액은 차이가 발생하게 되는데 그 원인을 주기적으로 확인해 보아야 한다. 이 차이원인을 확인하기 위해 작성하는 표를 은행계정조정표(bank reconciliation)라 한다. 필요에 따라서는 기업의 입장에서 수정분개를 기록해야 하는 경우도 발생한다.[3]

(2) 차이원인

1) 미결제수표(outstanding check) (미인출수표, 기발행미인출수표)

기업이 매입채무 등을 결제하기 위해 당좌수표를 발행 교부하였으나 수표 소지인이 지급은행에 지급제시를 하지 않아 아직 예금이 은행에서 인출되지 않은 경우이다. 기업은 당좌수표의 발행·교부시 당좌예금계정의 대변에 감소를 기록했기 때문에 은행측 잔

3) 저자들이 강의할 때마다 고민이 되는 부분이다. 오늘날의 금융환경과는 어울리지 않는 내용이기 때문이다. 독자 여러분들의 현명한 판단을 기대한다.

액과 일치하지 않으며, 이런 경우에는 은행측 잔액이 더 많게 된다. 따라서 올바른 잔액을 산출하기 위해서는 은행계정조정표상의 은행측 조정전잔액에서 차감조정을 하여야 한다. 회사측 수정분개는 필요없다.

2) 은행미기록예금(deposits in transits)

은행에 현금을 예입시켰으나 은행이 입금처리를 하지 않은 경우이다. 기업은 예입시에 당좌예금계정의 차변에 증가를 기록했기 때문에 은행측 잔액과 일치하지 않으며, 이런 경우에는 은행측 잔액이 적게 된다. 따라서 올바른 잔액을 산출하기 위해서는 은행계정조정표상의 은행측 조정전잔액에서 가산조정을 하여야 한다. 회사측 수정분개는 필요없다.

3) 미통지예금(deposits by third parties)

거래처 중 누군가가 우리 기업의 당좌계좌에 판매대금 등을 송금하였으나 기업에는 아직 통지가 되지 않은 경우이다. 기업은 당좌예금계정의 차변에 증가를 기록하지 못하여 은행측 잔액과 일치하지 않는 상황이다. 따라서 기업은 올바른 잔액을 산출하기 위해 은행계정조정표상의 회사측 조정전잔액에서 가산조정을 하여야 한다. 회사측 수정분개가 필요하다.

4) 부도수표(NSF check)

다른 기업이 발행한 당좌수표를 수령하여 기업의 당좌예금계좌에 예입하였으나 부도처리 되어 은행이 후에 입금처리를 취소하는 경우이다. 기업은 당좌수표 예입시 당좌예금계정의 차변에 증가를 기록했기 때문에 은행측 잔액과 일치하지 않으며, 이런 경우에는 기업측 잔액이 많게 된다. 따라서 기업은 올바른 잔액을 산출하기 위해 은행계정조정표상의 회사측 조정전잔액에서 차감조정을 하여야 한다. 회사측 수정분개가 필요하다.

5) 은행수수료 및 이자비용

은행이 각종 수수료와 이자비용을 부과하여 기업의 당좌계좌에서 인출하였는데 기업에 통지가 되지 않은 경우이다. 기업은 당좌예금계정의 대변에 감소를 기록하지 않아 은행측 잔액과 일치하지 않으며, 이런 경우에는 기업측 잔액이 많게 된다. 따라서 기업은 올바른 잔액을 산출하기 위해 은행계정조정표상의 회사측 조정전잔액에서 차감조정을 하여야 한다. 회사측 수정분개가 필요하다.

6) 이자수익

은행은 기업의 예 · 적금에 대한 이자를 기업의 당좌계좌에 예입시켰으나 기업에 통지되지 않은 경우이다. 기업은 당좌예금계정의 차변에 증가를 기록하지 않아 은행측 잔액과 일치하지 않으며, 이런 경우에는 기업측 잔액이 적게 된다. 따라서 기업은 올바른 잔액을 산출하기 위해 은행계정조정표상의 회사측 조정전잔액에서 가산조정을 하여야 한다. 회사측 수정분개가 필요하다.

7) 은행 혹은 기업의 오류

은행 또는 기업이 기록을 잘못하여 오류가 발생하면 기업의 당좌예금잔액과 은행측 잔액은 일치하지 않으며, 이런 경우에는 기업과 은행 모두 올바른 잔액을 산출하기 위해 오류를 범한 측의 잔액을 수정하면 된다.

은행계정조정표 상의 차이의 종류와 처리방법을 요약하면 〈표 7-2〉와 같다.

표 7-2 은행계정조정표상 차이의 종류와 처리방법

구분	조정해야 하는 측		기업의 수정분개 여부
① 기발행미인출수표	은행측		없음
② 은행미기록예금	은행측		없음
③ 미통지예금		회사측	분개필요
④ 부도수표		회사측	분개필요
⑤ 은행수수료 및 이자비용		회사측	분개필요
⑥ 이자수익		회사측	분개필요
⑦ 은행 혹은 기업의 오류	오류를 발생시킨 측		상황에 따름

2. 은행계정조정표의 작성과 수정분개

(1) 은행계정조정표의 작성

일반적인 은행계정조정표는 〈표 7-3〉과 같이 왼편에 회사측의 수정전잔액에서 회사의 수정사항을 가산 또는 차감하여 회사측의 정확한 수정후잔액을 산출함과 동시에, 오른편에 은행측 수정전잔액에서 은행측의 수정사항을 가산 또는 차감하여 은행측의 정확한 수정후잔액을 산출한 다음 양측의 수정후잔액을 서로 대조하여 확인하는 방식으로 작성된다.

표 7-3 은행계정조정표

회사측		은행측	
1. 조정전잔액	×××	1. 조정전잔액	×××
2. 가산항목 :		2. 가산항목 :	
③ 미통지예금	×××	② 미기록예금	×××
⑥ 이자수익	×××		
3. 차감항목 :		3. 차감항목 :	
④ 부도수표	(×××)	① 미결제수표	(×××)
⑤ 은행수수료와 이자비용	(×××)		
4. 조정후잔액	×××	4. 조정후잔액	×××

(2) 수정분개

은행계정조정표를 작성하는 과정에서 회사측에서 조정되는 사항에 대해서는 수정분개를 실시한다.

[보론] 소액현금제도

소액현금제도(petty cash fund system)는 일정액의 전도금을 사전에 설정하여 필요한 부서에 지급하고, 전도금을 받은 부서는 현금의 지출이 필요한 경우에 정식 승인절차를 거치지 아니하고 소액현금을 지출한 뒤에 일정기간 후에 지출된 금액을 일괄 보고하여 승인을 받은 후 사용액을 보충받는 제도를 말한다.

기업은 일상 업무를 수행하는 과정에서 문구류, 우표구입, 시내교통비 등과 같은 소액의 일상경비를 지출하여야 하는 거래가 빈번하게 발생하는데 매번 당좌수표를 발행하여 지급할 수 없으므로 업무를 효율적으로 하기 위해 소액현금제도를 도입하고 있다.

(1) 운영방법

소액현금담당자는 기업내 소액현금이 필요한 부서의 출납담당자를 말하며, 일정액의 전도금을 수취하고 소액현금을 지출하며, 소액현금요청서에 사용지출영수증을 첨부하여 현금담당자에게 소액현금의 보충을 요청한다.

현금담당자는 소액현금담당자로부터 사용지출영수증을 첨부한 소액현금요청서를 받아 이를 승인하고 당좌예금이나 보통예금 등으로부터 사용액을 인출하여 보충하여 준다.

장부기록자는 현금담당자로부터 소액현금사용지출내역을 넘겨받아 이를 근거로 관련 분개 및 장부기록을 한다.

소액현금담당자는 보관하고 있는 소액현금보유액과 현금지출영수증의 합계액은 항상 최초에 설정한 전도금과 일치하는지를 확인하여 소액현금을 관리한다.

소액현금보유액 + 소액현금지출영수증 = 전도금

사례 7-2

(주)한국은 소액현금제도를 도입하였으며 2월 1일 현금담당자는 전도금 500,000원을 소액현금담당자에게 당좌예금에서 인출하여 지급하였다.

〈지급시〉

02/01 (차) 소액현금	500,000	(대) 당좌예금	500,000

2월 28일 소액현금담당자는 아래와 같이 지출내역과 지출영수증을 첨부한 소액현금요청서를 현금담당자에게 제출하고 보충을 요청하였다. 현금담당자는 소액현금요청서를 승인하고 사용액을 당좌예금에서 인출하여 보충해 주었다.

소액현금요청서 : 운반비 120,000원, 시내교통비 55,000원, 소모품구입비 83,000원
문구류구입비 170,000원, 현금잔액 72,000원

〈보충 지급시〉

02/28 (차) 운반비	120,000	(대) 당좌예금	428,000
여비교통비	55,000		
소모품비	83,000		
사무용품비	170,000		

2월 28일 소액현금이 보충되면 소액현금담당자의 소액현금잔액은 최초 설정액인 500,000원이 될 것이다.

(2) 현금과부족

소액현금보유액이 분실이나 착오 등으로 인하여 소액현금 장부상 잔액과 비교하여 부족한 경우가 발생하기도 하고 남는 경우가 발생하기도 한다. 현금과부족계정(cash short and over account)을 설정하여 부족액은 차변에 기록하고 잉여액은 대변에 기록한다. 이후 원인이 밝혀지면 해당계정으로 대체하고 결산기말까지 원인이 밝혀지지 않

으면 현금과부족은 일반적으로 중요한 금액이 아니기 때문에 잡이익(영업외수익)이나 잡손실(영업외비용)로 처리한다.

사례 7-3

① 2월 28일 2월분 소액현금요청서상 사용액은 428,000원, 현금보유액은 70,000원, 현금부족액이 2,000원(=500,000-428,000-70,000)이다. 소액현금 보충요청액은 430,000원(=500,000-70,000)이다.

〈보충 지급시〉

02/28	(차) 비용	428,000	(대) 당좌예금	430,000
	현금과부족	2,000		

② 3월 20일 소액현금부족액 2,000원이 여비교통비 지출액이 누락된 것으로 밝혀진 경우

〈원인 확인시〉

03/20	(차) 여비교통비	2,000	(대) 현금과부족	2,000

③ 소액현금부족액 2,000원이 결산기말까지 원인이 밝혀지지 않은 경우에는 중요성의 원칙에 따라 잡손실로 처리한다.

〈결산시〉

12/31	(차) 잡손실	2,000	(대) 현금과부족	2,000

사례 7-4

① 2월 28일 2월분 소액현금요청서상 사용액은 428,000원, 현금보유액은 75,000원, 현금잉여액이 3,000원이다. 소액현금 보충요청액은 425,000원(=500,000-75,000)이다.

〈보충 지급시〉

02/28	(차) 비용	428,000	(대) 당좌예금	425,000
			현금과부족	3,000

② 3월 20일 소액현금 잉여금액 3,000원은 복리후생비 지출액이 이중 계상된 것으로 밝혀 진 경우

〈원인 확인시〉

03/20	(차) 현금과부족	3,000	(대) 복리후생비 (비용의 취소)	3,000

③ 소액현금 잉여금액 3,000원이 결산기말까지 원인이 밝혀지지 않은 경우에는 중요성의 원칙에 따라 잡이익으로 처리한다.

〈결산시〉

12/31	(차) 현금과부족	3,000	(대) 잡이익	3,000

객관식

01 다음의 거래 중 현금의 총액에 변화가 없는 거래는 어느 것인가?

① 매출채권을 회수하는 과정에서 타인발행수표를 수취하였다.

② 회사 금고에 보관하고 있었던 자기앞수표를 현금으로 교환하였다.

③ 당좌수표를 발행하여 매입채무를 상환하였다.

④ 이자비용을 현금으로 지급하였다.

해설 ② 자기앞수표, 타인발행수표 등과 같은 통화대용증권도 현금으로 분류한다.

02 다음의 항목 중 현금및현금성자산에 포함될 금액은 얼마인가? (단위 : 원)

통화	100,000	차용증서	100,000
타회사 발행어음	100,000	수입인지	50,000
타회사 발행수표	100,000	우편환증서	50,000
선일자수표	50,000	자기앞수표	100,000

① 300,000 ② 350,000

③ 400,000 ④ 450,000

해설 ② 통화 + 타회사발행수표 + 우편환증서 + 자기앞수표
= 100,000 + 100,000 + 50,000 + 100,000 = 350,000
선일자수표와 타회사발행어음은 매출채권에 해당한다. 차용증서는 대여금에 해당한다. 수입인지나 우표 등은 금액이 큰 경우에는 선급비용(자산)으로 처리하고 그 금액이 적은 경우에는 구입 즉시 비용으로 처리한다.

03 다음 중 정확한 당좌예금계정 잔액을 구하기 위하여 은행계정조정표상 기업의 장부상 당좌예금잔액에 가산하는 항목은?

① 이자수익 ② 은행에 미기록된 회사측의 예금

③ 부도수표 ④ 은행수수료

해설 ①

04 다음의 항목 중 현금및현금성자산에 포함될 금액은 얼마인가? (단위 : 원)

통화	200,000	차용증서	100,000
타회사 발행어음	100,000	수입인지	50,000
타회사 발행수표	100,000	소액현금	50,000
선일자수표	50,000	배당금지급통지표	100,000

① 300,000

② 350,000

③ 400,000

④ 450,000

해설 ④ 통화 + 타회사발행수표 + 소액현금 + 배당금지급통지표
= 200,000 + 100,000 + 50,000 + 100,000 = 450,000

05 다음의 항목 중 현금및현금성자산에 포함될 금액은 얼마인가? (단위 : 원)

통화	150,000	보통예금	100,000
당좌예금	100,000	사용제한(5개월)된 예금	50,000
타회사 발행수표	100,000	소액현금	50,000
선일자수표	50,000	양도성예금증서(잔여만기 4개월)	100,000

① 500,000

② 450,000

③ 400,000

④ 350,000

해설 ① 통화 + 당좌예금 + 타회사발행수표 + 보통예금 + 소액현금
= 150,000 + 100,000 + 100,000 + 100,000 + 50,000 = 500,000

06 다음 중 현금및현금성자산에 포함되지 않는 것은?

① 정기예금(취득 당시 6개월 만기)

② 상환우선주(취득 당시 상환일까지 2개월 남음)

③ 양도성예금증서(취득 당시 만기까지 3개월 남음)

④ 일본거래처로부터 수령한 엔화현금

해설 ①

07 거래은행과 사전에 당좌차월계약을 체결한 후에 당좌예금잔액을 초과하여 발행한 수표의 금액은 재무상태표에 어떻게 보고되는가?

① 현금및현금성자산 ② 단기투자금융자산
③ 당좌개설보증금 ④ 단기차입금

해설 ④ 당좌차월은 단기차입금(유동부채)으로 분류한다. 단, 금융회사의 요구로 즉시 상환해야 하는 경우에는 현금및현금성자산의 금액에서 차감해야 한다.

08 다음의 항목 중 현금및현금성자산에 포함될 금액은 얼마인가? (단위 : 원)

우편환증서	350,000	약속어음	1,000,000
당좌예금(A은행)	2,150,000	당좌차월(B은행)	500,000
타인발행수표	1,000,000	소액현금	200,000
선일자수표	900,000	배당금지급통지표	100,000
취득시 만기가 2개월인 국채			700,000
보고기간 말로부터 만기가 4개월인 기업어음(CP)			800,000

① 5,000,000 ② 4,500,000
③ 4,000,000 ④ 3,500,000

해설 ② 현금 = 350,000 + 2,150,000 + 1,000,000 + 200,000 + 100,000 = 3,800,000
현금성자산 = 700,000
보고기간 말로부터 만기가 4개월인 기업어음(CP)은 단기투자금융자산으로 분류한다.

09 다음의 설명 중 옳은 것은?

① 사용이 제한된 현금도 현금및현금성자산으로 분류한다.
② 큰 거래비용 없이 현금으로 전환이 용이하거나 이자율변동에 따른 가치변동의 위험이 중요하지 않는 단기금융상품은 만기에 관계없이 현금성자산으로 분류할 수 있다.
③ 기말 현재 만기가 3개월 이내인 채권과 단기금융상품은 현금성자산으로 분류할 수 있다.
④ 소액현금의 부족액이 발생하면 일단 현금과부족계정의 차변에 기록하였다가 결산기말까지 원인이 밝혀지지 않으면 중요성의 원칙에 따라 잡손실로 처리한다

해설 ④

① 사용이 제한된 현금은 현금및현금성자산으로 분류할 수 없다.
② 큰 거래비용 없이 현금으로 전환이 용이하거나 이자율변동에 따른 가치변동의 위험이 중요하지 않은 단기금융상품으로서 취득일로부터 만기가 3개월 이내인 것은 현금성자산으로 분류할 수 있다.
③ 기말이 아닌 취득일 기준으로 만기가 3개월 이내이어야 한다.

10 다음의 설명 중 옳은 것은?

① A은행의 당좌예금과 B은행의 당좌차월은 서로 상계할 수 있으며 당좌차월이 당좌예금을 초과하면 초과액은 유동부채로 보고한다.
② 기업이 소액현금제도와 은행계정을 이용하는 것은 매출채권을 통제하고 관리하기 위한 것이다.
③ 기업이 당좌수표와 약속어음을 발행하여 교부하면 당좌예금의 감소로 처리하고, 타인발행당좌수표와 타인발행약속어음을 수령하면 현금으로 처리한다.
④ 기발행미인출수표는 은행계정조정표 작성시 은행측 잔액에서 차감한다.

해설 ④
① A은행의 당좌예금과 B은행의 당좌차월은 서로 상계할 수 없다.
② 기업이 소액현금제도와 은행계정을 이용하는 것은 현금을 통제하고 관리하기 위한 것이다.
③ 약속어음을 발행하여 교부하면 매입채무(지급어음)의 증가로 처리하고, 타인발행약속어음을 수령하면 매출채권(받을어음)으로 처리한다.

주관식

01 (주)고려는 당기 말 현재 다음과 같은 현금과 금융상품을 보유하고 있다. 현금및현금성자산으로 보고할 금액을 계산하시오.

① 타인발행당좌수표	1,000,000원	② 선일자수표	900,000원
③ 약속어음	2,000,000원		
④ 취득시 만기가 8개월인 기업어음		800,000원,	
⑤ 소액현금	400,000원	⑥ 당좌차월	500,000원(A은행)
⑦ 우편환증서	350,000원	⑧ 당좌예금	2,250,000원(B은행)

해설 현금및현금성자산 = 1,000,000 + 400,000 + 350,000 + 2,250,000 = 4,000,000

02 (주)고려는 20×1년 2월 28일 현재의 당좌예금계정과 은행이 보내온 2월의 거래내역서와 잔액확인서를 비교한 결과 다음과 같은 차이가 발견되었다.

> ① 2월 28일 현재 (주)고려의 당좌예금계정 잔액은 1,900,000원이고 은행 잔액증명서상의 잔액은 1,465,000원이다.
>
> ② 차이원인은 다음과 같이 확인되었다.
>
> ㉠ 2월 27일 (주)신라에게 매입채무 300,000원을 결제하기 위해 당좌수표를 발행하여 교부하였으나 (주)신라는 이를 지급은행에 지급제시하지 않았다.
>
> ㉡ 2월 28일 입금시킨 320,000원이 은행 업무 마감 후에 입금 처리되어 3월 1일 입금으로 처리되었다.
>
> ㉢ 2월 28일 고객이 판매대금 250,000원을 당좌계좌에 무통장 입금하였으나 기업에 통지되지 않았다.
>
> ㉣ 2월 27일 고객으로 받은 당좌수표 1,000,000원을 당좌계좌에 예입하였으나 부도처리 되어 은행은 동 수표금액을 기업의 당좌계좌잔액에서 차감하였다.
>
> ㉤ 2월 27일 은행수수료 20,000원과 차입금에 대한 이자비용 230,000원이 당좌계좌에서 인출되었으나 기업에 통지되지 않았다.
>
> ㉥ 2월 28일 정기예금에 대한 이자 45,000원이 당좌계좌에 입금되었으나 기업에 통지되지 않았다.
>
> ㉦ 2월 25일 기업은 은행에 600,000원을 예입하면서 60,000원으로 잘못 기록하였다.

물음

(1) 20×1년 2월 28일 현재의 은행계정조정표를 작성하라.

(2) 기업이 해야 할 수정분개를 하라.

해설 (1) 은행계정조정표 작성

은행계정조정표

(주)고려 20×1년 2월 28일 현재 (단위 : 원)

회사측		은행측	
1. 조정전잔액	1,900,000	1. 조정전잔액	1,465,000
2. 가산항목 :		2. 가산항목 :	
㉢ 미통지예금	250,000	㉡ 미기록예금	320,000
㉥ 이자수익	45,000		
㉦ 오류	540,000		
3. 차감항목		3. 차감항목	
㉣ 부도수표	(1,000,000)	㉠ 미결제수표	(300,000)
㉤ 은행수수료와 이자비용	(250,000)		
4. 조정후잔액	1,485,000	4. 조정후잔액	1,485,000

(2) 수정분개

㉢	(차)	당좌예금	250,000	(대)	매출채권	250,000
㉣	(차)	매출채권	1,000,000	(대)	당좌예금	1,000,000
㉤	(차)	지급수수료	20,000	(대)	당좌예금	250,000
		이자비용	230,000			
㉥	(차)	당좌예금	45,000	(대)	이자수익	45,000
㉦	(차)	당좌예금	540,000*	(대)	현금	540,000

* 600,000 - 60,000 = 540,000

08장

수취채권과 지급채무

학습목표

- ▶ 매출채권과 매출을 언제 인식하고 그 금액을 어떻게 측정하는지를 설명할 수 있다.
- ▶ 매입채무와 매입을 언제 인식하고 그 금액을 어떻게 측정하는지를 설명할 수 있다.
- ▶ 매출환입, 매출에누리, 매출할인의 개념을 구분하여 설명할 수 있다.
- ▶ 매입환출, 매입에누리, 매입할인의 개념을 구분하여 설명할 수 있다.
- ▶ 대손회계처리를 설명할 수 있다.

제 1 절 수취채권과 지급채무의 의의

1. 의의

기업은 기업 활동을 수행하는 과정에서 여러 종류의 채권과 채무, 즉 받을권리와 지급의무가 발생한다. 받을권리를 수취채권(receivable)이라 하고 지급의무를 지급채무(payable)라 한다.

주된 영업활동인 재화를 판매하거나 용역을 제공할 때 발생하는 받을권리를 매출채권(trade receivable)이라 하고, 기타의 활동에서 발생하는 받을권리를 비매출채권(non-trade receivable)이라 한다.

주된 영업활동인 재화와 용역을 매입할 때에 발생하는 지급의무를 매입채무(trade payable)이라 하고 기타 기업 활동에서 발생하는 지급의무를 비매입채무(non-trade payable)라 한다.

수취채권	주된 영업 활동	매출채권	외상매출금, 받을어음
	기타 활동	비매출채권	미수금, 대여금 등

지급채무	주된 영업 활동	매입채무	외상매입금, 지급어음
	기타 활동	비매입채무	미지급금, 차입금 등

매출채권은 외상매출금과 받을어음으로 구성된다. 주된 영업활동대상인 재화와 용역을 외상으로 판매한 경우에 발생하는 받을권리를 외상매출금(account receivable)이라 하고, 받을권리를 약속어음으로 수령한 경우 수령한 약속어음[1)]을 받을어음(note

1) 약속어음이란 발행인(채무자)이 수취인(채권자)에게 만기일에 일정한 장소에서 일정금액을 지급하기로 약속한 증서(유가증권)이다. 다시 말하면 만기일에 약속어음 소지인이 지정한 지급은행에 지급제시를 하고, 발행기업은 만기일 전에 지급은행에 어음대금을 예입하면 지급은행은 어음대금을 지급하는 제도이다. 만약, 약속어음 발행기업이 어음대급을 예입하지 못하면 지급은행은 지급을 하지 못하게 되는데 이런 경우를 부도라 한다. 약속어음을 발행하려는 기업은 당좌수표발행의

receivable)이라 한다.

비매출채권에는 미수금, 대여금 등이 있다. 미수금은 주된 영업활동대상인 재화나 용역 이외의 자산을 외상으로 판매한 경우의 받을권리를 말하고, 대여금은 돈을 빌려준 경우의 받을권리를 말한다.

매입채무는 외상매입금과 지급어음으로 구성된다. 재화를 외상으로 매입하는 경우의 지급의무를 외상매입금(account payable)이라 하고, 지급의무를 약속어음을 발행하여 결제한 경우, 이 때 교부한 약속어음을 지급어음(note payable)이라 한다.

비매입채무에는 미지급금, 차입금 등이 있다. 미지급금은 기업의 주된 영업활동대상인 재화나 용역 이외의 자산을 외상으로 매입한 경우의 지급의무를 말하고 차입금은 돈을 빌린 경우의 지급의무를 말한다.

재무상태표를 작성하는 경우에는 외상매출금과 받을어음은 매출채권으로 통합하여 표시하고, 외상매입금과 지급어음은 매입채무로 통합하여 표시하면 된다. 그리고 재무상태표일로부터 1년 이내에 또는 1영업주기 이내에 회수되거나 지급될 것으로 예상되는 수취채권과 지급채무는 각각 유동자산과 유동부채로 보고하며, 유동자산과 유동부채에 해당하지 않는 수취채권과 지급채무는 각각 비유동자산과 비유동부채로 분류한다.

2. 매출채권과 매입채무의 회계처리

매출채권은 판매자의 입장에서 받을권리이며, 반대로 매입채무는 매입자의 입장에서 지급의무를 나타낸다. 이하의 내용에서는 재고자산의 판매거래에서 발생하는 채권인 외상매출금이나 받을어음은 매출채권계정을 사용하여 회계처리하고, 재고자산 구매거

경우와 마찬가지로 은행과 약정을 맺고 당좌예금계정을 이용하여 어음을 발행·교부한다. 약속어음을 발행하는 목적에 따라 진성어음과 융통어음으로 분류한다.

㉠ 진성어음(상업어음, commercial notes) : 재화와 용역의 매매거래에서 발행 교부되는 약속어음을 진성어음이라 하며 매출채권과 매입채무에 포함될 수 있는 받을어음과 지급어음이 진성어음에 해당한다.

㉡ 융통어음(accommodation notes) : 자금을 융통할 목적으로 발행되는 어음을 말하며, 이 경우의 어음은 대여금과 차입금으로 표시한다.

래에서 발생하는 채무계정인 외상매입금과 지급어음은 매입채무계정을 이용하여 회계처리하기로 한다.

(1) 매출채권의 발생

매출채권 발생시 회계처리는 아래와 같다.

사례 8-1

(주)한국은 3월 2일 상품(원가 60,000, 매가 100,000)을 외상으로 판매하였다.

3/2	계속기록법 : (차) 매출채권	100,000	(대) 매출	100,000
	매출원가	60,000	상품	60,000
	재고실사법 : (차) 매출채권	100,000	(대) 매출	100,000

(2) 매입채무의 발생

매입채무 발생시 회계처리는 아래와 같다.

사례 8-2

(주)미국은 3월 2일 상품을 100,000에 외상으로 매입하였다.

3/2	계속기록법 : (차) 상품	100,000	(대) 매입채무	100,000
	재고실사법 : (차) 매입	100,000	(대) 매입채무	100,000

3. 매출환입, 매출에누리, 매출할인 (vs) (매입환출, 매입에누리, 매입할인)

상품을 판매한 이후에 하자가 발견된 경우에는 반품을 받으면서 판매대금을 반환(매출환입)해주거나 판매대금 중 일부를 감액(매출에누리)해주는 경우도 있다. 그리고 판매대금을 예정일보다 일찍 수령함으로써 일정 금액을 할인(매출할인)해주는 경우도 있다.

상품을 구매한 이후에 하자가 발견된 경우에는 반품하면서 구매대금을 반환(매입환출)하거나 구매대금 중 일부를 감액(매입에누리)받는 경우도 있다. 매출할인(sales discount)은 매출채권의 조기 회수를 위해 일정금액을 감액해 주는 금액으로 현금할인(cash discount)이라고도 부른다. 만약, 송장(invoice)에 명기된 신용조건이 "2/10, n/30"라면 그 의미는 "신용기간은 30일이지만 10일 이내에 입금하면 청구금액의 2%를 할인해 준다"라는 의미이고, 이는 판매대금을 미리 회수하는 대가로 일정액을 감액해 주는 것이다. 반대로 매입자의 입장에서는 매입할인(purchase discount)이라고 한다.

판매자는 매출에누리, 매출환입, 그리고 매출할인 등이 발생한 경우에 매출과 매출채권의 명목가액을 수정한다. 반대로 구매자는 매입에누리, 매입환출, 그리고 매입할인 등이 발생한 경우에 매입(재고실사법) 또는 상품(계속기록법)과 매입채무의 명목가액을 수정한다.

사례 8-3

판매자인 (주)한국은 4월 9일 (주)미국에게 판매상품의 경미한 하자를 이유로 판매대금 5,000,000원 (원가 4,000,000원)에 대해 100,000원을 감액해 주었다.

판매자 입장의 회계처리는 다음과 같다.

계속기록법 :	(차) 매출채권	5,000,000	(대) 매출	5,000,000
	(차) 매출원가	4,000,000	(대) 상품	4,000,000
	(차) 매출	100,000	(대) 매출채권	100,000
재고실사법 :	(차) 매출채권	5,000,000	(대) 매출	5,000,000
	(차) 매출	100,000	(대) 매출채권	100,000

매입자 입장의 회계처리는 다음과 같다.

계속기록법 :	(차) 상품	5,000,000	(대) 매입채무	5,000,000
	(차) 매입채무	100,000	(대) 상품	100,000
재고실사법 :	(차) 매입	5,000,000	(대) 매입채무	5,000,000
	(차) 매입채무	100,000	(대) 매입	100,000

사례 8-4

(주)한국은 3월 5일 (주)미국에 신용 판매한 상품 5,000,000원(100개×@50,000원)에 하자가 있어 3월 10일 반품(2개×@50,000원)을 받고 해당 판매대금 100,000원을 감액하였다. 해당 상품의 단위당 원가는 40,000원이다.

판매자 입장의 회계처리는 다음과 같다.

〈판매시〉

계속기록법 :	(차) 매출채권	5,000,000	(대) 매출	5,000,000
	(차) 매출원가	4,000,000	(대) 상품	4,000,000
재고실사법 :	(차) 매출채권	5,000,000	(대) 매출	5,000,000

〈반품시〉

계속기록법 :	(차) 매출	100,000	(대) 매출채권	100,000
	(차) 상품	80,000	(대) 매출원가	80,000
재고실사법 :	(차) 매출	100,000	(대) 매출채권	100,000

매입자 입장의 회계처리는 다음과 같다.

〈매입시〉

계속기록법 :	(차) 상품	5,000,000	(대) 매입채무	5,000,000
재고실사법 :	(차) 매입	5,000,000	(대) 매입채무	5,000,000

〈반품시〉

계속기록법 :	(차) 매입채무	100,000	(대) 상품	100,000
재고실사법 :	(차) 매입채무	100,000	(대) 매입	100,000

사례 8-5

(주)제주는 "2/10, n/30" 신용조건으로 판매하고 있다. 거래처에 청구한 외상판매대금 10,000,000원(할인 전)이 조기에 회수되어 판매대금의 2%인 200,000원을 할인해주었다.

판매자 입장의 회계처리는 다음과 같다.

〈회수시〉

(차) 현금	9,800,000	(대) 매출채권	10,000,000
매출	200,000		

매입자 입장의 회계처리는 다음과 같다.

〈지급시〉

계속기록법 :	(차) 매입채무	10,000,000	(대) 현금	9,800,000
			상품	200,000
재고실사법 :	(차) 매입채무	10,000,000	(대) 현금	9,800,000
			매입	200,000

4. 매입운임

매입운임의 회계처리는 상품의 매매계약시 소유권의 이전시기를 정하는 방법인 선적지인도기준과 도착지인도기준에 따라 다르다.

선적지인도기준(FOB shipping point)은 재화가 선적되는 시점에서 재화의 소유권이 구매자에게 이전되는 계약조건이고, 도착지인도기준(FOB destination)은 재화가 매입자에게 도착하는 시점에서 재화의 소유권이 구매자에게 이전되는 계약조건이다. 따라서 선적지인도기준으로 상품을 매입할 때 발생하는 운임은 매입자가 부담하여 구입하는 자산의 취득원가에 가산하고, 도착지인도기준으로 상품을 매입할 때 발생하는 운임은 판매자가 부담하여 판매비로 처리하면 된다.

사례 8-6

(주)미국은 3월 2일 도착지인도기준으로 상품을 판매하면서 운임 300,000원을 현금으로 지출하였다.

〈지급시〉

(차) 운반비 (판매비)	300,000	(대) 현금	300,000

사례 8-7

(주)한국은 3월 2일 선적지인도기준으로 상품을 매입하면서 운임 300,000원을 현금으로 지출하였다.

〈지급시〉

계속기록법 : (차) 상품	300,000	(대) 현금	300,000
재고실사법 : (차) 매입	300,000	(대) 현금	300,000

5. 운송중인 상품

상품을 선적지인도기준으로 매매하였다면 판매자가 상품을 선적한 시점에서 소유권이 이전되었기 때문에 운송중인 상품에 대해서 판매자는 매출채권을, 매입자는 매입채무를 인식해야 한다. 또한 매입자는 운송중인 상품을 자신의 재고자산에 포함시켜야 한다.

상품을 도착지인도기준으로 매매하였다면 구매자가 지정하는 도착지에 도착한 시점에서 소유권이 이전되기 때문에 운송중인 상품에 대해서 판매자는 매출채권을, 구매자는 매입채무를 인식해서는 안 된다. 판매자는 운송중인 상품을 자신의 재고자산에 포함시켜야 한다.

제 2 절 대손회계처리

매출채권 중 일부는 거래처의 부도 및 파산 등의 사유로 회수가 불가능하게 되는 경우가 있는데 이를 대손(bad debt)이라 한다. 대손은 판매라는 수익창출활동에 필연적으로 발생하는 것이기 때문에 이를 비용으로 계상해야 할 것이다. 언제 비용으로 계상하느냐와 얼마만큼을 비용으로 계상하느냐를 기준으로 대손에 관한 회계처리 방법에는 직접차감법과 충당금설정법이 있다.

1. 직접차감법

직접차감법(direct write-off method)은 대손이 실제 발생했을 때에 대손액을 비용(대손상각비)으로 인식하고 동시에 매출채권에서 직접 차감하는 방법이다. 이 방법은 대손이 실제로 발생될 때까지는 아무런 회계처리를 하지 않는다. 직접상각법은 현행 회계기준에서는 인정되지 않는다.

2. 충당금설정법

충당금설정법(allowance method)은 신용판매가 이루어진 회계연도 말의 결산시에 대손의 발생이 예상되는 금액을 합리적으로 추산하여 추산액을 비용(대손상각비)으로 계상하면서 대손충당금(손실충당금)을 설정하는 방법이다.

사례 8-8

(주)한국의 20×1년도 신용매출 자료와 기말 현재 회수하지 못한 매출채권 잔액을 분석한 결과 회수하지 못할 것으로 예상되는 금액은 1,000,000원으로 추정된다. 그러나 20×1년 12월 31일까지 실제 대손이 확정되지는 않았다.

〈결산시〉

(차) 대손상각비	1,000,000	(대) 대손충당금	1,000,000

사례 8-9

20×2년 3월 20일에 전기말 결산시 회수하지 못할 것으로 추정하였던 20×1년도에 발생한 매출채권 중에서 거래처의 파산으로 인하여 400,000원의 대손이 확정되었다.

〈대손확정시〉

(차) 대손충당금	400,000	(대) 매출채권	400,000

위 결산시 분개에서 대변에 사용된 대손충당금계정은 매출채권의 차감계정으로서 재무상태표에 보고되는 매출채권의 금액을 차감하는 효과를 초래한다. 실제로 대손이 확정되면 위 대손확정시 분개에서와 같이 매출채권을 대손충당금과 상계처리 한다.

충당금설정법에서는 재무상태표에 보고되는 매출채권도 실현가능가치(회수가능액)로 보다 충실하게 보고된다. 이러한 이유로 한국채택국제회계기준도 충당금설정법을 원칙으로 하고 있다.

재무상태표와 손익계산서에 보고하는 방법은 〈표 8-1〉과 같다.

표 8-1 충당금설정법에 의한 재무제표 표시방법

부분 재무상태표			부분 손익계산서	
매출채권	5,000,000		판매비와 관리비	
대손충당금	(500,000)[2]	4,500,000	대손상각비	300,000

대손예상액을 추산하는 경우에는 기말 현재의 매출채권잔액을 분석하여 그 금액을 추정하고 동 금액을 재무상태표에 보고될 대손충당금을 먼저 결정한다. 이렇게 결정된 대손충당금을 결산수정분개를 수행하기 직전의 총계정원장상 대손충당금의 잔액과 비교하여 추가적으로 인식할 대손충당금을 결정한다. 동시에 추가적으로 인식할 대손충당금의 금액만큼 대손상각비가 함께 증가하게 된다.

2) 한국채택국제회계기준은 매출채권을 순액(매출채권에서 대손충당금을 차감한 이후의 금액)으로 표시하고 그 내역을 주석으로 공시하는 방법도 허용한다.

대손상각비(I/S) = 결산기말 대손추산액 - 수정전 대손충당금 잔액(총계정원장)

위 식에서 제시된 대손추산액은 결산일 현재의 매출채권잔액 중에서 예상되는 대손총액, 즉 재무상태표에 보고되어야 하는 대손충당금을 의미하는 것이다. 이 방법은 앞서 언급한 것처럼 매출채권을 실현가능가치(회수가능액)로 평가하는데 충실한 방법이다.

사례 8-10

(주)한국의 20×1년 12월 31일 현재 수정전시산표상 매출채권잔액은 5,000,000원, 대손충당금잔액은 200,000원이다. 매출채권잔액을 분석한 결과 500,000원을 대손추산액으로 결정되었다.

〈결산시〉

12/31	(차) 대손상각비	300,000*	(대) 대손충당금	300,000

* 500,000(재무상태표에 보고될 금액) - 200,000(현재 수정전 금액) = 300,000

〈재무제표 표시〉

부분 재무상태표		
매출채권	5,000,000	
대손충당금	(500,000)*	4,500,000

* 대손충당금 = 대손추산액 = 500,000

부분 손익계산서	
판매비와 관리비	
대손상각비	300,000*

* 대손상각비 = 500,000 - 200,000 = 300,000

만일, 결산기말 대손추산액이 수정전 대손충당금 잔액에 미달하는 경우에는 대손충당금의 현재 수정전 잔액을 감소시키면서 부(-)의 대손상각비로 인식하면 된다.

사례 8-11

(주)한국의 20×1년 12월 31일 현재 수정전시산표상 매출채권잔액은 5,000,000원, 대손충당금잔액은 600,000원이다. 매출채권잔액을 분석한 결과 500,000원을 대손추산액으로 결정되었다.

〈결산시〉

12/31	(차) 대손충당금	100,000	(대) 대손상각비	100,000*

* 500,000(재무상태표에 보고될 금액) - 600,000(현재 수정전 금액) = (100,000)

제 3 절 기타유동자산과 기타유동부채

유동자산은 현금및현금성자산, 단기투자금융자산, 매출채권, 재고자산, 미수금, 선급금, 미수수익, 선급비용 등으로 구성되어 있고, 유동부채는 매입채무, 단기차입금, 미지급금, 선수금, 선수수익, 미지급비용, 당기법인세부채, 미지급배당금, 예수금 등으로 구성되어 있다.

1. 미수금과 미지급금

기업의 주된 영업활동인 재화의 판매나 용역의 제공 이외의 거래에서 발생하는 받을 권리를 미수금이라 하고, 반대로 지급의무를 미지급금이라 한다. 예를 들면 유형자산과 유가증권의 처분 혹은 취득과 관련하여 미수금과 미지급금이 발생한다. 재무상태표일로부터 1년(또는 1영업주기)내에 회수되거나 지급될 것으로 예상되는 미수금과 미지급금은 각각 유동자산과 유동부채로, 그렇지 않은 장기미수금과 장기미지급금은 비유동자산과 비유동부채로 각각 분류한다.

사례 8-12

(주)한국은 20×1년 6월 20일 토지(장부금액 : 2,000,000원)를 2,500,000원에 매각하고 대금은 2개월 후에 받기로 하였다. 매입자인 (주)미국은 취득세 등을 지급하기 위하여 150,000원의 현금을 지출하였다.

매각회사의 회계처리 : (주)한국

〈매각시〉

(차)	미수금	2,500,000	(대) 토지	2,000,000
			유형자산처분이익	500,000

* 자산의 매각대금이 장부금액을 초과하는 금액을 처분이익(영업외수익)이라 하며, 반대로 미달하는 금액은 처분손실(영업외비용)이라 한다.

매입회사의 회계처리 : (주)미국

〈매입시〉

(차) 토지	2,650,000*	(대) 미지급금	2,500,000
		현금	150,000

* 자산을 취득시 필수적으로 발생하는 추가지출액은 자산의 취득원가에 가산한다.

2. 대여금과 차입금

차용증서나 어음을 수령하고 현금을 대여한 경우의 받을권리를 대여금이라 하고, 차용증서나 어음을 발행 교부하고 현금을 차용한 경우의 지급의무를 차입금이라 한다.

재무상태표일로부터 1년(또는 1영업주기)내에 회수되거나 지급될 것으로 예상되는 단기대여금과 단기차입금은 각각 유동자산과 유동부채로, 그렇지 않은 장기대여금과 장기차입금은 비유동자산과 비유동부채로 각각 분류한다.

사례 8-13

(주)한국은 20×1년 7월 1일 어음을 발행하여 교부하고 (주)미국으로부터 2개월 만기 현금 1,000,000원을 차입하였다. 연이자율은 12%이다. 2개월 후 (주)한국은 원금과 이자를 현금으로 상환하였다.

대여회사 회계처리 : (주)미국

〈대여시〉

(차) 단기대여금	1,000,000*	(대) 현금	1,000,000

* (주)미국이 수령한 어음은 융통어음으로써 받을어음으로 처리하지 않고 단기대여금으로 처리한다.

〈회수시〉

(차) 현금	1,020,000	(대) 단기대여금	1,000,000
		이자수익	20,000*

* $1,000,000 \times 12\% \times (2/12) = 20,000$

차입회사 회계처리 : (주)한국

〈차입시〉

(차) 현금	1,000,000	(대) 단기차입금	1,000,000

* (주)한국이 발행 교부한 어음은 융통어음으로써 지급어음으로 처리하지 않고 단기차입금으로 처리한다.

〈상환시〉

(차) 단기차입금	1,000,000	(대) 현금	1,020,000
이자비용	20,000*		

* 1,000,000 × 12% × (2/12) = 20,000

3. 선급금과 선수금

기업의 주된 영업활동과 관련된 재화나 용역의 매입대금 일부를 미리 지급한 금액을 선급금이라 하고, 미리 수령한 금액은 선수금이라 한다.

재무상태표일로부터 1년(또는 1영업주기)내에 매입이나 매출로 전환이 예상되는 선급금과 선수금은 각각 유동자산과 유동부채로, 그렇지 않은 장기선급금과 장기선수금은 비유동자산과 비유동부채로 각각 분류한다.

사례 8-14

(주)한국은 20×1년 12월 10일 상품의 매입대금 500,000원을 (주)미국에 미리 지급하고 20일 후에 매입상품을 인도받기로 하였다. 20일 후 300,000원의 상품을 인도받았다.

매입회사 회계처리 : (주)한국 (재고실사법 가정)

〈선지급시〉

(차) 선급금	500,000	(대) 현금	500,000

〈인도시〉

(차) 매입	300,000	(대)선급금	300,000

판매회사 회계처리 : (주)미국

〈선수령시〉

(차) 현금	500,000	(대) 선수금	500,000

〈인도시〉

(차) 선수금	300,000	(대) 매출	300,000

4. 미수수익과 미지급비용

기중에 현금주의회계로 처리되어 있는 이자수익이나 임대료수익 등을 발생주의회계로 전환하는 과정에서 미수수익이 계상된다. 그리고 기중에 현금주의회계로 처리되어 있는 급여나 이자비용, 임차료 등을 발생주의회계로 전환하는 과정에서 미지급비용이 계상된다.

일반적으로 미수수익과 미지급비용은 1년(또는 1영업주기) 이내에 현금으로 회수되거나 현금으로 지급될 자산과 부채에 해당하므로 각각 유동자산과 유동부채로 분류한다.

5. 선급비용과 선수수익

기중에 현금주의회계로 처리되어 있는 보험료와 임차료 등을 발생주의회계로 전환하는 과정에서 선급비용이 계상된다. 그리고 기중에 현금주의회계로 처리되어 있는 이자수익, 임대료수익, 수수료수익 등을 발생주의회계로 전환하는 과정에서 선수수익이 계상된다.

일반적으로 선급비용과 선수수익은 1년(또는 1영업주기) 이내에 사용되거나 수익으로 전환될 자산과 부채에 해당하므로 각각 유동자산과 유동부채로 분류한다.

6. 예수금

예수금은 기업이 제3자에게 지급해야 할 금액을 판매처나 종업원으로부터 미리 받아 일시적으로 보관하는 경우에 사용하는 부채계정이다. 고객(판매처)으로부터 판매대금 회수시 원천징수하는 매출부가가치세와 종업원에게 급여를 지급하면서 원천징수하는 소득세, 건강보험료, 국민연금보험료 등을 처리하는 부채계정이다.

일반적으로 예수금은 1년(또는 1영업주기) 이내에 현금으로 지급될 부채로서 유동부채로 분류한다.

사례 8-15

(주)한국은 20×1년 9월 25일 총급여액 15,000,000원을 지급하면서 다음과 같이 1,270,000원을 원천징수하고 잔액을 현금으로 지급하였다. 원천징수액은 다음 달 10일에 전액 관계기관에 납부하였다.

급여지급내역서 :	소득세	850,000
	건강보험료와 국민연금보험료	420,000
	잔액	13,730,000

〈급여지급시〉

(차)	급여	15,000,000	(대) 현금	13,730,000
			소득세예수금	850,000
			건강보험료예수금등	420,000

〈납부시〉

(차)	소득세예수금	850,000	(대) 현금	1,270,000
	건강보험료예수금등	420,000		

7. 가지급금과 가수금, 미결산계정

가지급금과 가수금은 기업이 현금을 지출하였거나 수령하였으나 거래내용이나 처리할 계정 등이 미확정되었을 경우에 사용하는 임시계정이다. 이런 계정은 결산시까지 반드시 그 거래내용을 확인하여 적절한 계정으로 대체하여야 하고 재무제표에는 이런 임시계정이 나타나서는 안 된다.

사례 8-16

(주)한국은 9월 20일 판매사원인 홍길동에게 10일간의 해외출장에 사용할 자금 1,000,000원을 지급하였고, 9월 30일에 홍길동은 출장업무보고와 함께 정산에 필요한 경비사용내역서와 영수증 및 잔여 현금을 회사에 제출하였다.

경비사용명세서 : 여비교통비 300,000원, 접대비 250,000원, 식사대 300,000원, 잔액 150,000원

① 〈지급시〉	(차) 가지급금	1,000,000	(대) 현금	1,000,000
② 〈정산시〉	(차) 여비교통비	300,000	(대) 가지급금	1,000,000
	접대비	250,000		
	복리후생비	300,000		
	현금	150,000		

사례 8-17

(주)한국은 10월 12일 누가 입금하였는지를 알 수 없는 1,500,000원이 당좌계좌에 입금되었다는 것을 확인하였고 1개월 후에야 이것이 판매처인 (주)미국으로부터 입금된 판매대금으로 판명되었다.

① 〈입금시〉	(차) 당좌예금	1,500,000	(대) 가 수 금	1,500,000
② 〈확인시〉	(차) 가 수 금	1,500,000	(대) 매출채권	1,500,000

한편, 미결산계정이란 현금의 수입과 지출이 없고, 거래자체가 완료되지 않아 처리할 계정과목이나 금액이 미확정된 경우에 사용하는 임시계정이다. 예를 들어 건물이 화재

로 소실되어 보험회사에 보험금을 청구하였으나 아직 금액이 결정되지 않은 경우에 통상 사용한다.

사례 8-18

7월 10일 장부금액 800,000원의 건물이 화재로 소실되어 보험회사에 보험금을 청구하였다. 그리고 1개월 후에 현장조사를 마친 후 보험회사로부터 보험금을 1,000,000원으로 결정하였다는 통지를 받았다.

① 〈화재시〉	(차) 미결산	800,000	(대) 건물	800,000
② 〈통지시〉	(차) 미수금	1,000,000	(대) 미결산	800,000
			보험차익 (영업외수익)	200,000

8. 당기법인세부채와 미지급배당금

기업은 세법에 따라 산출한 과세소득에 대한 법인세 등을 국가에 납부해야 하며, 사업연도(회계연도) 종료일로부터 3개월 이내에 국세청에 신고·납부하도록 되어 있다. 따라서 법인세 등도 당해 연도 수익에 대한 비용으로서 수익비용대응원칙에 따라 비용으로 계상해야 한다. 기업은 결산기말에 법인세 등을 산출하여 분개시 차변에 법인세비용을 계상하고 대변에 당기법인세부채를 계상한다.

배당은 주주들이 불입한 자본금을 이용하여 영업활동을 수행하여 얻은 이익을 주주들에게 불입자본금의 보상대가로 지급하는 것을 말하며 주주총회 또는 이사회의 결의로 지급이 확정된다. 배당은 현금배당과 주식배당으로 나누며 현금배당은 현금으로 배당을 지급하는 것이고, 주식배당은 현금 대신 주식을 발행하여 교부하는 것을 말한다. 이 중 주주총회(또는 이사회) 결의 후 지급하지 않은 현금배당을 미지급배당금이라는 유동부채로 처리한다. 즉, 미지급배당금은 주주에 대한 현금배당액의 지급의무를 말한다.

[보론] 어음할인(매각거래)

어음의 소지인은 어음의 만기일 전에 자금을 융통할 목적으로 어음을 금융기관에 배서양도하고 할인료를 차감한 금액을 받는데 이를 받을어음의 할인(discounting)이라 한다. 어음 소지인은 할인한 어음이 만기일에 부도처리된다면 상환의무 등 대금지급에 대한 책임을 지게 된다.

받을어음의 할인은 어음에 대한 모든 권리와 의무가 할인해준 금융기관에 이전되느냐 이전되지 않느냐에 따라 매각거래와 차입거래로 구분한다.

받을어음의 할인을 매각거래로 분류하는 경우 할인료는 매출채권처분손실(영업외비용)로 처리하고 할인어음은 매출채권에서 직접 차감처리하며 할인어음 내역과 회계처리내용을 주석으로 공시한다.

〈무이자부어음〉

(주)한국은 20×1년 1월 10일 만기일 전에 자금을 융통할 목적으로 소지하고 있는 무이자부받을어음 3,000,000원(만기일 4월 10일)을 할인하고 연이자율 12%의 이자율로 계산한 할인료를 제외한 금액을 현금으로 받았다.

〈할인시〉	(차)	현금	2,910,000	(대) 받을어음	3,000,000
		매출채권처분손실 (영업외비용)	90,000*		

* 할인액 = 3,000,000 × 12% × (3/12) = 90,000

〈이자부어음〉

(주)한국은 20×1년 1월 10일 발행 후 1개월간 보유하고 있는 이자부받을어음 1,000,000원(이자율 : 12%, 만기 4개월)을 할인하고 할인율 16%로 계산한 할인료를 제외한 금액을 현금으로 수령하였다.

〈할인시〉 (차) 현금	998,400	(대) 받을어음	1,000,000
매출채권처분손실 (영업외비용)	11,600*	이자수익	10,000

* 어음의 만기금액 = 1,000,000 + 1,000,000 × 12% × (4/12) = 1,040,000
할인액 = 1,040,000 × 16% × (3/12) = 41,600
현금수령액 = 1,040,000 - 41,600 = 998,400
이자수익 = 1,000,000 × 12% × (1/12) = 10,000
매출채권처분손실 = 1,010,000(1,000,000 + 10,000) - 998,400 = 11,600

객관식

01 다음 중 유동부채로 분류되지 않는 것은?

① 선수수익 ② 유동성장기부채
③ 당기법인세부채 ④ 장기차입금

해설 ④ 장기차입금은 비유동부채이다.

02 대손충당금에 대한 다음의 설명 중 옳은 것은?

① 차변계정과목이다. ② 매출채권의 차감계정이다.
③ 포괄손익계산서에 표시된다. ④ 직접차감법에서 사용되는 계정이다.

해설 ② 대손충당금은 대변계정과목이며, 매출채권의 차감계정이고, 충당금설정법에서 나타난다.

03 (주)중문의 수정전 잔액시산표상 매출채권의 금액은 ₩1,000,000이며 이 금액 중에서 ₩50,000의 회수가능성은 매우 희박하다고 판단된다. 회사가 대손에 관한 결산수정분개를 누락했을 경우에 나타나는 결과로서 다음 중 옳지 않은 것은 어느 것인가? 단, 결산수정분개 전의 대손충당금 잔액은 없다고 가정한다.

① 비용 ₩50,000 과소계상
② 자산 ₩50,000 과소계상
③ 법인세비용차감전순이익 ₩50,000 과대계상
④ 대손충당금 ₩50,000 과소계상

해설 ② 다음과 같은 분개가 누락되었다. 따라서 비용의 과소계상과 매출채권(자산) 장부금액의 과대계상이 초래된다.

(차) 대손상각비	50,000	(대) 대손충당금	50,000

04 수정전 잔액시산표상 매출채권은 ₩150,000이고 대손충당금은 ₩3,000이다. 회계담당자가 합리적으로 추정한 대손예상액이 ₩10,000인 경우에 결산수정분개 후 매출채권의 장부금액은 얼마인가?

① ₩137,000 ② ₩140,000
③ ₩143,000 ④ ₩147,000

해설 ② 매출채권의 장부금액 = 150,000 − 10,000 = 140,000

05 다음의 자료를 이용하여 결산수정분개에 계상되는 대손상각비의 금액을 계산하면 얼마인가?

> • 대손충당금 기초잔액은 ₩10,000이다.
> • 당기에 매출채권 ₩4,000이 대손으로 처리되었다.
> • 대손으로 처리했던 매출채권 중 ₩2,000이 회수되었다.
> • 기말시점에서의 대손예상액은 ₩11,000으로 추정된다.

① ₩2,000　　② ₩3,000
③ ₩4,000　　④ ₩5,000

해설 ② 결산수정분개 직전 대손충당금 잔액 = 10,000−4,000 + 2,000 = 8,000
결산수정분개 후 대손충당금 잔액이 ₩11,000이 되어야 하므로 다음과 같은 결산수정분개가 필요하다.

(차) 대손상각비	3,000	(대) 대손충당금	3,000

06 (주)대정이 기말 현재 보유하고 있는 매출채권의 총액은 ₩800,000이다. 이 금액 중 거래처 파산으로 인하여 매출채권 ₩50,000을 제거하였다. 기말시점의 매출채권 잔액과 관련하여 합리적으로 추정한 대손예상액은 ₩46,000이다. 결산수정분개 반영 후 매출채권의 장부금액은 얼마인가?

① ₩704,000　　② ₩750,000
③ ₩754,000　　④ ₩790,000

해설 ① 800,000 − 50,000 − 46,000 = 704,000

07 (주)함덕의 대손충당금계정 기초잔액은 ₩50,000이며 당기 중에 대손으로 확정된 금액은 ₩20,000이었다. 결산수정분개시 대손상각비로 계상된 금액이 ₩70,000이고, 당기말 매출채권의 장부금액이 ₩850,000이라고 할 때, 기말 시점의 재무상태표에 보고되는 대손충당금을 차감하기 전의 매출채권 금액은 얼마인가?

① ₩800,000　　② ₩850,000
③ ₩900,000　　④ ₩950,000

해설 ④ 결산수정분개 반영 후 대손충당금 잔액 = 50,000 − 20,000 + 70,000 = 100,000
따라서 대손충당금을 차감하기 전의 매출채권 = 850,000 + 100,000 = 950,000

08 12월말 결산법인인 (주)테마의 기초 매출채권 잔액은 100,000원이며, 기초 대손충당금 잔액은 10,000원이었다. 5월 말에 매출채권 중 30,000원이 대손처리되었다. 이 경우 다음 중 알맞은 회계처리는 어느 것인가?

① (차)	대손충당금	10,000	(대) 매출채권	30,000
	대손상각비	20,000		
② (차)	대손충당금	10,000	(대) 매출채권	30,000
	대손충당금환입	20,000		
③ (차)	대손충당금	10,000	(대) 매출채권	30,000
	매출채권처분손실	20,000		
④ (차)	감가상각비	30,000	(대) 매출채권	30,000

해설 ① 대손이 확정되면 우선 대손충당금 잔액과 상계한다. 대손충당금 부족분에 대해서는 대손상각비로 처리하면 된다.

09 (주)경기의 기초 대손충당금 잔액은 50,000원이며, 기말 매출채권의 잔액은 1,000,000원이었다. 기말 매출채권잔액에 대한 대손예상액은 60,000원이었다. 결산수정분개를 하는 과정에서 대손상각비가 30,000원이 계상되었다고 할 때, 기중에 대손으로 확정된 매출채권의 금액은 얼마인가?

① 10,000원
② 20,000원
③ 30,000원
④ 40,000원

해설 ②

대손충당금

매출채권(대손)	20,000	전기이월	50,000
차기이월	60,000	대손상각비	30,000

10 (주)서울은 제11기 회계기간 중에 매출채권 900,000원을 대손처리하였다. 이 당시 대손충당금 잔액은 200,000원 밖에 없었다. 이 거래가 유동자산과 법인세비용차감전순이익에 어떠한 영향을 미치는가?

① 유동자산 200,000원 감소, 법인세비용차감전순이익 200,000원 감소
② 유동자산 500,000원 감소, 법인세비용차감전순이익 500,000원 감소
③ 유동자산 700,000원 감소, 법인세비용차감전순이익 700,000원 감소
④ 유동자산 불변, 법인세비용차감전순이익 불변

해설 ③ 위의 사건을 분개로 나타내면 아래와 같다.

(차)	대손충당금	200,000	(대) 매출채권	900,000
	대손상각비	700,000		

결과적으로 유동자산의 장부금액 700,000원 감소하고, 법인세비용차감전순이익 700,000원 감소한다. 대손충당금은 자산차감계정이다.

주관식

01 12월말 결산법인인 (주)한국의 20×1년 12월 31일 현재 재무상태표상 매출채권잔액은 5,000,000원이며, 대손충당금잔액은 500,000원이다. 20×2년 3월 20일 거래처의 부도로 인하여 매출채권 400,000원을 실제로 받을 수 없게 되었다. 20×2년 6월 10일 대손처리된 채권 중 150,000원을 현금으로 회수하였다. 20×2년 12월 31일 현재 수정전시산표상 매출채권잔액은 6,000,000원이다. 동 매출채권 중 대손추산액은 600,000원이다. 20×2년의 각 일자별로 적절한 회계처리를 제시하시오.

해설 (1) 대손확정시

대손발생액을 대손충당금과 상계 처리하되 대손발생액이 대손충당금 잔액을 초과하는 경우에는 초과액은 즉시 대손상각비로 처리한다.

〈대손확정시〉	(차) 대손충당금	400,000	(대)	매출채권	400,000

〈총계정원장〉

대손충당금(20×2.03.20)

	차변		대변	
〈대손발생액〉	03/20 매출채권	400,000	전기이월	500,000
			대변잔액	100,000

(2) 과거에 대손처리한 매출채권을 회수하게 된 경우

대손확정시 대손충당금을 제거하였으므로 대손처리되었던 매출채권이 회수되었다면 제거되었던 대손충당금을 회복시키는 회계처리를 한다.

〈회수시〉	(차)	매출채권	150,000	(대)	대손충당금	150,000
		현금	150,000		매출채권	150,000
혹은	(차)	현금	150,000	(대)	대손충당금	150,000

〈총계정원장〉

	차변		대변		
〈대손발생액〉	03/20 매출채권	400,000	전기이월	500,000	
			06/10 현금	150,000	〈상각채권회수액〉
	차변합계	400,000	대변합계	650,0000	
			대변잔액	250,000	

(3) 기말 대손추정시

대손추산액은 당기말 현재 매출채권잔액 중 못 받을 것으로 추산되는 총 금액으로 이미 계상되어 있는 대손충당금과 비교하여 부족액은 추가로 설정한다.

〈결산시〉 (차) 대손상각비 350,000* (대) 대손충당금 350,000

* 600,000 - 250,000 = 350,000

〈총계정원장〉

대손충당금(20×2.12.31)

차변	금액	대변	금액
03/20 매출채권	400,000	전기이월	500,000
(당기말 대손추산액)		06/10 현금	150,000
차기이월	600,000	대손상각비	350,000
차변합계	1,000,000	대변합계	1,000,000

↓

재무상태표의 대손충당금 : 600,000

대손상각비

차변	금액	대변	금액
12/31 대손충당금	350,000	집합손익	350,000
대변합계	350,000	대변합계	350,000

↓

손익계산서의 대손상각비 : 350,000

09장

재고자산

학습목표

- ▶ 재고자산관리시스템과 원가흐름가정의 적용방법을 설명할 수 있다.
- ▶ 재고자산금액의 오류가 재무상태와 경영성과에 미치는 영향을 설명할 수 있다.
- ▶ 감모손실과 평가손실의 회계처리 방법과 재무제표보고 방법을 설명할 수 있다.
- ▶ 추정에 의해 재고자산의 금액을 결정하는 방법을 설명할 수 있다.

제 1 절 재고자산의 의의

재고자산((inventory)은 영업활동과정에서 판매를 위하여 보유중인 상품, 판매를 목적으로 생산된 제품과 반제품, 판매를 목적으로 생산중인 재공품, 그리고 생산과정이나 용역제공에 사용될 원재료나 소모품 등을 말한다.

자산을 분류할 때는 그 자산을 보유하는 목적에 따라 분류한다는 사실에 유의해야 한다. 예를 들어, 영업활동에 사용할 목적으로 토지나 건물을 보유하고 하고 있다면 유형자산으로 분류되지만, 부동산매매기업이 매매목적으로 보유중인 토지나 건물은 재고자산으로 분류된다. 마찬가지로 자동차제조회사의 경우에도 판매목적의 차량은 재고자산으로 분류되지만, 사용할 목적으로 보유하고 있는 차량은 유형자산으로 분류된다. 그리고 일반 기업이 임대수익이나 시세차익을 목적으로 보유하고 있는 부동산은 투자부동산으로 분류된다.

본 장에서는 상품매매기업의 재고자산인 상품에 대해서 살펴본다. 상품은 판매되면 판매가격만큼 매출이라는 수익을 발생시키고 동시에 판매된 상품의 원가는 매출원가라는 비용으로 전환된다. 그 과정을 흐름도로 나타내면 [그림 9-1]과 같다.

그림 9-1 상품흐름도

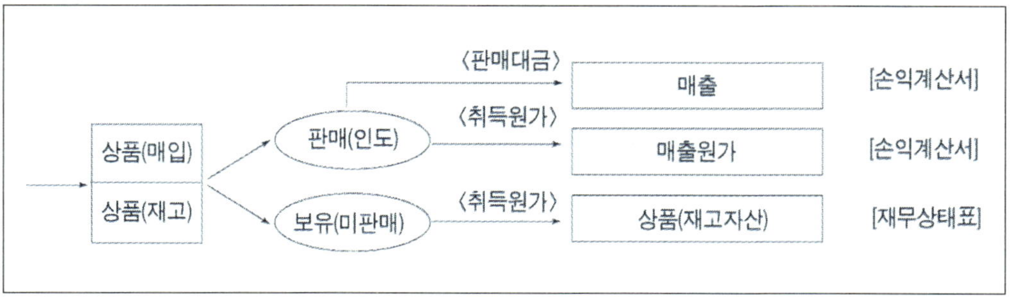

제 2 절 재고자산금액의 결정과 재고자산 오류의 영향

1. 단위당 취득원가의 결정

자산의 취득원가는 그 자산을 취득하기 위하여 지출한 대가로 정의하는 것이 일반원칙인데 이에 따르면 재고자산의 취득원가에는 매입액에 매입운임 등 매입부대원가가 가산된다. 그리고 매입액에 영향을 미치는 매입에누리와환출, 매입할인이 있으면 이들을 차감한 금액이 취득원가가 된다. 따라서 단위당 취득원가는 전체 취득원가를 매입수량으로 나눈 금액이 된다.

> 취득원가 (당기매입원가) = 총매입액 + 매입부대원가 - 매입에누리와환출 - 매입할인

> 단위당 취득원가 = 취득원가 ÷ 매입수량

사례 9-1 단위당 취득원가의 계산

(주)한국은 2월 10일 상품을 5,000,000원(1,000개)에 매입하였고, 매입에누리와환출은 500,000원(100개)이었다. 매입조건은 선적지인도기준으로 매입운임 720,000원을 지출하였다. 2월 10일 매입상품의 단위당 취득원가는 얼마인가?

해설
① 취득원가 = 5,000,000 - 500,000 + 720,000 = 5,220,000원
② 매입수량 = 1,000 - 100 = 900개
③ 단위당 취득원가 = 5,220,000 ÷ 900 = @5,800원

2. 재고수량과 매입원가의 결정

(1) 재고수량의 결정

재고수량을 결정하기 위해서는 먼저 상품에 포함될 항목을 결정해야 하고 그 다음 수량을 파악하는 방법을 결정해야 한다.

1) 기말상품재고액에 포함될 항목

기업의 창고에는 없지만 매입조건이나 판매조건에 따라서 재무상태표에 보고될 재고자산에 포함시켜야 하는 것이 있다. 예를 들면, 매입 후 운송 중인 상품[1], 판매 후 운송 중인 상품[2], 위탁판매의 경우에 판매되지 않고 수탁자가 보유하고 있는 적송품(위탁상품)[3], 시용판매인 경우에 매입의사표시가 되지 않은 시송품[4], 조건부판매 등 특별판매계약에 따라 인도되었지만 판매되지 않은 상품 등은 기말재고자산에 포함되어야 한다.

사례 9-2 기말상품재고액에 포함될 항목

(주)한국은 기초상품재고액 5,000,000원을 보유하고 있었고, 당기에 8,500,000원의 상품을 매입하였다. 결산기말 현재 상품보관창고를 실제 조사한 결과 기말상품재고액은 3,000,000원이었다. 아래에 제시된 추가정보를 고려하여 결산기말 현재의 정확한 기말상품재고액과 매출원가를 계산하시오.

[자료-1] 당기 중 (주)서울에 500,000원의 상품을 인도하고 판매를 위탁하였으나 결산기말 현재 전액 판매되지 않았다.
[자료-2] 상품 350,000원은 도착지인도기준으로 매입계약을 체결한 것으로 결산기말 현재 도착하지 않았다.

1) 선적지인도조건(F.O.B. shipping point)으로 매입한 경우에는 선적된 시점에 소유권이 구매자에게 이전되었으므로 구매자의 재고자산에 포함된다.
2) 도착지인도조건(F.O.B. destination)으로 판매한 경우에는 소유권이 아직 구매자에게 이전되지 않았으므로 판매자의 재고자산에 포함된다.
3) 수탁자가 보관하고 있는 적송품은 제3자의 고객에게 판매되기 전까지는 위탁자의 재고자산에 포함된다.
4) 시송품은 구매자가 구매의사표시를 하기 전까지는 판매자의 재고자산에 포함된다.

[자료-3] 상품 400,000원을 선적지인도기준으로 매입계약을 체결한 것으로 결산기말 현재 운송 중에 있다.
[자료-4] (주)고려에 시용 판매한 상품 250,000원(판매가격) 중 결산기말 현재 매입의 사표시가 안된 것이 50%이다. 시용판매한 상품의 원가는 판매가격의 80%이다.

해설 ① 기말상품재고액

내역	기말상품재고액	비고
실제로 조사한 기말상품	3,000,000	
위탁품(적송품)	500,000	
운송중인 미착품	400,000	선적지인도기준의 미착품
시송품	100,000	(250,000×80%)×50%
합계	4,000,000	

② 매출원가 = 기초상품재고액 + 당기매입원가 − 기말상품재고액
= 5,000,000 + 8,500,000 − 4,000,000 = 9,500,000

2) 계속기록법, 실지재고조사법, 병행법

계속기록법은 상품재고장이라는 보조장부를 비치하여 상품의 입출수량을 기록 관리하는 방법으로 장부기록으로 재고수량을 파악하는 방법이고, 재고실사법은 실제 창고조사를 통하여 재고수량을 파악하는 방법이다. 병행법(수정된 재고실사법)은 계속기록법과 실지재고조사법을 동시에 사용하는 방법으로 상품재고장에서 장부상 재고수량을 파악하고 실지 재고조사를 통하여 실제 수량을 파악한 다음 이를 비교하여 재고를 관리하는 방법이다. 실무적으로는 대부분 병행법을 사용한다.

(2) 단위당 매입원가의 결정

기말상품재고액 또는 매출원가에 적용될 단위당 매입원가를 결정하기 위해 원가흐름가정(cost flow assumption)이 필요하다. 원가흐름가정에는 개별법, 선입선출법, 후입선출법, 평균법(총평균법과 이동평균법) 등이 있다. 후입선출법은 한국채택국제회계기준에서 인정되지 않지만 비교학습을 목적으로 함께 소개한다.

1) 개별법

개별법(specific identification method)[5]은 개별상품 각각에 대하여 단위당 매입원가를 직접 확인한 후 판매된 상품과 기말재고상품에 적용하여 매출원가와 기말상품재고액을 산출하는 방법으로 실물흐름과 완전히 일치하는 방법이다. 귀금속, 모피코트, 자동차, 특별주문품 등 수량은 적으면서 상대적으로 단위당 매입원가가 고가인 상품에 적합한 방법이다.

2) 선입선출법

선입선출법(first-in, first-out method, FIFO)은 시간적으로 앞서 매입된 상품이 먼저 판매된다고 가정하여 단위당 원가를 적용한 후 매출원가와 기말상품재고액을 결정하는 방법이다. 이렇게 되면 가장 최근에 구매한 상품의 원가가 기말상품재고액을 계산하는데 적용된다. 따라서 선입선출법이라는 원가흐름가정을 적용하면 매출원가라는 비용은 과거의 원가로 구성되는 반면에 매출이라는 수익은 최근의 판매가격으로 구성되기 때문에 수익과 비용의 적절한 대응이 이루어지지 못한다는 단점이 있다.

선입선출법의 원가흐름 가정을 적용하면 재무상태표에 보고되는 기말상품재고자산은 기말시점의 적절한 가치를 반영하는 현행원가[6]로 계상될 수 있다는 장점이 있다.

3) 후입선출법

후입선출법(last-in, first-out method, LIFO)은 최근에 매입된 상품이 먼저 판매된다고 가정하여 단위당 원가를 적용한 후 매출원가와 기말상품재고액을 결정하는 방법이다. 따라서 후선입선출법이라는 원가흐름가정을 적용하면 매출원가라는 비용이 최근의 원가로 구성되면서 매출이라는 수익도 최근의 판매가격으로 구성되기 때문에 수익과 비용의 적절한 대응이 이루어진다는 장점이 있다.

5) 통상적으로 상호 교환될 수 없는 재고자산의 원가와 특정 프로젝트별로 생산되고 분리가능한 재화 또는 용역의 원가는 개별법을 적용하여 단위당 원가를 결정한다.
6) 투입개념의 시가라고 이해하면 된다. '지금 당장 구매한다면 얼마(현행원가)에 구입할 수 있을까'를 떠올리면 쉽게 이해할 것이다.

후입선출의 원가흐름을 적용하면 재무상태표에 보고될 기말재고자산은 기말시점의 적절한 가치를 반영하지 못하는 과거원가로 계상된다는 단점이 있다. 한국채택국제회계기준에서는 후입선출법을 인정하지 않는다.

4) 가중평균법(총평균법과 이동평균법)

가중평균법(weighted average method)은 기초상품과 당기매입상품이 평균적으로 판매된다고 가정하고 평균원가를 이용하여 기말상품재고액과 매출원가를 결정하는 방법이며 실무적으로 가장 많이 사용하는 방법이다.

재고실사법과 함께 적용하는 평균법은 총평균법이고, 계속기록법과 함께 적용하는 평균법은 이동평균법이다.

3. 재고자산오류의 영향

재고자산이 과대계상 또는 과소계상되거나 누락될 경우 재무제표에 미치는 영향에 대해 분석해 보자.

기말상품재고액이 증가하면 매출원가는 감소하고, 당기순이익은 증가한다는 사실을 아래의 등식에서 확인할 수 있다.

매 출 원 가 = 기초상품재고액 + 당기매입원가 − 기말상품재고액
매출총이익 = 매출 − 매출원가

따라서 기말상품재고액의 오류는 매출총이익의 오류를 거쳐서 당기순이익의 오류로 직결된다는 사실을 알 수 있다. 당기 기말상품재고액의 오류가 당기의 재무상태와 경영성과에 미치는 영향을 요약하면 〈표 9−1〉과 같다.

표 9-1 기말상품재고액의 오류가 당기 재무상태 및 경영성과에 미치는 영향

기말재고자산	매출원가	순이익	자산총계	유동비율	(순)운전자본[7]
과대계상	→ 과소계상	→ 과대계상	→ 과대계상	→ 과대계상	→ 과대계상
과소계상	→ 과대계상	→ 과소계상	→ 과소계상	→ 과소계상	→ 과소계상

특정 회계기간의 기말재고자산 오류는 해당 회계기간을 포함한 두 회계기간이 종료(장부마감)되면 그 효과가 자동 상쇄된다. 이런 오류를 자동조정오류(counter-balancing error)라 한다.

제 3 절 원가흐름가정의 적용 사례

〈표 9-2〉의 자료를 적용하여 계속기록법과 실지재고조사법 하에서 선입선출법, 후입선출법, 가중평균법에 의한 매출원가와 기말상품재고액을 산출해 보자. 이 자료에서 매입시점별로 단위당 매입원가가 상승하고 있다는 점에 유념하자.

표 9-2 매입과 매출거래 자료

다음은 (주)한국의 20×1년도 상품의 매입과 매출에 관련된 자료이다. 기말상품재고의 수량은 500개이다.

일자	거래	수량	단위당 매입원가(판매단가)	재고
1월 01일	전기이월	100개	매입원가 @8,000원	100개
3월 10일	매입	500개	매입원가 @10,000원	600개
5월 10일	판매	200개	판매가격 @15,000원	400개
7월 20일	매입	400개	매입원가 @12,000원	800개
9월 30일	판매	300개	판매가격 @18,000원	500개

7) 운전자본(또는 순운전자본)은 유동자산에서 유동부채를 차감하여 계산된다.

기초상품재고액 :	1/01	100개	× @8,000원	=	800,000
당기매입액 :	3/10	500개	× @10,000원	=	5,000,000
	7/10	400개	× @12,000원	=	4,800,000
	소계	900개			9,800,000
판매가능액	합계	1,000개			10,600,000

1. 계속기록법하의 선입선출법

선입선출법은 순서상 먼저 매입된 상품이 먼저 판매된다고 가정하고 판매수량과 기말재고수량에 적용할 단위당 원가를 결정하는 방법이다. 계속기록법에서는 매출원가와 기말재고자산 중 매출원가의 금액이 먼저 결정된다. 즉, 계속기록법에서는 판매가 이루어지면 상품재고장을 참조하여 우선 매출원가를 산출한 후 동시에 매출원가에 대한 회계처리를 수행한다. 계속기록법하에서 선입선출법을 적용한 상품재고장은 〈표 9-3〉과 같이 작성된다.

표 9-3 계속기록법하에서 선입선출법을 적용한 상품재고장

상품재고장

상품명 : 지우개 (단위 : 원)

일자	적요	입고(매입)			출고(판매)			재고(보유)		
		수량	원가	금액	수량	원가	금액	수량	원가	금액
1/01	전기이월	100	8,000	800,000				100	8,000	800,000
3/10	매입	500	10,000	5,000,000				100 500	8,000 10,000	800,000 5,000,000
5/10	매출				100 100	8,000 10,000	800,000 1,000,000	400	10,000	4,000,000
7/20	매입	400	12,000	4,800,000				400 400	10,000 12,000	4,000,000 4,800,000
9/30	매출				300	10,000	3,000,000	100 400	10,000 12,000	1,000,000 4,800,000
합계		1,000		10,600,000	500		4,800,000	500		5,800,000

상품재고장에서 매출원가를 확인한 다음에 아래의 산식에 의하여 기말상품재고액을 계산할 수 있다. 계속기록법을 적용하였으므로 매출원가를 기말상품재고액보다 먼저 계산한다는 점에 유의하자.

① 매출원가=(100×@8,000)+(100×@10,000)+(300×@10,000)
=800,000+1,000,000+3,000,000
=4,800,000

② 기말상품재고액=(기초상품재고액+당기매입액)−매출원가
=판매가능상품금액−매출원가
=10,600,000−4,800,000
=5,800,000

2. 재고실사법하의 선입선출법

재고실사법에서는 기말재고자산과 매출원가 중 기말재고자산의 금액이 먼저 결정된다. 즉, 재고실사법에서는 실사를 통해서 기말재고자산을 먼저 결정한 이후에 그 기말재고자산의 금액을 이용하여 매출원가를 산정하기 위한 결산수정분개를 거친 후 매출원가를 결정할 수 있다.

기말상품재고액과 매출원가를 계산하면 아래와 같다. 재고실사법을 적용하였으므로 기말상품재고액을 매출원가보다 먼저 결정한다는 점에 유의하자.

① 기말상품재고액=400×@12,000+100×@10,000
=5,800,000

② 매출원가=(기초상품재고액+당기매입액)−기말상품재고액
=판매가능상품금액−기말상품재고액
=10,600,000−5,800,000
=4,800,000

선입선출법을 적용하면 기말상품재고는 가장 최근에 구입한 상품의 순서대로 재고층(inventory layer)이 형성되기 때문에 가장 최근의 시장가격을 반영하여 재무상태표에 보고되며, 매출원가는 먼저 구입한 상품의 순서대로 단가를 적용하다보니 과거의 원가가 반영된다. 물가가 상승하고 있는 인플레이션 상황에서는 상대적으로 많은 순이익을 보고하게 되어 세금부담이 많아져 기업의 현금흐름에 부담을 줄 수도 있다.

한편, 위의 사례에서 확인되는 바와 같이 원가흐름가정 중에서 선입선출법을 적용하면 재고실사법에서의 매출원가와 계속기록법에서의 매출원가가 서로 동일한 금액이 되고, 또한 재고실사법에서의 기말상품재고액이 계속기록법에서의 기말상품재고액과 서로 동일한 금액이 된다.

3. 계속기록법하의 후입선출법

후입선출법은 순서상 최근에 매입한 상품이 우선 판매된다고 가정하여 판매수량과 기말재고수량에 적용할 단위당 원가를 결정하는 방법이다. 계속기록법하에서 후입선출법을 적용한 상품재고장은 〈표 9-4〉와 같이 작성된다.

표 9-4 계속기록법하에서 후입선출법을 적용한 상품재고장

상품재고장

상품명 : 지우개 (단위 : 개, 원)

일자	적요	입고(매입)			출고(판매)			재고(보유)		
		수량	원가	금액	수량	원가	금액	수량	원가	금액
1/01	전기이월	100	8,000	800,000				100	8,000	800,000
3/10	매입	500	10,000	5,000,000				100 500	8,000 10,000	800,000 5,000,000
5/10	매출				200	10,000	2,000.000	100 300	8,000 10,000	800,000 3,000,000
7/20	매입	400	12,000	4,800,000				100 300 400	8,000 10,000 12,000	800,000 3,000,000 1,200,000

일자	적요	입고(매입)			출고(판매)			재고(보유)		
		수량	원가	금액	수량	원가	금액	수량	원가	금액
9/30	매출				300	12,000	3,600,000	100 300 100	8,000 10,000 12,000	800,000 3,000,000 1,200,000
합계		1,000		10,600,000	500		5,600,000	500		5,000,000

상품재고장에서 매출원가를 확인한 다음에 아래의 산식에 의하여 기말상품재고액을 계산할 수 있다. 계속기록법을 적용하였으므로 매출원가를 기말상품재고액보다 먼저 계산한다는 점을 거듭 강조한다.

① 매출원가=(200×@10,000)+(300×@12,000)
=2,000,000+3,600,000
=5,600,000

② 기말상품재고액=(기초상품재고액+당기매입액)－매출원가
=판매가능상품금액－매출원가
=10,600,000－5,600,000
=5,000,000

후입선출법을 적용하면 기말상품재고액은 과거에 구입한 상품의 순서대로 재고층(inventory layers)이 형성되기 때문에 과거가격을 반영한다. 반면에 매출원가는 최근에 구입한 상품의 순서대로 단위당 원가를 적용하므로 최근의 원가가 반영된다.

따라서 후입선출법을 적용하면 재무상태표의 기말상품재고액은 과거원가로 보고되고, 손익계산서의 매출원가는 최근원가로 보고된다. 특히 물가가 상승하고 있는 인플레이션 상황에서는 상대적으로 적은 순이익을 보고하게 되고 세금부담이 줄어들어 절세의 수단으로 사용되기도 한다.

4. 재고실사법하의 후입선출법

실지재고조사 결과로 확인된 기말상품수량이 500개라고 하면, 판매수량은 500개(=100개+900개−500개)가 된다.

후입선출법은 최근에 매입한 것을 먼저 판매하고 과거에 매입한 것이 재고로 남아 있다고 가정하므로 기말상품 500개 중 100개는 맨 먼저 매입한 전기이월상품(매입원가 @8,000원)이고, 나머지 400개는 3월 10일 매입한 500개(매입원가 @10,000원) 중에서 남아 있는 것이 된다.

기말상품재고액과 매출원가의 계산결과를 요약하면 다음과 같다. 재고실사법이므로 기말상품재고액을 매출원가보다 먼저 계산한다는 점에 유의하자.

① 기말상품재고액=100×@8,000+400×@10,000
=4,800,000

② 매출원가=(기초상품재고액+당기매입액)−기말상품재고액
=판매가능상품금액−기말상품재고액
=10,600,000−4,800,000
=5,800,000

5. 계속기록법하의 가중평균법(이동평균법)

평균법은 기초상품과 당기매입상품이 따로 구분하지 않고 섞여서 판매된다고 가정한다. 즉, 단위당 평균원가를 계산하여 기말상품재고액과 매출원가를 결정하는데 활용한다.

계속기록법하에서 가중평균법을 적용한 상품재고장은 〈표 9−5〉과 같이 작성된다. 상품재고장에서 매입시점마다 단위당 평균원가를 산출하게 되면 단위당 평균원가가 움직인다는 의미에서 계속기록법하에서 적용하는 가중평균법을 이동평균법이라고 부른다.

표 9-5 계속기록법하에서 가중평균법을 적용한 상품재고장

상품명 : 지우개 　　　　　**상품재고장** 　　　　　(단위 : 개, 원)

일자	적요	입고(매입)			출고(판매)			재고(보유)		
		수량	원가	금액	수량	원가	금액	수량	원가	금액
1/01	전기이월	100	8,000	800,000				100	8,000	800,000
3/10	매입	500	10,000	5,000,000				600	9,667	5,800,000
5/10	매출				200	9,667	1,933,333	400	9,667	3,866,667
7/20	매입	400	12,000	4,800,000				800	10,833	8,666,667
9/30	매출				300	10,833	3,250,000	500	10,833	5,416,667
합계		1,000		10,600,000	500		5,183,333	500		5,416,667

1) 3월 10일 현재 단위당 평균매입원가 = [800,000원 + 5,000,000원] / [100개 + 500개] = @9,667원
2) 7월 20일 현재 단위당 평균매입원가 = [3,866,667원 + 4,800,000원] / [400개 + 400개] = @10,833원

상품재고장에서 매출원가를 확인한 다음에 아래의 산식에 의하여 기말상품재고액을 계산할 수 있다. 계속기록법을 적용하였으므로 매출원가를 기말상품재고액보다 먼저 계산한다는 점을 거듭 강조한다.

① 매출원가 = (200×@9,667) + (300×@10,833)
= 1,933,333 + 3,250,000 = 5,183,333

② 기말상품재고액 = 기초상품재고액 + 당기매입액 − 매출원가
= 판매가능상품금액 − 매출원가
= 10,600,000 − 5,183,333
= 5,416,667

6. 재고실사법하의 가중평균법(총평균법)

실지재고조사 결과로 확인된 기말상품수량이 500개라고 하면, 판매수량은 "100개 +

900개−500개=500개"가 된다.

평균법은 기초상품과 당기매입상품이 평균적으로 판매된다고 가정하여 계산된 단위당 평균원가를 이용하여 기말상품재고액과 매출원가를 결정하는 방법이다.

재고실사법하에서 가중평균법을 적용하는 경우에 계산할 단위당 평균원가는 기말시점에서의 평균원가를 의미하므로 평균원가를 기말시점에 한 번만 구하면 된다. **이렇게 계산된 평균원가를 적용하여 기말상품재고액을 먼저 산출한 후에 매출원가를 계산하면 된다.** 재고실사법을 적용하였으므로 기말상품재고액을 매출원가보다 먼저 계산**한다는 점에 유의한다.**

① 평균원가=(800,000+9,800,000)/(100+900)=@10,600

② 기말상품재고액=500×@10,600=5,300,000

③ 매출원가=800,000+9,800,000−5,300,000=5,300,000

7. 단위당 매입원가의 변동시 원가흐름가정 비교

〈표 9−2〉에 있는 (주)한국의 자료는 상품의 단위당 매입원가가 상승하고 있는 상황이다. 이 자료를 가지고 선입선출법, 가중평균법, 후입선출법을 적용하여 산출한 각각의 기말상품재고액과 매출원가를 비교하면 아래의 (1), (2)와 같다. 어느 경우든 기말재고자산과 매출원가의 합계는 10,600,000원으로 서로 동일하고, 이는 기초상품재고액 800,000원과 당기매입액 9,800,000원을 합한 금액인 판매가능상품액 10,600,000원과 일치한다.

(1) 계속기록법하에서 원가흐름가정간의 매출원가와 기말재고자산의 비교

〈매출원가〉	4,800,000원	〈	5,183,333원	〈	5,600,000원
	(선입선출법)		(가중평균법)		(후입선출법)
〈기말재고〉	5,800,000원	〉	5,416,667원	〉	5,000,000원
	(선입선출법)		(가중평균법)		(후입선출법)

(2) 재고실사법하에서 원가흐름가정간의 매출원가와 기말재고자산의 비교

〈매출원가〉 4,800,000원 < 5,300,000원 < 5,800,000원
(선입선출법) (가중평균법) (후입선출법)
〈기말재고〉 5,800,000원 > 5,300,000원 > 4,800,000원
(선입선출법) (가중평균법) (후입선출법)

상품의 단위당 매입원가가 지속적으로 상승하고 있는 즉, 물가가 상승하고 있는 상황에서 매출원가의 크기는 "후입선출법> 가중평균법> 선입선출법"순이고, 기말재고자산의 금액과 당기순이익의 크기는 반대로 "선입선출법> 가중평균법> 후입선출법"순이라는 결과를 확인할 수 있다. 따라서 손익계산서상의 매출과 다른 비용이 동일하다고 가정하면 당기순이익과 기말재고자산금액의 크기는 선입선출법에서 가장 크고, 후입선출법에서 가장 작다.

제 4 절 수량부족손실과 시가하락손실

1. 수량부족손실(감모손실)

보유하고 있는 상품의 도난, 파손 등으로 인하여 수량부족이 발생하는 경우의 손실을 재고자산감모손실이라 한다. 실무적으로는 정상적인 수준까지의 감모손실은 매출원가에 포함시키고, 비정상적인 감모손실 부분은 영업외비용으로 분류한다. 일반적으로 사고나 천재지변으로 인한 감모는 비정상적인 것으로 보고 그 외 일상적으로 발생하는 것은 정상적인 것으로 보면 된다. 자세한 회계처리는 본 장의 보론에서 설명한다.

2. 저가법과 시가하락손실(평가손실)

(1) 저가법

판매가격의 하락, 진부화 등의 원인으로 인하여 해당 상품이 원가조차도 회수할 수 없는 상황이 발생하면 해당 상품의 취득원가는 회계정보로서의 유용성을 상실하게 된다. 이 경우에는 결산과정에서 상품의 장부금액을 시가(순실현가능가치)로 낮게 수정해야 하는데 이를 저가법(lower of cost or market, LCM)이라 한다. 저가법을 적용할 때 상품의 장부금액과 비교되는 순실현가능가치(net realizable value)는 정상적인 예상 판매가격에서 예상되는 추가 완성원가와 판매비를 차감하여 계산된 금액이다.

순실현가능가치 = 판매가격(예상) - 추가 완성원가(예상) - 판매비(예상)

결산기말 현재 순실현가능가치가 상품의 장부금액에 미달하는 금액을 재고자산평가손실로 하여 매출원가에 가산하고 동시에 재고자산평가충당금(자산차감계정)으로 처리한다. 즉, 재무상태표에서는 재고자산평가충당금을 사용하여 재고자산에서 차감하는 형식으로 표시한다.

사례 9-3

20×1년 12월 31일 현재 기말상품의 장부금액은 102,960원인데 갑작스런 상품의 판매가격 하락으로 기말상품재고액의 순실현가능가치가 86,800원으로 평가되었다. 이와 관련된 결산수정분개와 부분재무상태표를 제시하시오.

해설 〈결산수정분개〉

(차) 재고자산평가손실(매출원가) 16,160* (대) 재고자산평가충당금 16,160

* 102,960 - 86,800 = 16,160

〈부분 재무상태표〉 (20×1년 12월 31일)

상품	102,960	
재고자산평가충당금	(16,160)	86,800
⋮		

(2) 저가법의 적용

상품의 종류가 다양한 기업의 경우에 저가법은 상품의 항목별로 적용하는 것이 원칙이다. 단, 예외적으로 서로 유사하거나 관련이 있는 항목들을 통합하여 적용하는 것도 가능하다.

항목별로 저가법을 적용한다는 것은 하락한 항목의 평가손실액만을 합하여 평가손실을 계산하는 방법이다.

사례 9-4

(주)종로는 세 종류의 상품을 보유하고 있으며, 결산기말 현재 상품들의 장부금액과 순실현가능가치의 내역은 다음과 같다. 항목별 저가법을 적용하여 20×1년말과 20×2년말의 결산수정분개를 각각 제시하시오.

품목	20×1년 12월 31일		20×2년 12월 31일	
	장부금액	순실현가능가치	장부금액	순실현가능가치
A	100,000	60,000	80,000	70,000
B	150,000	170,000	200,000	280,000
C	200,000	170,000	300,000	200,000

해설 ① 20×1년 결산수정분개

하락한 종목의 총하락액을 산출하고 다음과 같이 회계처리 한다. 재고자산평가손실은 매출원가에 가산된다.

(차) 재고자산평가손실 70,000 (대) 재고자산평가충당금 70,000

② 20×2년 결산수정분개

20×2년 결산기말에는 가격이 더 하락하여 평가충당금이 110,000원이 되어야 하는데, 결산수정분개 전의 장부상 잔액은 20×1년 결산기말 설정한 금액 70,000원이 그대로 이월된 상태로 남아 있다. 따라서 차이금액 40,000원(=110,000-70,000)을 추가로 회계처리하면 된다. 재고자산평가손실은 매출원가에 가산된다.

(차) 재고자산평가손실 40,000* (대) 재고자산평가충당금 40,000

제 5 절 재고자산의 추정

화재 등이 발생하여 상품재고장이나 상품이 소실되어 장부상으로나 실제 조사를 통하여 재고자산을 파악하기가 불가능한 경우도 있을 수 있다. 또한 소량의 다품종 상품을 취급하는 대형할인점이나 백화점 등은 재고자산 각각에 대해 원가를 파악하기가 어렵고, 파악하여 관리한다면 비용이 너무 많이 소요된다.

위와 같은 사유로 재고자산 금액을 합리적인 방법으로 추정해야 하는 경우에 주로 사용할 수 있는 방법은 매출총이익률법과 소매재고법(매가환원법) 등이 있다.

1. 매출총이익률법

경험적인 매출총이익률을 근거로 하여 재고자산 금액을 산출하는 방법으로 매출, 기초재고자산금액, 당기매입원가에 관한 자료 등이 있는 경우에 가능한 방법이다. 매출총이익률법은 먼저 매출로부터 매출원가를 추정하고 매출원가와 재고자산 회계등식으로부터 기말재고자산금액을 추정한다.

추정매출원가 = 순매출 × (1 − 매출총이익률)
추정기말재고자산금액 = 기초재고자산금액 + 당기매입원가 − 추정매출원가

사례 9-5

(주)고려는 과거 5년 동안의 매출총이익률이 30%이었으며, 당기에도 특별한 사항이 없다면 변동이 없을 것으로 기대되었다. 현재 상품재고장이 분실되었으며, 상품을 실제로 조사할 수도 없는 상황이어서 현재의 상품재고액을 추정하고자 한다. 관련 장부를 확인한 결과 현재까지의 총매출액이 2,000,000원이고 매출에누리와환입이 100,000원, 매출운임이 50,000원이었다. 총매입액은 1,700,000원이고 매입할인이 80,000원, 매입운임은 30,000원이었다. 기초상품재고액은 150,000원이었다. 현재의 상품재고액을 추정하면 얼마인가?

해설 ① 매출원가 = (2,000,000 - 100,000) × (1 - 0.3) = 1,330,000
② 상품재고액 = 150,000 + (1,700,000 + 30,000 - 80,000) - 1,330,000
= 470,000

2. 소매재고법(매가환원법)

소매재고법은 상품을 판매가격으로만 관리하다가 기말에 원가와 판매가 사이의 일정한 관계(원가율)를 이용하여 기말상품재고액을 추정하는 방법으로서 매가환원법이라고도 부른다. 소매재고법은은 백화점, 대형할인점과 같은 유통기업에 대해서 제한적으로 인정되는 회계처리방법이다.

이 방법은 먼저 기초상품의 판매가액에서 당기 매입한 상품의 판매가액을 가산하고 이에 당기판매액을 차감하여 기말상품의 판매가액을 산출한다. 그 다음 기말상품의 판매가액에 원가율을 곱하여 기말상품재고액을 산출한다.

기말상품의 판매가액 = 기초상품의 판매가액 + 당기매입상품의 판매가액 - 매출
기말상품재고액(원가) = 기말상품의 판매가액 × 원가율
원가율 = (기초상품재고액 + 당기매입액) / (기초상품의 판매가액 + 당기매입상품의 판매가액)

사례 9-6

다음의 자료에 소매재고법을 적용하여 기말상품재고액을 계산하면 얼마인가?

구분	취득원가	판매가격
기초상품재고액	1,400,000	2,200,000
당기매입액	7,000,000	9,800,000
합계	8,400,000	12,000,000
매출		9,000,000

해설 ① 원가율 = 8,400,000 / 12,000,000 = 70%
② 기말상품판매가액 = 12,000,000 - 9,000,000 = 3,000,000
③ 기말상품재고액 = 3,000,000 × 0.7 = 2,100,000

[보론] 수량부족손실(재고자산감모손실)

보유하고 있는 상품의 도난, 파손 등으로 인하여 수량부족이 발생하는 경우의 손실을 재고자산감모손실이라 한다. 실무적으로는 정상적인 수준까지의 감모손실은 매출원가에 포함시키고, 비정상적인 감모손실 부분은 영업외비용으로 분류한다. 일반적으로 사고나 천재지변으로 인한 감모는 비정상적인 것으로 보고 그 외 일상적으로 발생하는 것은 정상적인 것으로 보면 된다.

기중에 사고나 천재지변 등으로 인하여 비정상적인 감모손실이 발생한 경우나 정상적인 감모손실일지라도 기중에 파악된 것이 있으면 파악했을 때에 즉시 회계처리하고, 결산기말의 재고실사 과정에서 파악되는 감모손실은 결산수정분개로 회계처리한다.

다음은 (주)경기의 20×1년 상품의 매입 및 판매와 관련된 자료이다. 수량파악은 병행법을 사용하고, 회계처리는 재고실사법을 적용하고 있다. 회계기간은 1월 1일부터 12월 31일까지이다.

내역	수량	매입단가 또는 판매단가	금액
기초상품재고액	150개	@400원	60,000
당기매입원가			
02월 20일	200개	@400원	80,000
05월 10일	300개	@450원	135,000
09월 04일	500개	@500원	250,000
11월 24일	200개	@550원	110,000
합계	1,200개		575,000
당기매출	1,000개	@700원	700,000

〈추가 자료〉

① 9월 4일 매입한 상품을 운반하는 과정에서 사고로 상품 100개를 도난당했다.

② 결산기말 실제 조사한 상품재고수량은 220개이었다. 감모손실 중 50%는 정상적인 것이고 50%는 통상 비정상적인 것으로 본다.

총평균법을 사용한다고 가정하고 감모손실과 관련된 회계처리를 하고 재무상태표와 손익계산서에 관련부분을 표시해 보자.

① 감모손실 파악시 분개

운송 중에 도난당한 100개를 즉시 재고자산감모손실으로 회계처리한다.

〈도난시〉 (차) 재고자산감모손실 50,000* (대) 매입 50,000

* 100개×@500(매입단가)=50,000, 매입과정에서 100개를 도난당한 것으로 매입액을 감모손실로 계상한다. 즉, 처음부터 도난당한 100개는 매입이 없던 것으로 처리한다.

② 결산수정분개

ⓐ 장부상 기말상품재고액 계산(총평균법)

㉠ 장부상 재고수량=150+1,100(1,200−100)−1,000=250

㉡ 총평균단가

=[(60,000+525,000(575,000−50,000)]/[150+1,100(1,200−-100)]

=@468

㉢ 기말상품재고액=250×@468=117,000

ⓐ 실제 조사한 기말상품재고액계산과 감모손실계산

㉠ 실제 조사한 재고수량=220, 총감모손실수량=250−220=30

㉡ 비정상적 감모수량=30×50%=15, 정상적 감모수량=30×50%
=15

㉢ 기말상품재고액=220×@468=102,960

㉣ 비정상적인 감모손실액=15×@468=7,020

㉤ 정상적인 감모손실액=15×@468=7,020

ⓒ 〈결산시〉 (차) 매출원가 60,000 (대) 상품 60,000

(차) 매출원가 525,000 (대) 매입 525,000*

* 575,000 - 50,000 = 525,000

(차) 상품 102,960 (대) 매출원가 109,980
재고자산감모손실 7,020*

* 15×@468=7,020, 이렇게 비정상적인 감모손실만 별도로 구분(영업외비용)하여 회계처리함으로써 정상적인 감모손실은 매출원가에 포함되는 결과가 된다.

③ 〈재무상태표 표시〉

부분 재무상태표(20×1년 12월 31일)		
상품(주석)		102,960
⋮		

부분 손익계산서(20×1년)		
매출액		700,000
매출원가		
기초상품재고액	60,000	
당기상품매입액	525,000	
계	585,000	
기말상품재고액	(109,980)[8]	475,020
⋮		
영업외비용		7,020
재고자산감모손실	7,020	
⋮		

8) 재무상태표상의 기말상품재고액 102,960원과 손익계산서상의 기말상품재고액 109,980원의 차이는 7,020원인데 이는 매출원가에 포함되지 않고 영업외비용으로 처리된 상품감모손실 때문이다.

Exercises **연습문제**

객관식

01 다음 중 수익비용대응의 측면에서 가장 타당하다고 판단되는 방법은?

① 선입선출법 ② 개별법
③ 이동평균법 ④ 총평균법

해설 ② 개별법은 판매된 상품의 매입원가를 직접 찾아 매출원가를 산출하는 방법이다. 따라서 수익비용대응이 가장 잘 되는 방법이다.

02 물가가 상승하고 있는 상황에서 이익이 가장 적게 계산되는 원가흐름가정은 다음 중 어느 것인가? 단, 재고청산은 발생하지 않았다고 가정한다.

① 선입선출법 ② 후입선출법
③ 이동평균법 ④ 총평균법

해설 ② 이익을 가장 적게 계산되는 원가흐름가정은 후입선출법이다.

03 12월말 결산법인인 (주)서울의 20×1년 총매출액은 1,000,000원, 매출환입과 에누리는 100,000원, 매출운임은 50,000원이며, 기초상품재고액은 200,000원, 총매입액은 600,000원, 매입운임은 50,000원, 매입할인은 150,000원이다. 매출총이익율이 40%일 때에 (주)서울의 20×1년 기말상품재고액은 얼마인가?

① 150,000 ② 160,000
③ 210,000 ④ 360,000

해설 ② 순매출 = 1,000,000 − 100,000 = 900,000
매출원가 = 900,000 × (1 − 0.4) = 540,000
당기매입원가 = 600,000 + 50,000 − 150,000 = 500,000
기말상품재고액 = 200,000 + 500,000 − 540,000 = 160,000

04 기초상품재고는 50,000원, 총매입액은 300,000원, 매입에누리와환출은 90,000원, 기말상품재고는 35,000원이다. 매출운임은 15,000원, 매입운임은 20,000원, 매출총이익은 120,000원인 경우에 매출액은 얼마인가?

① 365,000원 ② 385,000원
③ 405,000원 ④ 425,000원

해설 ① 당기매입원가 = 300,000 + 20,000 - 90,000 = 230,000
매출원가 = 기초상품재고 + 당기매입원가 - 기말상품재고
= 50,000 + 230,000 - 35,000 = 245,000
매출액(?) - 매출원가 245,000 = 매출총이익 120,000 ∴ 매출액 = 365,000
* 매출운임은 판매비와관리비에 해당한다.

05 다음의 자료에 매가환원법을 적용하여 기말상품재고액을 계산하면 얼마인가? (단위 : 원)

구분	원가	매가
기초상품재고액	2,800,000	4,400,000
당기매입액	14,000,000	19,600,000
합계	16,800,000	24,000,000
매출		18,000,000

① 3,000,000 ② 3,600,000
③ 4,200,000 ④ 4,800,000

해설 ③ 원가율 = 16,800,000 / 24,000,000 = 70%
기말상품판매가액 = 24,000,000 - 18,000,000 = 6,000,000
기말상품재고액 = 6,000,000 × 0.7 = 4,200,000

06 12월말 결산법인인 (주)오류는 최근 3년에 걸쳐서 기말상품재고에 다음과 같은 오류가 있음을 발견하였다. 만일 오류가 발생하지 않았다면 20X3년의 정확한 당기순이익은 얼마인가? 단, 세금효과는 무시한다. (단위 : 원)

• 20X1년 오류발견 전 : 당기순이익 50,000, 기말상품 과소계상액 3,000
• 20X2년 오류발견 전 : 당기순이익 55,000, 기말상품 과대계상액 2,500
• 20X3년 오류발견 전 : 당기순이익 60,000, 기말상품 과대계상액 6,000
• 20X3년 오류발견 전 : 이익잉여금 200,000, 재고자산 32,000

① 53,500 ② 54,500
③ 55,500 ④ 56,500

해설 ④ 정확한 당기순이익(20X3)
= 60,000(수정전) + 20X3년 기초재고(20X2년 기말)효과 조정
+ 20X3년 기말재고 효과 조정
= 60,000(수정전) + 2,500* - 6,000 = 56,500

* 20X2년 기말재고의 과대계상은 20X3년 기초재고의 과대계상으로 이어지고 이는 20X3년 매출원가의 과대계상을 초래하여 결과적으로 20X3년 당기순이익의 과소계상을 초래한다. 따라서 정확한 당기순이익을 계산하기 위해서는 20X3년 수정전 당기순이익에 20X2년 기말재고 과대계상액을 가산하여야 한다.

07 12월말 결산법인인 (주)한심은 최근 3년에 걸쳐서 기말상품재고에 다음과 같은 오류가 있음을 발견하였다. 만일 오류가 발생하지 않았다면 20X3년 말의 정확한 이익잉여금은 얼마인가? 단, 세금효과는 무시한다. (단위 : 원)

- 20X1년 오류발견 전 : 당기순이익 50,000, 기말상품 과소계상액 3,000
- 20X2년 오류발견 전 : 당기순이익 55,000, 기말상품 과대계상액 2,500
- 20X3년 오류발견 전 : 당기순이익 60,000, 기말상품 과대계상액 6,000
- 20X3년 오류발견 전 : 이익잉여금 200,000, 재고자산 32,000

① 19,100　　② 19,200
③ 19,300　　④ 19,400

해설 ④ 이익잉여금 = 200,000 + 20X3년 기말재고효과 조정
= 200,000 − 6,000 = 194,000

08 12월말 결산법인인 (주)머니는 최근 3년에 걸쳐서 기말상품재고에 다음과 같은 오류가 있음을 발견하였다. 만일 오류가 발생하지 않았다면 20X3년 말의 정확한 기말상품재고액은 얼마인가? 단, 세금효과는 무시한다. (단위 : 원)

- 20X1년 오류발견 전 : 당기순이익 50,000, 기말상품 과소계상액 3,000
- 20X2년 오류발견 전 : 당기순이익 55,000, 기말상품 과대계상액 2,500
- 20X3년 오류발견 전 : 당기순이익 60,000, 기말상품 과대계상액 6,000
- 20X3년 오류발견 전 : 이익잉여금 200,000, 재고자산 32,000

① 23,000　　② 24,000
③ 25,000　　④ 26,000

해설 ④ 기말재고자산 = 32,000 + 20X3년 기말재고효과 조정
= 32,000 − 6,000 = 26,000

09 (주)동자의 20X1년도 매출액은 ₩2,000,000이다. 다음과 같은 결산수정분개를 하였을 경우 매출총이익은 얼마인가? (단위 : 원)

(차) 매출원가	100,000	(대) 상품	100,000
(차) 매출원가	1,200,000	(대) 매입	1,200,000
(차) 상품	200,000	(대) 매출원가	200,000

① 800,000 ② 900,000
③ 1,000,000 ④ 1,100,000

해설 ② 매출원가 = 100,000 + 1,200,000 − 200,000 = 1,100,000
매출총이익 = 2,000,000 − 1,100,000 = 900,000

10 다음은 (주)산방의 20×1년 6월 재고자산 거래와 관련된 자료이다. 회사는 매월 결산을 하고 있다. 20×1년 6월말 실사를 한 결과 월말재고수량이 5개인 것으로 확인되었다. 매입과 매출 거래는 모두 현금으로 이루어졌다. 총평균법을 가정하여 월말 재고자산의금액을 계산하면 얼마인가?

일자	거래	수량	단가
6월 1일	월초재고	10개	24원
6월 10일	구매	20개	36원
6월 15일	판매	(20개)	60원
6월 20일	구매	30개	40원
6월 25일	판매	(35개)	70원

① 180원 ② 200원
③ 220원 ④ 240원

해설 ① 단위당 평균원가 = 당월 판매가능액 / 당월 판매가능수량
= (10개 × 24 + 20개 × 36 + 30개 × 40)/(10개 + 20개 + 30개) = 2,160 ÷ 60 = 36
월말재고액 = 5개 × 36 = 180

주관식

01 다음은 (주)제주의 20×1년 6월 재고자산 거래와 관련된 자료이다. (주)제주는 매월 결산을 하고 있다. 20×1년 6월말 실사를 한 결과 월말재고수량이 5개인 것으로 확인되었다. 매입과 매출 거래는 모두 현금으로 이루어졌다.

일자	거래	수량	구매단가(판매단가)
6월 1일	월초재고	10개	24원
6월 10일	매입	20개	36원
6월 15일	매출	(20개)	60원
6월 20일	매입	30개	40원
6월 25일	매출	(35개)	70원

물음

(1) 선입선출법을 가정하여 당월 매출원가와 월말 재고자산을 각각 계산하시오.
(2) 총평균법을 가정하여 당월 매출원가와 월말 재고자산을 각각 계산하시오.
(3) 이동평균법을 가정하여 당월 매출원가와 월말 재고자산을 각각 계산하시오.
(4) 재고실사법을 적용하는 상황에서 후입선출법을 가정하여 당월 매출원가와 월말 재고자산을 각각 계산하시오.

해설 (1) 선입선출법

선입선출법의 경우 먼저 매입한 재고부터 판매된다고 가정하므로 월말재고 5개는 최근에 구입한 재고(6월 20일 매입)로 구성된다.

- 월말재고액 = 5개 × 40 = 200
- 매출원가 = 월초재고액 + 당월매입액 - 월말재고액 = 240 + 1,920 - 200 = 1,960

(2) 총평균법

월말시점의 단위당 평균원가를 계산하고 월말재고수량을 곱하여 월말재고를 구한다.

단위당 평균원가 = 당월 판매가능액 / 당월 판매가능수량
= (10개 × 24 + 20개 × 36 + 30개 × 40)/(10개 + 20개 + 30개)
= 2,160 ÷ 60 = 36

월말재고액 = 5개 × 36 = 180

매출원가 = 당월 판매가능액 - 월말재고액 = 2,160 - 180 = 1,980

(3) 이동평균법 : 이동평균법의 경우 판매시마다 단위당 평균원가와 매출원가를 계산한다.

- 6월 15일 판매분

  단위당 평균원가 = (10개 × 24 + 20개 × 36)/30개 = 32,

  매출원가 = 20개 × 32 = 640

- 6월 25일 판매분
  단위당 평균원가 = (10개 × 32 + 30개 × 40)/40개 = 38,
  매출원가 = 35개 × 38 = 1,330
  매출원가 = 640 + 1,330 = 1,970
  월말재고액 = 월초재고액 + 당월매입액 − 매출원가
  = 240 + 1,920 − (640 + 1,330) = 190

(4) 후입선출법
후입선출법의 경우 최근에 매입한 재고부터 판매된다고 가정하므로 월말재고 5개는 먼저 구입한 재고(월초재고)로 구성된다.
월말재고액 = 5개 × 24 = 120
매출원가 = 월초재고액 + 당월매입액 − 월말재고액 = 240 + 1,920 − 120 = 2,040

02 (주)화마는 20×1년 9월 30일 화재로 소실된 상품의 원가를 추정하고 있다. 1월 1일 상품재고액은 3,000,000원이었다. 1월 1일부터 화재일까지의 총매입액과 총매출액은 각각 18,000,000원과 25,000,000원이었으며, 매입에누리와환출은 1,500,000원이며, 매출에누리와환입은 2,000,000원, 매입할인과 매출할인은 각각 400,000원과 500,000원, 매입운임과 판매운임은 각각 500,000원과 800,000원이었다. 매출총이익율이 25%이고 화재 후 남아 있는 상품의 원가가 1,000,000원이라면 화재손실액을 얼마인가?

해설 순매출 = 25,000,000 − 2,000,000 − 500,000 = 22,500,000
매출원가 = 22,500,000 × (1 − 0.25) = 16,875,000
당기매입원가 = 18,000,000 + 500,000 − 1,500,000 − 400,000 = 16,600,000
기말상품재고액 = 3,000,000 + 16,600,000 − 16,875,000 = 2,725,000
화재손실액 = 2,725,000 − 1,000,000 = 1,725,000

03 (주)애월의 매출총이익율은 40%이고 총매입액은 15,000,000원이다. 매입에누리와환출이 1,000,000원이고 매출할인이 500,000원이다. 기초상품재고액이 1,800,000원이고 기말상품재고액이 1,400,000원일 때에 총매출액은 얼마인가?

해설 24,500,000원
당기매입원가 = 15,000,000 − 1,000,000 = 14,000,000
매출원가 = 1,800,000 + 14,000,000 − 1,400,000 = 14,400,000
순매출액 = 14,400,000 ÷ (1 − 0.4) = 24,000,000
총매출액 = 24,000,000 + 500,000 = 24,500,000

04 (주)협재의 20×1년 총매출액은 30,000,000원이고 판매운임은 500,000원이며, 총매입액은 24,000,000원이고 매입운임은 800,000원이다. 매출에누리와환입 2,000,000원, 매입할인이 450,000원 발생하였다. 기초상품재고액이 1,500,000원이고 기말상품재고액이 1,300,000원일 때에 20×1년 매출총이익은 얼마인가?

해설 3,450,000원
순매출 = 30,000,000 − 2,000,000 = 28,000,000
당기매입원가 = 24,000,000 + 800,000 − 450,000 = 24,350,000
매출원가 = 1,500,000 + 24,350,000 − 1,300,000 = 24,550,000
매출총이익 = 28,000,000 − 24,550,000 = 3,450,000

05 아래에 주어진 A회사(구매자)와 B회사(판매자)의 거래에 대여여 A회사 입장의 적절한 분개를 제시하시오. 단, 재고실사법을 가정하시오.

(1) B회사로부터 상품 1,000,000원을 외상으로 매입하고, 매입운임 20,000원을 현금으로 지급하였다.
(2) 위의 상품 중 일부(100,000원)에 대해서 불량을 이유로 반품하였다.
(3) 나머지 상품에 대하여 50,000원의 매입에누리를 받았다.
(4) 나머지 매입채무 전체 금액의 조기상환을 이유로 하여 20,000원의 할인을 받았다.

해설

	차변	금액	대변	금액
(1)	(차) 매입	1,020,000	(대) 매입채무	1,000,000
			(대) 현금	20,000
(2)	(차) 매입채무	100,000	(대) 매입	100,000
(3)	(차) 매입채무	50,000	(대) 매입	50,000
(4)	(차) 매입채무	850,000	(대) 현금	830,000
			(대) 매입	20,000

10장

유형자산과 무형자산

학습목표

- ▶ 유형자산 취득원가의 결정과정을 설명할 수 있다.
- ▶ 자본적 지출과 수익적 지출을 비교하여 설명할 수 있다.
- ▶ 감가상각 회계처리를 설명할 수 있다.
- ▶ 유형자산 처분손익을 산출할 수 있다.
- ▶ 손상차손의 의미와 회계처리를 설명할 수 있다.
- ▶ 무형자산의 의의 종류를 설명할 수 있다.

제 1 절 유형자산의 의의와 취득

1. 의의

회계에서는 판매할 목적으로 보유하고 있는 자산은 재고자산으로, 장·단기 투자를 목적으로 보유하는 자산은 장·단기투자자산으로, 장기간 사용할 목적으로 보유하는 자산은 유형자산과 무형자산으로 분류하고 있다. 따라서 자산의 분류는 외양이나 자산의 물리적 성격이 아니라 보유하는 목적에 따라 분류해야 한다.

유형자산(property, plant and equipment)은 기업이 장기간 사용할 목적으로 보유하고 있는 자산으로서 물리적인 형체가 있는 자산을 말하며, 토지, 건물, 구축물, 기계장치, 차량운반구, 비품, 건설중인자산 등을 그 예로 들 수 있다. 유형자산의 구체적인 사례는 〈표 9-1〉과 같다.

표 10-1 유형자산의 종류

종류	구성
토지	건물 부속 토지
건물	건물, 건물부속설비(냉난방설비, 전기통신설비 등)
구축물	주차장, 화단, 울타리 등 건물과 분리되어 있는 토목설비
기계장치	기계설비, 운송설비(컨베이어, 기중기) 등
차량운반구	화물차량, 승용차량, 승합차량 등
비품	집기, 공구와기구 등
건설중인자산	자가건설 중인 건물(구축물) 등

2. 취득원가의 결정

유형자산은 본래의 의도된 용도(intended use)에 사용할 수 있게 될 때까지 발생한 취득원가(acquisition cost)로 최초에 인식된다. 유형자산을 취득하는 과정에서는 순수한 매입가액뿐만 아니라 해당 자산을 본래의 의도된 용도에 사용할 수 있게 하기 위하여 부대지출(취득세, 등록면허세, 운임, 설치비, 시운전비 등)이 추가적으로 발생하기도 한다.

취득원가는 자산을 취득하기 위하여 지출한(소비한) 대가로 정의된다. 따라서 유형자산의 취득원가는 매입가액에 본래의 의도된 용도에 사용할 수 있을 때까지 발생한 부대지출을 포함한 금액으로 기록해야 한다. 이는 모든 자산의 경우에 동일하게 적용되는 일반원칙이다.

유형자산의 취득원가 = 매입가액 + 취득부대지출(직접관련원가)

이와 같이 자산의 취득과 관련하여 직접적으로 발생한 부대지출(직접관련원가)을 발생 즉시 비용으로 처리하지 않고 자산의 취득원가에 포함하여 재무상태표에 보고하는 것을 자본화라고 표현한다.

사례 10-1

(주)미국은 20×1년 5월 1일 22,000,000원을 지급하고 건물을 취득하였으며, 소유권 이전등기를 위해 취득세, 법무사수수료 등의 명목으로 135,000원을 추가적으로 지출하였다. 취득당시 매입건물의 시세는 25,000,000원이었고 감정가액(appraisal value)은 28,000,000원이었다. 취득시 회계처리를 제시하시오.

〈취득시〉	(차) 건물	22,135,000*	(대) 현금	22,135,000

* 취득원가 = 22,000,000 + 135,000 = 22,135,000

제 2 절 수익적지출과 자본적지출

유형자산은 장기간 사용해야 하기 때문에 취득 후에도 지속적으로 수리, 개량 등을 통하여 자산의 사용을 원활히 하고 나아가 수익창출능력을 증대시키거나 사용기간을 연장시킨다. 일반적으로 단순한 수리를 위한 지출은 수선비 등의 당기비용으로 처리하고, 유형자산의 수익창출능력, 가치, 수명연장 등에 기여한 지출은 자산화(자본화)하여 회계처리 한다. 이하에서는 수익적지출과 자본적지출을 비교하여 설명한다.

1. 수익적지출(비용처리지출)

일반적인 수리는 도색, 윤활유주입, 설비청소 등을 말하며 이와 관련된 지출은 자산의 성능수준을 원상회복시키거나 또는 유지시켜주는 효과만을 초래한다. 이 경우에는 수익적지출(revenue expenditures)로 처리하여 당기 비용으로 처리한다. 다만, 몇 년마다 정기적으로 대규모의 금액이 투입되는 수리의 경우에는 자산의 장부금액에 가산하여 자본적지출로 회계처리하기도 한다.

사례 10-2

건물 벽면의 도색을 새로이 하고 깨진 유리창을 교체하기 위해 500,000원을 지출하였다.

〈지출시〉 (차) 수선비	500,000	(대) 현금	500,000

2. 자본적지출(자산처리지출)

일반적으로 증설, 공정개선, 확장, 냉난방설비의 부착 등과 관련된 지출은 생산능력

증대, 원가절감, 품질향상, 자산가치 증대, 내용연수의 연장 등의 효과를 초래한다. 이러한 지출은 해당 자산의 장부금액에 가산하는 회계처리, 즉 자본적지출(capital expenditures)로 회계처리 한다. 이처럼 자산의 장부금액에 가산되면 해당 지출은 미래에 감가상각이라는 비용배분과정을 통하여 회계처리된다. 물론, 제조기업에서 발생하는 제조활동과 관련 있는 감가상각비는 다시 제품 등의 원가에 가산되는 회계처리를 추가로 거친다. 이에 대한 내용은 원가회계라는 수업시간에 배우기로 한다.

사례 10-3

기계장치의 획기적인 성능개선을 위하여 새로운 장치를 부착하였으며 3,000,000원이 지출되었다. 회계담당자는 이를 자본적지출로 분류하였다.

〈지출시〉 (차) 기계장치	3,000,000	(대) 현금	3,000,000

표 10-2 수익적지출과 자본적지출의 비교

구분	수익적 지출	자본적 지출
지출효과	성능유지, 현상유지	수명연장, 가치증대, 생산성향상, 원가절감
발생빈도	반복적이고 경상적	비반복적이고 비경상적
지출금액	비교적 소액	비교적 고액
회계처리	당기비용	자산처리
지출형태	수리, 도색, 보수, 부품교환	증설, 증축, 개량

3. 지출분류의 오류가 재무상태와 경영성과에 미치는 영향

수익적지출로서 비용처리 해야 할 금액을 자산으로 처리하였다면 당해연도의 당기순이익과 자산은 과대계상될 것이다. 그 결과 미래의 감가상각비가 과대계상되면서 해당연도의 당기순이익은 과소계상 된다.

반대로 자본적지출을 자산처리 해야 할 금액을 비용으로 처리하였다면 당해연도의 당기순이익과 자산은 과소계상될 것이다. 그 결과 미래의 감가상각비가 과소계상되면서 해당 연도의 당기순이익은 과대계상 된다.

제 3 절 유형자산의 감가상각

1. 의의와 필요성

토지를 제외한 모든 유형자산은 기업의 수익창출활동에 장기간 사용될수록 해당 자산의 성능 및 경제적 효용이 감소한다. 이러한 이유로 기업은 해당 자산의 장부금액을 합리적인 방법에 따라 매 회계기간별로 안분하여 비용으로 계상하는데 이를 감가상각(depreciation)이라 하며, 감가상각하는 과정에서 계산된 비용을 감가상각비(depreciation expense)라 한다.

유형자산 중에서 토지는 사용함으로 인하여 가치가 감소되거나 마모되는 자산이 아니기 때문에 감가상각을 하지 아니하며, 건설중인자산(construction in progress)은 사용중인 자산이 아니기 때문에 감가상각을 하지 않는다는 점에 유의하자.

감가상각은 수익비용대응원칙에 따라 취득원가를 사용기간에 걸쳐 비용으로 배분하는 과정일 뿐이지 해당 유형자산을 공정가치로 평가하는 과정이 아니라는 것을 명심해야 한다. 감가상각 회계처리는 통상 결산수정분개를 수행할 때 또는 유형자산을 제거할 때 이루어진다.

2. 감가상각 회계처리

감가상각비를 계산하기 위해서는 취득원가, 잔존가치, 내용연수, 상각방법 등이 미리 결정되어야 한다. 즉, 얼마에 구입한 자산을 얼마나 남겨 놓고, 얼마만큼의 기간 동안 어떠한 방법으로 상각을 할 것인가를 알아야 하는 것이다. 위의 감가상각의 요소 중 잔존가치와 내용연수는 합리적인 추정[1]에 의하여 결정된다. 내용연수(useful life)는 합리적으로 예상되는 사용가능기간을 의미하고, 잔존가치(residual value, salvage value)는 내용연수가 종료된 후 정상적인 처분을 가정했을 때 회수될 것으로 예상되는 금액을 의미한다. 또한 전체 내용연수동안 감가상각비로 배분되는 금액을 감가상각대상금액(depreciation base)이라 하며 이는 취득원가에서 잔존가치를 차감하여 계산한다. 감가상각비가 결정되면 다음과 같이 회계처리한다.

〈결산시〉 (차) 감가상각비 XXX (대) 감가상각누계액 XXX

감가상각누계액(accumulated depreciation)은 자산차감계정이며 재무상태표에는 해당 자산에서 차감하는 형식으로 표시되며 나타난다. 이 계정은 매 회계기간 계상되는 감가상각비가 누적되어 집계되는 재무상태표계정이다.

3. 감가상각방법의 종류

감가상각의 대상이 되는 자산이 제공할 수 있는 경제적효익이 감소하는 형태를 어떻게 추정하느냐에 따라 선택되는 감가상각방법이 달라질 수 있다. 본 절에서 설명할 감가상각비의 계산에 공통적으로 사용할 자료는 다음과 같다.

---

1) 회계기준에서는 잔존가치와 내용연수의 합리적인 추정을 인정하지만, 세법 체계에서는 기본적으로 추정에 의한 과세를 지양하기 때문에 내용연수를 세법에서 정해주고 있고, 잔존가치의 존재를 인정하지 않는다.

사례 10-4

(주)한국은 20×1년 1월 1일 비품을 246,000원에 취득하였으며 사용기간은 4년으로 추정되며 4년 후의 잔존가치는 6,000원으로 추정된다. 모든 추정은 합리적인 것으로 가정한다. 감가상각과 관련된 공통자료를 요약하면 다음 〈표 10-3〉과 같다.

표 10-3 공통자료 요약

자산명 : 비품
취득일 : 20×1년 1월 1일
취득원가 : 246,000원, 내용연수 : 4년, 잔존가치 : 6,000원
감가상각 대상금액 : 240,000원 (= 246,000원 - 6,000원)

(1) 정액법(직선법)

정액법(straight-line method)은 감가상각대상 자산이 제공할 수 있는 경제적 효익이 사용기간에 비례하여 감소한다고 가정하여 매 회계기간의 감가가상각비를 균등하게 계상하는 방법이다. 공통자료를 이용하여 정액법에 따른 연간 감가상각비는 다음과 같이 계산된다.

연간 감가상각비(정액법) = (취득원가 - 잔존가치) ÷ 내용연수
= 감가상각대상금액 ÷ 내용연수

(246,000원 - 6,000원) ÷ 4년 = 240,000원 ÷ 4년 = 60,000원

정액법을 적용하여 계산한 연간 감가상각비와 각 연도말 감가상각누계액 및 장부금액을 계산하면 아래와 같다.

표 10-4 정액법을 적용한 연간 감가상각비, 감가상각누계액, 장부금액

연도	연간 감가상각비	감가상각누계액	장부금액
1	60,000[=(246,000-6,000)/4]	60,000	186,000(246,000-60,000)
2	60,000[=(246,000-6,000)/4]	120,000	126,000(246,000-120,000)
3	60,000[=(246,000-6,000)/4]	180,000	66,000(246,000-180,000)
4	60,000[=(246,000-6,000)/4]	240,000	6,000(246,000-240,000)
합계	240,000		

정액법을 적용한 경우에 20×1년도 말, 20×2년도 말, 그리고 감가각상각 종료시점인 20×4년 말의 부분 재무상태표를 작성하면 아래와 같다.

부분 재무상태표(20×1년 12월 31일)		
유형자산		
비품	246,000	
감가상각누계액	(60,000)	186,000

부분 재무상태표(20×2년 12월 31일)		
유형자산		
비품	246,000	
감가상각누계액	(120,000)	126,000

부분 재무상태표(20×4년 12월 31일)		
유형자산		
비품	246,000	
감가상각누계액	(240,000)	6,000

* 내용연수 종료 후 감가상각누계액은 240,000원이 되고, 장부금액은 잔존가액인 6,000과 동일하게 된다.

또한 참고로 정액법을 적용한 경우에 시간의 경과에 따른 장부금액의 변화를 그림으로 나타내면 [그림 10-1]과 같다.

그림 10-1 정액법 적용한 경우 장부금액의 변화

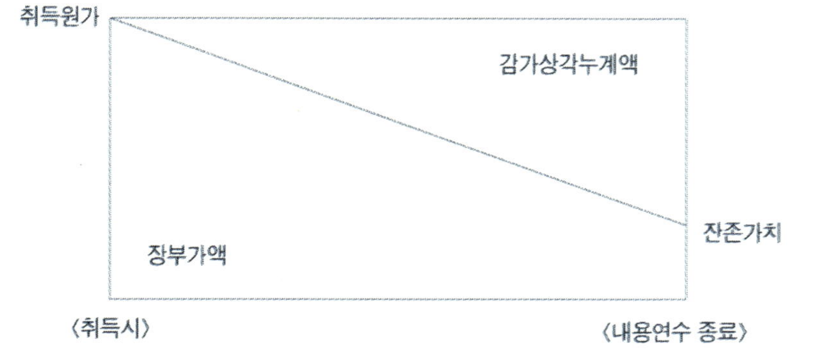

(2) 연수합계법

연수합계법(sum-of-the-years-digit method)은 자산의 유용성이 취득 초기에는 많이 감소한다고 가정하여 초기에 감가상각비를 많이 계상하는 방법이다. 연수합계법을 적용하면 매기 감가상각비를 아래의 식에 따라서 계산한다.

매기 감가상각비 = (취득원가 − 잔존가액) × 연수합계법상각률*
= 감가상각대상금액 × 연수합계법상각률*

* 연수합계법상각률 = 기초의 잔여내용연수 / 연수합계**
** 연수합계 = N(N + 1)/2, N = 내용연수

공통자료에 연수합계법을 적용하여 연간 감가상각비와 각 연도말 감가상각누계액 및 장부금액을 계산하면 〈표 10−5〉와 같다. 공통자료에 연수합계법을 적용하면 연간 감가상각비가 매년 「240,000×(1/연수합계)」씩 감소한다는 특징이 있다.

표 10-5 연수합계법을 적용한 매기 감가상각비

연도	기초잔존연수	연간 감가상각비	감가상각누계액	장부금액
1	4	96,000[=240,000×(4/10)]	96,000	150,000(=246,000-96,000)
2	3	72,000[=240,000×(3/10)]	168,000	78,000(=246,000-168,000)
3	2	48,000[=240,000×(2/10)]	216,000	30,000(=246,000-216,000)
4	1	24,000[=240,000×(1/10)]	240,000	6,000(=246,000-240,000)
합계	10	240,000		

* 연수합계 = 4×(4+1)/2 = 10
** 감가상각대상금액 = 246,000 - 6,000 = 240,000

(3) 정률법

정률법(fixed percentage method)은 자산의 유용성이 초기에 많이 감소한다고 가정하여 취득초기에 감가상각비를 많이 계상하는 방법이다. 정률법을 적용한 경우의 연간 감가상각비는 기초장부금액에 일정한 상각률을 곱하여 계산한다.

연간 감가상각비 = **기초**장부금액* × 상각률**

* 기초장부금액 = 취득원가 - 감가상각누계액(기초)
** 상각률 = 잔존가치를 고려하여 공식에 따라 계산된 상각률

공통자료에 정률법을 적용하여 연간 감가상각비와 각 연도말 감가상각누계액 및 장부금액을 계산하면 〈표 10-6〉과 같다.

표 10-6 정률법을 적용한 감가상각비

연도	감가상각비	감가상각누계액	장부금액
0			246,000
1	148,830[=246,000×0.605*]	148,830	97,170(246,000-148,830)
2	58,790[=97,170×0.605]	207,620	38,380(246,000-207,620)
3	23,220[=38,380×0.605]	230,840	15,160(246,000-230,840)
4	9,160[=15,160-6,000]**	240,000	6,000(246,000-240,000)
합계	240,000		

* 해당조건에 따른 상각률은 0.605로 가정한다.
** 상각종료연도에는 상각률을 적용하여 계산하지 않고 마지막 연도의 기초장부금액에서 잔존가액을 차감한 잔여액을 감가상각비로 계상한다.

정률법을 적용하면 연간 감가상각비가 매기 계속 감소한다. 왜냐하면 상각률은 동일하지만 매기 감소하는 기초장부금액에 상각률을 곱하여 감가상각비를 계산하기 때문이다.

4. 회계연도 중에 취득과 자본적지출이 발생한 경우의 감가상각

(1) 회계연도 중에 취득한 경우의 감가상각

회계기간 중에 취득한 경우에는 먼저 연간 감가상각비를 계산한 다음, 그 금액을 일단위(daily basis) 또는 월단위(monthly basis)로 배분하면 된다. 공통자료에서 취득시기만 4월 1일로 변경하여 정률법을 적용한 후 감가상각비를 계산하면 다음과 같다.

회계기간	산출근거	감가상각비	감가상각누계액
20×1.4.1 - 12.31	(246,000-0)×0.605×(9/12) =	111,622	111,622
20×2.1.1 - 12.31	(246,000-111,622)×0.605 =	81,298	192,920
20×3.1.1 - 12.31	(246,000-192,920)×0.605 =	32,113	225,033
20×4.1.1 - 12.31	(246,000-225,033)×0.605 =	12,685	237,718
20×5.1.1 - 3.31	(246,000-237,718-6,000) =	2,282	240,000

* 정률법은 기간별로 적용되는 상각률이 동일하므로 2차 연도부터 1년치를 안분하여 계산할 수도 있다.

또한 공통자료에서 취득시기만 4월 1일로 변경하여 연수합계법을 적용한 후 감가상각비를 계산하면 다음과 같다.

회계기간	산출근거	감가상각비	감가상각누계액
20×1.4.1 - 12.31	96,000(240,000×4/10)×(9/12)=72,000	72,000	72,000
20×2.1.1 - 12.31	96,000(240,000×4/10)×(3/12)=24,000		
	72,000(240,000×3/10)×(9/12)=54,000	78,000	150,000
20×3.1.1 - 12.31	72,000(240,000×3/10)×(3/12)=18,000		
	48,000(240,000×2/10)×(9/12)=36,000	54,000	204,000
20×4.1.1 - 12.31	48,000(240,000×2/10)×(3/12)=12,000		
	24,000(240,000×1/10)×(9/12)=18,000	30,000	234,000
20×5.1.1 - 3.31	24,000(240,000×1/10)×(3/12)= 9,000	6,000	240,000

(2) 회계연도 중에 자본적 지출이 발생한 경우의 감가상각

자본적 지출이 회계기간 중에 이루어졌다 하더라도 해당 지출이 연초에 이루어졌다고 가정하고 감가상각하는 것이 일반적이다.

사례 10-5

(주)서울은 20×1년 1월 1일 기계장치를 7,000,000원에 구입하였고, 내용연수는 6년, 잔존가치는 1,000,000원으로 추정하였다. 감가상각방법은 정액법을 사용하고 있으며 취득한 후 2년 반이 경과한 20×3년 7월 1일에 기계장치를 개량하였으며 400,000원의 자본적 지출이 있었다. 이는 기계장치의 생산능력을 증대시켰고 내용연수를 1년 더 연장시켰다. 20×3년 계상하여야 할 감가상각비를 계산하시오. 단, 잔존가치는 변동이 없다고 가정한다.

해설 ① 20×2년까지의 감가상각누계액 = (7,000,000 - 1,000,000) ÷ 6 × 2년
= 2,000,000

② 20×3년 7월 1일의 자본적 지출이 있은 후의 장부금액은 5,400,000원(= 7,000,000 - 2,000,000 + 400,000)이다. 내용연수가 7년으로 연장되었고 이미 경과한 내용연수가 2년이므로 앞으로 5년 동안 상각하면 된다.

③ 20×3년 감가상각비 = (5,400,000 - 1,000,000) ÷ 5 = 880,000

5. 감가상각요소의 변경

기업이 처한 환경이 변화하여 경제적 실질을 더 잘 반영하는 감가상각방법으로의 변경이 필요한 경우에는 변경할 수 있다. 또한 기업이 처한 환경이 변화하여 경제적 실질을 더 잘 반영하는 내용연수 또는 잔존가치로의 변경이 필요한 경우에도 변경할 수 있다.

이러한 상황에서는 과거 금액은 수정하지 아니하고 변경된 회계연도부터 변경의 영향이 미치도록 회계처리하면 된다. 이를 전진법(prospective method)이라 한다.

사례 10-6

(주)대전은 20×1년 1월 1일 기계장치를 7,000,000원에 구입하였고, 내용연수는 5년, 잔존가치는 1,000,000원으로 추정하였다. 감가상각방법은 정액법을 사용하고 있으며 취득한 후 2년이 경과한 20×3년 1월 1일에 400,000원의 자본적 지출이 발생하였다. 이로 인하여 내용연수를 7년으로 변경하기로 하였으며 잔존가액은 1,200,000원으로 변경하기로 하였다. 이러한 변경은 정당성이 있는 것으로 판명되었다. 20×3년 말에 계상하여야 할 감가상각비를 계산하시오.

해설 ① 20×2년 말까지의 감가상각누계액
= [(7,000,000 - 1,000,000)÷5]×2년 = 2,400,000

② 20×3년 1월 1일의 자본적 지출이 있은 후의 장부금액은 5,000,000원(= 7,000,000 - 2,400,000 + 400,000)이다. 전체 내용연수는 7년으로 변경되었고 이미 경과한 내용연수가 2년이므로 앞으로 5년 더 상각하면 된다. 잔존가치는 1,000,000원에서 1,200,000원으로 변경되었다.

③ 20×3년 감가상각비 = (5,000,000 - 1,200,000)÷5 = 760,000

〈결산시〉 (차) 감가상각비 760,000 (대) 감가상각누계액 760,000

제 4 절 유형자산의 처분

유형자산은 사용기간이 종료되기 전에 새로운 자산으로 대체하기도 하고 폐기하기도 하며 기타 필요에 의하여 이를 현금을 받고 매각하기도 한다.

현금을 받고 매각하는 경우를 살펴보자. 매각시 처분금액이 장부금액을 초과하는 경우에 그 초과액은 유형자산처분이익에 해당하고, 처분금액이 장부금액에 미달하는 경우에 그 미달액은 유형자산처분손실에 해당한다. 유형자산처분이익은 영업외수익으로, 유형자산처분손실은 영업외비용으로 분류하면 된다.

유형자산처분이익 = 처분금액 - 처분일의 장부금액

유형자산처분손실 = 처분일의 장부금액 - 처분금액

처분일의 장부금액 = 취득원가 - 처분일까지의 감가상각누계액*

* 처분일까지의 감가상각누계액 = 전기말 감가상각누계액 + 당기초부터 처분일까지의 감가상각비

사례 10-7

(주)제주는 20×1년 1월 1일 차량운반구를 취득하였다. 취득원가는 1,000,000원이고 내용연수는 5년, 잔존가액은 100,000원이다. 20×3년 6월 30일 700,000원에 매각하였다. 차량운반구의 전기말 감가상각누계액이 360,000원이었다. 정액법을 가정한다.

해설 ① 감가상각 회계처리 (월할상각 가정)

ⓐ 감가상각비 = [(1,000,000-100,000) ÷ 5] × (6/12) = 90,000

ⓑ 〈회계처리〉

(차) 감가상각비	90,000	(대) 감가상각누계액	90,000

ⓒ 〈총계정원장〉

차량운반구

전기이월	1,000,000		
차변잔액	1,000,000		

감가상각누계액

		1/1 전기이월	360,000
		6/30 감가상각비	90,000
		대변잔액	450,000

② 처분손익계산과 회계처리

ⓐ 처분시점의 감가상각누계액 = 360,000 + 90,000 = 450,000

ⓑ 처분시점의 장부금액 = 1,000,000 - 450,000 = 550,000

ⓒ 유형자산처분이익 = 700,000 - 550,000 = 150,000

〈회계처리〉

(차) 현금	700,000	(대) 차량운반구	1,000,000
감가상각누계액	450,000	유형자산처분이익	150,000

제 5 절 유형자산의 손상차손

유형자산을 보유하고 있는 중에 심각한 시장가치 하락, 급속한 진부화, 재해 등으로 인하여 해당 유형자산으로부터 기대되는 미래의 회수가능액이 현재의 장부금액에 현저히 미달할 가능성이 있는 것으로 판단되는 경우에는 유형자산손상차손을 인식한다.

유형자산손상차손은 유형자산을 계속 사용하거나 처분한다고 할 때에 기대되는 미래 현금흐름액을 추정하여 회수가능액(recoverable amount)을 산출하고, 이 회수가능액이 장부금액에 미달하는 경우에는 유형자산손상차손이라는 비용(영업외비용)으로 계상하면서 손상차손누계액이라는 자산차감계정을 사용하여 회계처리한다. 손상차손누계액은 재무상태표에 해당자산에서 차감하는 형식으로 표시한다.

회수가능액은 사용가치(value in use)와 순공정가치(fair value less cost to sell) 중 큰 금액으로 결정된다. 왜냐하면, 경영자라면 자산을 계속 사용하기로 결정했을 경우에 해당 자산이 벌어다 줄 것으로 예상되는 현금흐름 추정치(사용가치)와 해당 자산을 당장 매각한다고 결정했을 경우 예상되는 순매각대금(순공정가치) 중 더 큰 현금흐름이 예상되는 쪽으로 의사결정을 할 것이기 때문이다.

손상차손 = 장부금액 − 회수가능액

사례 10-8

(주)한국이 소유하고 있던 토지의 장부금액은 24,000,000원이다. 그런데 부동산시세가 급락하여 20×1년 12월 31일 결산시 회수가능액이 14,000,000원으로 확인되었다.

해설 ① 〈20×1년 결산시〉

(차) 유형자산손상차손 10,000,000* (대) 손상차손누계액 10,000,000

* 24,000,000 - 14,000,000 = 10,000,000

② 〈재무상태표 표시〉

부분 재무상태표(20×1년 12월 31일)		
유형자산		
토지	24,000,000	
손상차손누계액	(10,000,000)	14,000,000

제 6 절 무형자산

1. 의의와 취득

영업활동을 위해 사용할 목적으로 장기간 보유하는 자산으로서 물리적 형체가 없는 자산을 무형자산(intangible asset)이라 한다. 산업재산권(특허권, 실용신안권, 상표권 등), 광업권, 어업권, 소프트웨어, 라이선스와 프랜차이즈, 개발비, 영업권 등이 이에 해당한다.

무형자산에는 기업이 내부에서 창출한 것도 있고 외부에서 구입한 것도 있다. 기업 내부에서 창출한 무형자산은 그 가치를 측정하기가 어렵고 무형자산 자체가 수익창출능력에 높은 불확실성을 가지고 있기 때문에 특수한 경우(예 : 개발비)를 제외하고는 지출된 금액에 대하여 자산으로 계상하지 않고 당기비용으로 처리한다.

외부에서 구입한 무형자산은 순수한 매입가격에 취득과 직접적으로 관련된 원가를 가산하여 자산으로 계상한다. 단, 자체 개발한 기술 등 내부에서 창출한 무형자산을 법률적으로 보호를 받기 위해 등록하는 경우에는 등록을 위한 법률수수료와 기타 직접 관련원가를 취득원가로 하여 자산으로 처리한다.

사례 10-9

(주)고려는 20×1년 1월 1일에 1,000,000원을 지급하고 특허권을 취득하였으며 명의변경 등의 직접관련원가로서 100,000원이 지출되었다.

〈취득시〉	(차) 특허권	1,100,000	(대) 현금	1,100,000

사례 10-10

(주)서울은 자체적으로 상표를 개발하기 위하여 20×1년 5월 10일 디자인 제작과 관련하여 2,000,000원을 지출하였으며, 6월 20일 이를 상표권 등록을 하는데 200,000원의 등록수수료를 지출하였다.

〈취득시〉	(차) 지급수수료	2,000,000	(대) 현금	2,000,000
〈등록시〉	(차) 상표권	200,000	(대) 현금	200,000

2. 무형자산의 상각과 손상차손

무형자산의 취득원가를 내용연수 동안 체계적이고 합리적인 방법에 따라 각 회계기간의 비용으로 배분하는 과정을 상각(amortization)[2]이라 한다. 상각은 무형자산의 취득원가를 비용으로 배분하는 과정이다.

무형자산의 상각여부를 결정하려면 먼저 내용연수가 유한한지 아니면 비한정인지를 결정해야 한다.

유한(definite)한 내용연수를 가진 무형자산의 상각대상금액은 해당 무형자산의 경제적 효익이 소비되는 형태를 반영할 수 있는 합리적 방법(정액법, 정률법, 생산량비례법 등)을 선택하여 내용연수동안 상각한다. 그러나 소비되는 형태를 신뢰성 있게 결정할 수 없는 경우에는 정액법을 사용하여 상각한다. 또한 자산손상의 징후가 있는 경우에는 손상검사를 수행한 후 손상차손과 관련된 추가적인 회계처리를 할 수 있다.

2) 무형자산상각비는 amortization expense라고 부르고, 유형자산의 감가상각비는 depreciation expense라고 한다.

한편, 무형자산에서 발생하는 것으로 기대되는 미래 현금흐름의 창출 기간을 한정적으로 추정할 수 없는, 즉 비한정 내용연수(indefinite useful life)를 갖는 무형자산에 대해서는 상각하지 아니한다. 또한 내용연수를 한정할 수 없다는 추정이 적절한지를 매 결산시마다 검토해야 하며, 매기 손상검사를 수행하여 장부금액과 회수가능액의 차액을 손상차손으로 인식할 수는 있다. 회수가능액은 순공정가치와 사용가치 중 큰 금액을 의미한다.

무형자산의 잔존가치에 대하여 내용연수 종료시점에 제3자가 구매하는 약정이 존재하거나, 해당 자산의 내용연수가 종료하는 시점에서 존재할 가능성이 높은 활성거래시장에 근거하여 잔존가치를 결정할 수 있는 경우에만 해당 금액을 잔존가치로 인정한다. 이러한 경우를 제외하고는 내용연수가 유한한 무형자산의 잔존가치는 인정하지 않는다.

무형자산상각비는 당기손익으로 인식한다. 다만, 제조과정 등에서 사용된 무형자산과 관련된 상각비는 재고자산의 장부금액을 구성한다. 상각누계액은 무형자산에서 간접적으로 차감하는 방법과 직접 해당자산을 감소시키는 방법 중에서 선택할 수 있다.

무형자산에 대해서 독점적 배타적인 권리를 부여하고 있는 관계법령 등에 의하여 내용연수가 정해진 경우에는 그 기간을 사용하여 상각하지만, 합리적으로 추정한 경제적 내용연수가 관계법령 등에 의한 내용연수보다 더 짧을 경우에는 경제적 내용연수를 적용하여 상각하도록 하고 있다. 즉, 법적(계약적) 내용연수와 경제적 내용연수 중 짧은 기간을 적용하여 상각하면 된다.

사례 10-11

(주)신촌은 20×1년 1월 1일 취득한 특허권의 법적 보호연수가 5년이어서 5년 동안 정액법으로 상각하기로 하였다. 취득원가는 1,100,000원이었다.

① 〈결산시〉 (차) 무형자산상각비 220,000* (대) 특허권 220,000

* 연간 상각비 = (1,100,000 – 0) ÷ 5 = 220,000

* 20×1년 결산기 말 특허권 장부금액 = 1,100,000 - 220,000 = 880,000

② 〈재무제표 표시〉

부분 재무상태표(20×1년 12월 31일)		부분 손익계산서(20×1)	
무형자산		판매비와 관리비	
산업재산권(특허권)	880,000	무형자산상각비	220,000

3. 영업권과 개발비

(1) 영업권

연구개발과 관련된 기술력, 고객과 관련한 시장력, 인적자원 및 경영능력이 다른 기업보다 우수할 경우에는 기업의 시장가치가 개별자산의 공정가치에서 개별부채의 공정가치를 차감한 순자산공정가치보다 일반적으로 크다. 이런 요인들은 기업의 초과수익력(excess earning power)을 가져오며, 이런 초과수익력의 가치를 영업권(goodwill)이라 한다.

기업은 자체적으로 영업권을 가지고 있는지 파악하기 어렵고, 존재하더라도 측정하는 것이 어렵고 자의적이며, 측정한다고 하더라도 이것이 미래 경제적 효익(초과수익력)을 가져올지도 불확실하다. 따라서 회계기준에서는 자체적으로 영업권을 측정하여 자산으로 계상하는 것은 인정하지 않으며, 특정 기업이 다른 기업의 사업을 취득하는 과정, 즉 사업결합의 과정에서 발생한 매수영업권(acquired goodwill)에 대해서만 자산으로 계상하는 것을 인정한다.

대표적인 사업결합인 흡수합병의 경우를 예로 들어보자. 합병법인이 지급하는 대가(이전대가)의 공정가치에서 피합병기업의 식별가능한 순자산 공정가치(취득자산의 공정가치에서 인수부채의 공정가치를 차감한 금액)를 차감하면 합병법인이 인식할 매수영업권이 계산된다.

사례 10-12

(주)더존이 20×1년 7월 1일 경쟁업체인 (주)안존을 흡수합병하였다. 매수 당시 (주)안존이 보유한 식별가능한 자산과 부채의 공정가치는 다음과 같다. (단위 : 원)

자산			부채		
계정과목	공정가치	장부금액	계정과목	공정가치	장부금액
매출채권	2,000,000	2,000,000	매입채무	4,000,000	4,000,000
재고자산	5,000,000	6,000,000	단기차입금	7,000,000	7,000,000
유형자산	10,000,000	5,000,000			
합계	17,000,000	13,000,000	합계	11,000,000	11,000,000

(주)안존의 식별가능한 순자산 공정가치는 자산의 공정가치(17,000,000원)에서 부채의 공정가치(11,000,000원)를 차감하여 계산한 6,000,000원이다. (주)더존은 (주)안존의 주주에게 10,000,000원의 현금을 지급하고 (주)안존을 합병하였으며, (주)안존이 보유한 기술력, 상표, 우수한 영업능력을 높이 평가하여 순자산 공정가치보다 4,000,000원 더 지급하였다. 이 때 초과지급액 4,000,000원은 영업권이 되는 것이다. 회계처리는 다음과 같다.

〈합병시〉	(차)	매출채권	2,000,000	(대)	매입채무	4,000,000
		재고자산	5,000,000		단기차입금	7,000,000
		유형자산	10,000,000		현금	10,000,000
		영업권	4,000,000			

영업권은 그 내용연수를 결정하기 어렵기 때문에 비한정 내용연수(indefinite useful life)를 갖는 무형자산으로 분류한다. 따라서 영업권의 상각은 인정하지 않는다. 다만, 매 결산기마다 손상검사를 실시하여 손상이 발생하였다는 객관적인 증거를 확인하였다면, 즉 영업권의 회수가능액이 장부금액보다 적은 경우에는 손상차손 회계처리를 적용하여 재무상태표에 보고될 영업권의 장부금액을 감소시키면서 손익계산서에 영업권손상차손을 인식해야 한다.

(2) 개발비

기업은 경쟁력을 확보하고 초과수익력을 실현하는 데 필요한 신제품과 신기술을 개발하기 위해 꾸준한 연구 · 개발활동을 수행한다. 연구 · 개발활동에 따른 지출의 효과가 언제 얼마만큼 실현될지를 결정하는 것은 매우 어려운 일이다. 따라서 연구 · 개발활동과 관련된 지출을 모두 무형자산으로 계상하기는 어려우며 미래의 경제적 효익을 가져올 것이 확실한 일부의 개발비에 대해서만 자산으로 계상할 수 있다.

연구활동과 개발활동를 명확히 구분하기는 어렵지만 연구활동으로는 새로운 지식을 얻고자하는 활동이나 연구결과를 탐색, 평가, 최종선택 및 응용하는 활동 등이 포함되고, 개발활동으로는 생산 또는 상용 전 시제품이나 모형의 설계, 제작 및 시험활동 등이 포함된다.

연구단계에서 나오는 결과로는 미래의 경제적 효익을 기대하기가 어렵고 무형자산의 존재를 확인하기도 어렵기 때문에 이 단계에서 지출되는 것은 전액 당기 비용으로 처리한다.

개발단계에서 발생한 지출 중에서 미래 경제적 효익을 기대할 수 있는 부분은 개발비라는 무형자산으로 처리하고, 개발로 인한 신제품 등을 생산 · 판매하는 시점부터 추정한 합리적인 내용연수동안 상각하면 된다. 반면, 개발단계에서 발생한 지출 중에서 미래 경제적 효익을 기대할 수 없는 지출은 경상개발비라는 비용으로 처리한다. 상기 내용을 요약하면 〈표 10-7〉과 같다.

표 10-7 연구개발활동에 따른 지출의 회계처리 요약

단계구분	단계별 활동	미래 경제적효익	회계처리	
연구단계	새로운 지식을 얻고자하는 연구결과를 탐색, 평가, 최종선택 및 응용 활동	없음	연구비	비용
개발단계	생산 또는 사용 전 시제품이나 모형의 설계, 제작 및 시험활동	불확실	경상개발비	비용
		확실	개발비	무형자산

사례 10-13

(주)더존은 신제품을 개발하기 위해 제11기에 연구단계에서 2,000,000원을 지출하였으며, 개발단계에서 7,000,000원을 지출하였다. 개발단계의 지출 중 3,000,000원은 경상적인 개발과 관련된 지출에 해당하고, 나머지 4,000,000원은 자산성이 있는 것으로 판명된 지출이다. 제11기 결산일 현재 신제품의 양산을 개시하지는 않았다. 신제품은 제12기부터 10년간 생산·판매할 것으로 추정하고 있다. 제11기의 회계처리는 다음과 같다.

〈지출시〉	(차) 연구비	2,000,000	(대) 현금	2,000,000
〈지출시〉	(차) 경상개발비	3,000,000	(대) 현금	3,000,000
〈취득시〉	(차) 개발비	4,000,000	(대) 현금	4,000,000
〈결산시〉	상각없음*			

* 신제품이 20×1년에는 생산·판매되지 않았기 때문에 상각하지 않는다.

4. 산업재산권과 광업권 등

(1) 산업재산권

산업재산권은 특허권, 상표권, 실용신안권, 의장권 등을 포괄하며, 이들은 일정기간 독점적으로 사용할 수 있는 권리에 해당한다. 이들 무형자산은 관계 법률에 의해 관련기관에 등록함으로써 법적권리를 일정기간 보호받는다.

자체적으로 개발한 산업재산권은 등록과 관련하여 발생한 직접관련원가만을 취득원가로 계상한다.

외부에서 구입한 산업재산권은 매입가액에 등록과 관련하여 발생한 직접관련원가를 합하여 취득원가로 계상한다.

(2) 광업권과 어업권

광업권은 관련법령에 의하여 등록할 경우 특정기업이 일정기간 광물을 독점적으로 채굴할 수 있는 권리를 말하며, 어업권은 관련법령에 의하여 일정한 해역에서 독점적 배타적으로 어업을 경영할 수 있는 권리를 말한다. 이들의 취득원가는 매입가액에 등록과 관련하여 발생한 직접관련원가를 합하여 계상된다.

(3) 라이선스와 프랜차이즈

라이선스는 다른 기업의 기술이나 지식을 일정기간 독점적 배타적으로 사용할 수 있는 권리를 말하며, 프랜차이즈는 일정한 지역 내에서 일정기간 특정한 상품명이나 상호를 독점적으로 사용할 수 있는 권리를 말한다. 이들의 취득원가는 매입가액에 등록과 관련하여 발생한 직접관련원가 합하여 계상된다.

Exercises **연습문제**

객관식

01 유형자산의 회계처리에 대한 설명이다. 잘못된 것은?

① 토지는 부동산으로서 모든 기업에서 유형자산으로 분류한다.
② 부동산매매기업의 판매목적 부동산은 유형자산으로 분류한다.
③ 기계장치의 시운전과 관련된 지출은 자산의 취득원가로 처리한다.
④ 유형자산에 대한 지출 중 생산능력을 증대시키거나 내용연수를 증가시키는 것은 자산으로 처리한다.

해설 ② 부동산매매기업의 판매목적 부동산은 재고자산으로 분류한다. 시세차익 또는 임대수익 목적의 부동산은 투자부동산으로 분류한다.

02 감가상각에 대한 다음의 설명 중 옳은 것은?

① 유형자산을 대체하기 위한 자금의 적립을 목적으로 감가상각비를 계상한다.
② 사용으로 인한 감모가 일어나지 않거나 가치가 감소하지 않는 자산에 대해서도 감가상각을 한다.
③ 건설중인자산에 대해서도 감가상각비를 계상한다.
④ 합리적이고 체계적인 방법으로 유형자산의 원가를 기간별로 배분하는 것이다.

해설 ④

03 유형자산의 보유 중의 지출에 대한 설명이다. 옳은 것은?

① 상당한 생산성향상을 가져오는 지출은 자본적 지출로 처리한다.
② 건물확장공사, 냉난방설비공사 등도 수익적 지출로 처리한다.
③ 수익적 지출을 자본적 지출로 처리하면 당기에는 이익을 과대계상하고 차기 이후부터는 이익에 영향을 미치지 아니한다.
④ 수익적 지출을 자본적 지출로 처리한 것을 다시 수익적 지출로 수정하는 것은 회계변경에 해당한다.

해설 ① 건물확장공사, 냉난방설비공사 등은 일반적으로 자본적지출로 처리한다. 수익적 지출을 자본적 지출로 처리하면 당기에는 이익을 과대계상하고 차기 이후부터 매각시까지 또는 내용연수 끝까지 이익을 과소계상한다. 수익적 지출을 자본적 지출로 처리한 것을 수익적 지출로 다시 수정하는 것은 오류수정에 해당한다.

04 (주)더존은 기계장치를 1,000,000원에 구입하면서 취득세 10,000을 부담하였다. 운송비 30,000원과 시운전비 20,000원은 당사가 부담하였다. 이 기계장치의 취득원가는 얼마인가?

① 1,010,000원 ② 1,020,000원
③ 1,050,000원 ④ 1,060,000원

해설 ④ 유형자산의 취득원가에는 해당 자산을 의도된 용도(intended use)에 사용가능한 상태에 이르기까지 직접적으로 발생한 원가도 포함한다.
1,000,000 + 10,000 + 30,000 + 20,000 = 1,060,000

05 본사 건물과 관련된 자본적지출이 1,000,000원 발생하였다. 이와 관련된 적절한 분개는?

①	(차) 건물	1,000,000	(대) 현금	1,000,000
②	(차) 수선비	1,000,000	(대) 현금	1,000,000
③	(차) 건설중인자산	1,000,000	(대) 현금	1,000,000
④	(차) 구축물	1,000,000	(대) 현금	1,000,000

해설 ① 자본적지출은 지출의 효과가 장기간에 걸쳐 발생한다. 주로 해당 자산의 내용연수를 증가시키거나 성능을 향상시키는 등의 효과를 유발하는 지출이다. 자본적지출은 비용으로 처리하지 않고 해당자산의 장부금액에 가산한다.

06 (주)서울은 20X1년 1월 초에 장기 사용 목적의 차량을 60,000,000원에 취득하였다. 회사는 정액법으로 감가상각하기로 결정하였다. 내용연수는 5년이며 잔존가치는 10,000,000원으로 예상된다. 20X3년 7월 1일에 이 차량을 30,000,000원에 처분하였다. 유형자산처분손익은 얼마인가? 단, 월할상각을 가정한다.

① 유형자산처분손실 5,000,000원
② 유형자산처분이익 5,000,000원
③ 유형자산처분손실 10,000,000원
④ 유형자산처분이익 10,000,000원

해설 ① 처분시점의 감가상각누계액 = 10,000,000 + 10,000,000 + 5,000,000 = 25,000,000
처분시점의 장부금액 = 60,000,000 − 25,000,000 = 35,000,000
처분금액(30,000,000원)이 장부금액(35,000,000원)보다 적다. 따라서 유형자산처분손실(5,000,000원)이 발생한다.

07 다음 중 재무상태표 계정에 해당하지 않는 것은?

① 경상개발비 ② 미지급임차료
③ 감가상각누계액 ④ 대손충당금

해설 ① 경상개발비는 비용항목이다.

08 다음 중 감가상각의 의미를 가장 잘 설명한 것은?

① 유형자산의 장부금액을 비용으로 배분하는 과정이다.
② 보고기간 말의 유형자산 공정가치를 장부에 계상하는 과정이다.
③ 미래 시점에서 유형자산의 재취득에 필요한 자금의 적립과정이다.
④ 물리적인 파손 등을 원인으로 한 유형자산의 공정가치 감소분을 외부정보이용자에게 보고하는 과정이다.

해설 ①

09 (주)서울은 20X1년 1월 초에 장기 사용 목적의 차량을 60,000,000원에 취득하였다. 회사는 정률법(상각률 0.4)으로 감가상각하기로 결정하였다. 내용연수는 5년이며 잔존가치는 5,000,000원으로 예상된다. 20X3년 7월 1일에 이 차량을 20,000,000원에 처분하였다. 유형자산처분손익은 얼마인가? 단, 월할상각을 가정한다.

① 유형자산처분손실 2,720,000원
② 유형자산처분손실 2,280,000원
③ 유형자산처분이익 2,720,000원
④ 유형자산처분이익 2,280,000원

해설 ③ 20X1년 감가상각비 = 60,000,000 × 0.4 = 24,000,000
20X2년 감가상각비 = (60,000,000 − 24,000,000) × 0.4 = 14,400,000
20X3년 7월 1일까지의 감가상각비 = (60,000,000 − 24,000,000 − 14,400,000) × 0.4 × (6/12) = 4,320,000
처분시점의 감가상각누계액 = 24,000,000 + 14,400,000 + 4,320,000 = 42,720,000
처분시점의 장부금액 = 60,000,000 − 42,720,000 = 17,280,000
처분금액(20,000,000원)이 장부금액(17,280,000원)보다 크다. 따라서 유형자산처분이익(2,720,000원)이 발생한다.

10 (주)제주가 20×1년 7월 1일 경쟁업체인 (주)서귀를 흡수합병하였다. 매수 당시 (주)서귀가 보유한 식별가능한 자산과 부채의 공정가치는 다음과 같다. (단위 : 원)

자산			부채		
계정과목	공정가치	장부금액	계정과목	공정가치	장부금액
매출채권	4,000,000	4,000,000	매입채무	8,000,000	8,000,000
재고자산	10,000,000	12,000,000	단기차입금	14,000,000	14,000,000
유형자산	20,000,000	10,000,000			
합계	34,000,000	26,000,000	합계	22,000,000	22,000,000

(주)제주는 (주)서귀의 주주에게 20,000,000원의 현금을 지급하고 (주)서귀를 합병하였다. (주)제주가 인식할 수 있는 영업권은 얼마인가?

① 2,000,000 ② 4,000,000
③ 6,000,000 ④ 8,000,000

해설 ④

(차)		(대)	
매출채권	4,000,000	매입채무	8,000,000
재고자산	10,000,000	단기차입금	14,000,000
유형자산	20,000,000	현금	20,000,000
영업권	8,000,000		

주관식

01 (주)제주는 본사 사옥 건물을 신축하기 위하여 20×1년 5월 1일 3,000,000원을 지급하고 건물이 있는 토지를 구입하였다. 20×1년 6월 1일 매입한 토지 위에 있는 구 건물을 철거하고 20×1년 12월 31일 새 건물을 완공하였다. 이 기간 동안에 발생한 원가는 다음과 같다. 토지와 신축 건물의 취득원가는 각각 얼마인가?

① 구건물철거비 250,000원
② 신건물 설계비 120,000원
③ 구건물 및 토지구입관련 제세공과금 200,000원
④ 구건물철거시 발생한 고철매각대금 30,000원
⑤ 신건물건설원가 2,000,000원
⑥ 신건물취득 및 등록관련 제세공과금 140,000원

⑦ 토지정지비　60,000원 ⑧ 신건물신축을 위한 토지 굴착비 40,000원 ⑨ 배수로공사비(영구적)　80,000원 ⑩ 울타리와 주차장공사비(내용연수 제한적) 100,000원

해설
- 토지원가 = 3,000,000 + (250,000−30,000) + 200,000 + 60,000 + 80,000
  = 3,560,000
- 건물원가 = 120,000 + 2,000,000 + 140,000 + 40,000 = 2,300,000
- 울타리와 주차장공사비(내용연수 제한적)는 구축물로 처리한다.

02 (주)서귀는 20×1년 7월 1일 취득원가 5,000,000원, 내용연수 5년, 잔존가치 500,000원인 차량운반구를 취득하여 사용하면서 정률법(상각율 : 0.45)으로 감가상각하였다. 20×3년 1월 1일에 동 차량운반구를 2,500,000원에 처분하였다. 유형자산처분이익(또는 손실)을 계산하고 처분시 분개를 나타내시오.

해설
- 매각일 현재의 장부금액 = 5,000,000−2,868,750 = 2,131,250
- 유형자산처분이익 = 2,500,000−2,131,250 = 368,750
- 처분일의 분개

(차)	현금	2,500,000	(대) 차량운반구	5,000,000
	감가상각누계액	2,868,750	유형자산처분이익	368,750

03 (주)마산은 20×1년 1월 1일 기계장치를 8,000,000원에 구입하였고 이 기계의 내용연수는 8년, 잔존가치는 없고 정액법으로 감가상각하였다. 기계를 4년간 사용한 후, 20×5년 초에 기계를 대폭적으로 수선하면서 수선비 2,000,000원을 현금으로 지급하였다. 이 수선으로 기계의 수명이 6년 더 연장되고 잔존가치가 1,000,000원으로 추정되었다. 20×5년 계상할 기계장치 감가상각비를 계산하라.

해설 자본적지출을 기계장치의 원가로 처리해야 하며 이로 인하여 내용연수와 잔존가치의 추정이 변경되었다. 변경의 효과는 전진적으로 처리한다.
- 기계장치의 취득원가 = 8,000,000 + 2,000,000 = 10000,000
- 전기말까지의 감가상각누계액 = [(8,000,000−0)÷8]×4 = 4,000,000
- 20×5년 감가상각비 = (10,000,000−4,000,000−1,000,000)÷(8−4 + 6)
  = 500,000

04 (주)고구려는 20×1년 1월 1일 취득원가 1,000,000원, 내용연수 10년, 잔존가치 0원인 기계장치를 취득하였으며 정액법으로 감가상각하였다. 20×2년 말 기계장치의 회수가능액은 600,000원으로 추정되었고 이는 자산가치의 현저한 하락으로서 손상차손을 인식하여야 하는 것으로 판명되었다. 20×2년 말 손상차손 분개를 나타내시오.

해설
- 20×1년말 감가상각 분개
  (차) 감가상각비 100,000 (대) 감가상각누계액 100,000
- 20×2년말 감가상각 분개
  (차) 감가상각비 100,000 (대) 감가상각누계액 100,000
- 20×2년말 손상차손 분개
  (차) 기계장치손상차손 200,000 (대) 손상차손누계액 200,000

05 (주)수도는 신제품 생산을 위한 기계장치를 취득하였다. 취득한 기계장치에 대한 정보는 아래와 같다.

- 취득일 : 20×1년 1월 1일
- 취득원가 : 1,000,000원
- 잔존가치 : 100,000원
- 내용연수 : 5년
- 연도별 생산 예상액

20×1년	20×2년	20×3년	20×4년	20×5년
100개	80개	90개	60개	70개

물음

(1) 감가상각방법으로 정액법, 생산량비례법, 정률법(상각률 : 36.9%)을 사용하는 경우 매년 인식할 감가상각비를 구하시오.

(2) (주)수도는 감가상각방법으로 정액법을 사용하고 있으며, 20×2년 12월 31일에 현금 600,000원을 받고 기계장치를 처분한 경우 필요한 분개를 제시하시오.

해설 (1) 감가상각비 계산

- 정액법

연도	계산근거	감가상각비
20×1년	(1,000,000-100,000)×1/5	180,000
20×2년	(1,000,000-100,000)×1/5	180,000
20×3년	(1,000,000-100,000)×1/5	180,000
20×4년	(1,000,000-100,000)×1/5	180,000
20×5년	(1,000,000-100,000)×1/5	180,000

• 생산량비례법

연도	계산근거	감가상각비
20×1년	(1,000,000-100,000)×(100/400)	225,000
20×2년	(1,000,000-100,000)×(80/400)	180,000
20×3년	(1,000,000-100,000)×(90/400)	202,500
20×4년	(1,000,000-100,000)×(60/400)	135,000
20×5년	(1,000,000-100,000)×(70/400)	157,500

• 정률법

연도	계산근거	감가상각비
20×1년	1,000,000×36.9%	369,000
20×2년	(1,000,000-369,000)×36.9%	232,839
20×3년	(1,000,000-369,000-232,839)×36.9%	146,921
20×4년	(1,000,000-369,000-232,839-146,921)×36.9%	92,708
20×5년	(1,000,000-369,000-232,839-146,921-92,708)×36.9%	58,532*

* 상각종료연도에는 상각률을 적용하여 계산하지 않고 기초장부금액에서 잔존가액을 차감한 금액을 감가상각비로 계산

(2) 기계장치 처분 회계처리

우선 처분시점까지의 감가상각비를 구하여 장부금액을 계산한다. 그리고 처분대가와의 차이를 처분이익(혹은 손실)로 처리하면 된다.

20×1년과 20×2년의 감가상각비 = 180,000 + 180,000 = 360,000

처분시점의 장부금액 = 1,000,000 - 360,000 = 640,000

처분손익 = 600,000 - 640,000 = (40,000) 처분손실

처분대가(600,000) 보다 장부금액(640,000)이 크기 때문에 처분손실이 기록된다.

(차)		(대)	
현금	600,000	기계장치	1,000,000
감가상각누계액	360,000		
기계장치처분손실	40,000		

11 장

투자목적 금융자산

학습목표

▶ 투자목적 금융자산을 분류할 수 있다.
▶ 투자지분상품의 회계처리를 설명할 수 있다.
▶ 투자채무상품의 회계처리를 설명할 수 있다.

제 1 절 금융자산 개요

1. 금융자산의 의의

금융자산은 계약에 의해 현금이나 다른 금융자산을 수취할 권리이다. 금융자산의 예로는 현금, 거래상대방에게서 현금 등 금융자산을 수취할 계약상 권리(매출채권, 대여금), 투자목적 금융자산(다른 기업이 발행한 지분상품 및 채무상품) 등이 있다.

지분상품은 특정 기업에 대한 지분을 나타내는 주식형 금융상품이다. 채무상품은 취득자에게 일정 기간에는 이자를 수취할 수 있는 권리가 부여되고 만기에는 원금을 회수할 수 있는 권리가 부여된 채권형 금융상품이다.

본 장에서는 투자목적 금융자산 중에서 투자지분상품과 투자채무상품에 대해서 설명하고자 한다.

(1) 투자지분상품과 투자채무상품

투자목적 금융자산은 그 성격에 따라 투자지분상품(지분증권)과 투자채무상품(채무증권)으로 구분된다.

1) 투자지분상품

투자지분상품은 다른 기업의 자본에 대한 소유권을 나타내는 주식에 대한 투자를 말한다.[1] 주식을 보유하면 배당금을 수령할 수 있고, 매각하면 시세차익을 포함한 투자금액 전부 또는 일부의 회수를 기대할 수 있다.

투자지분상품은 '당기손익－공정가치 측정 금융자산(이하 당기손익금융자산)'으로만 분류하는 것이 원칙이다. 다만, 투자지분상품 중 단기매매항목이 아닌 금융자산은 최초

1) 일정금액으로 지분을 취득할 수 있는 권리를 나타내는 지분상품인 지분옵션에 대한 투자도 투자지분상품에 해당한다.

인식시점에서만 '기타포괄손익 공정가치 선택 지분상품(이하 기타포괄손익선택지분상품)'으로 취소불가능한 선택을 할 수 있다.

2) 투자채무상품

투자채무상품은 발행자를 상대로 하여 금전을 청구할 수 있는 권리를 표시하는 채권에 대한 투자를 말한다. 채권을 보유하면 이자를 수취할 수 있고, 매각하면 원금의 회수와 시세차익을 기대할 수 있다.

투자채무상품은 보유목적에 따라서 '당기손익-공정가치 측정 금융자산(이하 당기손익금융자산)', '기타포괄손익-공정가치 측정 금융자산(이하 기타포괄손익금융자산)', '상각후원가 측정 금융자산(이하 상각후원가금융자산)'으로 분류한다.

(2) 투자목적 금융자산의 보유목적에 따른 분류

투자목적 금융자산은 '금융자산의 계약상 현금흐름(자산 특성)'과 '금융자산의 관리를 위한 사업모형(보유 의도)'에 근거하여 다음과 같이 세 가지로 분류한다.

1) 상각후원가 금융자산

계약상 현금흐름이 원금과 이자의 지급만으로 구성되며, 사업모형이 계약상 현금흐름을 수취하는 것이라면 상각후원가금융자산으로 분류한다. 이는 비유동자산이면서 장기투자금융자산에 속한다.

2) 기타포괄손익금융자산

계약상 현금흐름이 원금과 이자의 지급만으로 구성되며, 사업모형이 계약상 현금흐름을 수취하면서 동시에 매도하는 것이라면 기타포괄손익금융자산으로 분류한다.[2)] 이는 비유동자산이면서 장기투자금융자산에 속한다.

---

2) 투자지분상품은 투자채무상품이 아니기 때문에 이자와 원금으로 구성된 현금흐름을 갖지 않는다. 따라서 사업모형에 관계없이 공정가치 정보가 더 목적적합하다.

3) 당기손익-공정가치 측정 금융자산

상각후원가금융자산 또는 기타포괄손익금융자산에 해당하는 경우가 아니라면 당기손익금융자산으로 분류한다. 이는 유동자산이면서 당좌자산에 속한다.

위와 같이 이자와 원금을 수취하는 금융자산에 해당하는 투자채무상품은 상각후원가금융자산, 기타포괄손익금융자산, 그리고 당기손익금융자산으로 분류한다는 점을 알 수 있다.

표 11-1 투자지분상품과 투자채무상품의 회계처리 목적상 분류

투자지분상품(지분증권)	투자채무상품(채무증권)
• 당기손익-공정가치 측정 금융자산(원칙)	• 당기손익-공정가치 측정 금융자산
• 기타포괄손익-공정가치 선택 지분상품(예외)	• 기타포괄손익-공정가치 측정 금융자산
	• 상각후원가 측정 금융자산

2. 금융자산 최초측정의 개요

금융자산은 최초 측정시(취득시) 공정가치로 측정한다. 취득하는 과정에서 발생한 거래원가는 자산의 원가에 가산한다. 단, 예외적으로 당기손익금융자산을 취득하는 과정에서 발생한 거래원가는 단기 거래의 특성을 반영하여 당기비용으로 처리한다.

3. 금융자산 후속측정의 개요

상각후원가금융자산은 후속적으로 재측정하는 경우에는 공정가치가 아닌 유효이자율법을 적용한 상각후원가로 측정한다.

기타포괄손익금융자산(기타포괄손익선택지분상품 포함)은 후속적으로 재측정 하는 경우에 공정가치법을 적용한다. 이 경우 미실현보유손익(평가손익)은 당기손익이 아닌

기타포괄손익으로 인식한다.

당기손익금융자산은 후속적으로 재측정하는 경우에 공정가치법을 적용한다. 이 경우 미실현보유손익(평가손익)은 당기손익으로 인식한다. 이는 투자자의 단기 매각의도를 고려한 규정이다.

제 2 절 투자지분상품

1. 당기손익금융자산(투자지분상품)

투자지분상품을 취득한 경우에는 원칙적으로 당기손익금융자산으로 분류한다. 단, 단기매매가 아닌 다른 목적으로 취득한 지분상품에 대하여 후속측정시 발생하는 미실현보유손익(평가손익)을 기타포괄손익으로 인식하기로 선택하는 경우에는 기타포괄손익선택지분상품으로 분류할 수 있다. 이러한 선택은 최초의 인식시점에서만 가능하며 취소할 수 없다.

(1) 최초인식과 후속측정

당기손익금융자산은 최초로 인식하는 경우와 후속적으로 재측정 하는 경우에 공정가치법을 적용한다. 재측정에 따른 미실현보유손익(평가손익)은 당기손익으로 인식한다. 당기손익금융자산을 취득하는 과정에서 발생한 거래원가는 단기 거래의 특성을 반영하여 당기비용으로 처리한다.

(2) 당기손익금융자산의 처분

당기손익－공정가치 측정 금융자산을 처분하는 경우에 금융자산 제거요건을 충족한다면 가장 먼저 처분일의 공정가치로 재측정하여 미실현보유손익(평가손익)을 당기손익으로 인식한다. 그 후에 처분금액과 재측정 후의 장부금액을 비교하여 차이나는 금액을 당기손익으로 추가 인식한다. 처분하는 과정에서 거래원가가 발생하면 해당금액은 처분금액에서 차감한다.

사례 11-1

(주)제주는 20X1년 10월 초에 다른 기업의 주식을 단기매매 목적으로 현금 ₩20,000에 취득하였다. 취득시에 거래원가 ₩200을 별도로 지불하였다. 20X1년 말 후속측정시 공정가치는 ₩18,000이었다. 20X2년 5월 말에 해당 금융자산을 공정가치 ₩30,000에 처분(거래원가 ₩1,000 별도 지출)하였다. 동 주식과 관련된 회계처리를 나타내시오.

(20X1년 10월초) 취득

(차) 당기손익금융자산	20,000	(대) 현금	20,200
수수료비용	200		

(20X1년 말) 재측정

(차) 금융자산평가손실	2,000	(대)당기손익금융자산	2,000

(20X2년 5월) 재측정후 처분

(차) 당기손익금융자산	12,000	(대) 당기손익금융자산평가이익	12,000
(차) 현금	29,000	(차) 당기손익금융자산	30,000
금융자산제거손실	1,000		

2. 기타포괄손익선택지분상품(투자지분상품)

(1) 최초인식과 후속측정

기타포괄손익선택지분상품은 최초로 인식하는 경우와 후속적으로 재측정하는 경우에 모두 공정가치법을 적용한다. 최초로 인식하는 경우에 발생하는 거래원가는 자산의 원가에 가산한다.

기타포괄손익선택지분상품을 후속적으로 재측정하는 경우에 발생하는 미실현보유손익(평가손익)은 포괄손익계산서에 기타포괄손익으로 인식한다. 그리고 기타포괄손익의 누적분은 재무상태표의 자본항목인 기타포괄손익누계액으로 분류한다.

(2) 기타포괄손익선택지분상품의 처분

기타포괄손익선택지분상품을 처분하는 경우에 금융자산 제거요건을 충족한다면 가장 먼저 처분일의 공정가치로 재측정하여 미실현보유손익(평가손익)을 기타포괄손익으로 인식한다. 이렇게 처리하면 추가적인 당기손익은 발생하지 않는다. 한편, 거래원가가 별도로 발생한다면 추가로 그 만큼의 당기손익이 발생할 수 있다.

이미 인식한 기타포괄손익누계액은 금융자산의 처분시점에서 이익잉여금으로 대체할 수 있다.[3)]

사례 11-2

12월말 결산법인인 (주)표선은 20X1년 10월 초에 다른 기업의 주식을 단기매매 이외의 목적으로 현금 ₩19,800에 취득하였다. 취득시에 거래원가 ₩200을 별도로 지불하였다. 회사는 동 주식의 공정가치 변동을 기타포괄손익으로 인식하기로 선택하였다. 20X1년 말 후속측정시 공정가치는 ₩18,000이었고, 20X2년 말 후속측정시 공정가치는 ₩23,000이었다. 20X3년 5월에 동 주식을 ₩25,000에 처분(거래원가 ₩1,000 별도 지출)하였다. 회사는 동 주식을 처분하면서 장부상의 기타포괄손익누계액을 이익잉여금으로 대체하고 있다. 관련된 회계처리를 모두 나타내시오.

(20X1년 10월초) 취득

(차) 기타포괄손익선택지분상품[4)]	20,000	(대) 현금	20,000

3) 기타포괄손익누계액에 포함되는 항목 중에서 기타포괄손익선택지분상품 평가손익과 유·무형자산의 재평가잉여금 변동손익 등은 후속적으로 당기손익으로 재분류되는 항목이 아니다. 단, 이익잉여금으로 직접 대체하는 것은 가능하다. 중급회계 수업에서 배우기로 한다.

4) 기타포괄손익-공정가치 측정 금융자산(기타포괄손익금융자산)으로 표기해도 무방하다. 저자의 입장에서 투자지분상품의 예외적인 분류임을 강조하기 위해서 구분하는 것일 뿐이다.

(20X1년 말) 재측정

차변	금액	대변	금액
(차) 기타포괄손익선택지분상품 - 평가손실	2,000	(대) 기타포괄손익선택지분상품	2,000

(20X2년 말) 재측정

차변	금액	대변	금액
(차) 기타포괄손익선택지분상품	5,000	(대) 기타포괄손익선택지분상품 - 평가손실	2,000
		기타포괄손익선택지분상품 - 평가이익	3,000

(20X3년 5월) 재측정후 처분

차변	금액	대변	금액
(차) 기타포괄손익선택지분상품	2,000	(대) 기타포괄손익선택지분상품 - 평가이익	2,000
(차) 현금	24,000	(대) 기타포괄손익선택지분상품	25,000
금융자산제거손실	1,000		
(차) 기타포괄손익누계액	5,000	(대) 미처분이익잉여금	5,000

제 3 절 투자채무상품

1. 당기손익금융자산(투자채무상품)

(1) 최초인식과 후속측정

당기손익금융자산으로 분류되는 투자채무상품은 최초인식과 후속측정시 공정가치를 적용한다. 최초로 인식하는 경우에 발생하는 거래원가는 자산의 원가에 가산하지 않고 당기비용으로 처리한다. 또한 후속적으로 재측정하는 경우에 발생하는 미실현보유손익(평가손익)은 당기손익으로 인식한다.

당기손익금융자산으로 분류되는 투자채무상품에 대해서는 먼저 유효이자율법을 적용하여 현재가치할인차금상각을 수행하면서 이자수익을 인식한 후에 다시 공정가치로 평가하여 그 평가이익을 당기손익으로 인식하는 것이 이론적으로 타당하다. 그러나 실무에서는 상각절차를 별도로 수행하지 않고 표시이자율에 따른 이자수익을 인식한 후 재측정 관련 손익을 반영하는 회계처리를 수행한다.[5)]

사례 11-3

12월말 결산법인인 (주)한국은 20X1년 초에 공정가치가 ₩19,000인 회사채를 현금으로 취득하면서 당기손익금융자산으로 분류하였다. 20X1년도의 표시이자율에 따른 이자수익은 ₩2,000이다. 20X1년 말 공정가치는 ₩19,600이다. 관련된 회계처리를 모두 나타내시오.

(20X1년 초) 취득

(차) 당기손익금융자산	19,000	(대) 현금	19,000

(20X1년 말) 표시이자율을 적용한 이자수익 인식 및 재측정

(차) 현금	2,000	(대) 이자수익	2,000
(차) 당기손익금융자산	600	(대) 당기손익금융자산평가이익	600

(2) 당기손익금융자산의 처분

당기손익금융자산으로 분류되는 투자채무상품을 처분할 때 제거요건을 충족한다면 먼저 처분일의 공정가치를 적용하여 재측정한 평가손익을 당기손익으로 인식한다. 그 후에 처분금액와 장부금액의 차액인 처분손익을 당기손익에 추가로 반영한다. 처분하는 과정에서 거래원가가 발생하는 경우에는 처분금액에서 이를 차감한다.

5) 표시이자율에 따른 이자수익을 인식해도 당기손익에 반영되는 금액이 동일하기 때문이다.

2. 기타포괄손익금융자산(투자채무상품)

(1) 최초인식과 후속측정

기타포괄손익금융자산으로 분류되는 투자채무상품에 대한 최초인식과 후속측정시 공정가치를 적용한다. 최초로 인식하는 경우에 발생하는 거래원가는 자산의 원가에 가산한다.

기타포괄손익금융자산으로 분류되는 투자채무상품을 후속적으로 재측정할 때는 먼저 상각후원가를 기준으로 유효이자율법을 적용하여 이자수익을 인식한다. 그 후에 재측정일 현재의 상각후원가와 공정가치와의 차액, 즉 재측정손익을 기타포괄손익으로 인식한다. 기타포괄손익은 과거 발생분과 누적하여 재무상태표의 자본항목인 기타포괄손익누계액으로 보고한다.

(2) 기타포괄손익금융자산의 처분

기타포괄손익금융자산으로 분류되는 투자채무상품을 처분할 때 제거요건을 충족한다면 처분일까지 발생한 이자수익을 먼저 인식한 후에 처분일 현재로 업데이트된 장부금액(처분일의 공정가치)와 처분금액의 차액인 처분손익을 당기손익으로 인식한다. 또한 처분되는 투자채무상품과 관련된 기타포괄손익누계액은 당기손익으로 재분류해야 한다.[6)]

6) 기타포괄손익누계액에 포함되는 항목 중에서 기타포괄손익금융자산(투자채무상품)의 평가손익 등은 해당 기타포괄손익 거래가 실현되는 경우에 당기손익으로 재분류조정을 수행한다. 중급회계 수업에서 배우기로 한다.

3. 상각후원가금융자산(투자채무상품)

(1) 최초인식과 후속측정

상각후원가금융자산으로 분류되는 투자채무상품에 대한 최초인식은 공정가치를 적용한다. 취득시 발생하는 거래원가는 해당 자산의 원가에 가산한다.

후속적인 재측정은 상각후원가를 적용한다. 즉, 보고기간말 현재의 재무상태표에 보고되는 금액은 공정가치가 아닌 상각후원가로 표시된다. 상각후원가법을 적용하는 경우에는 현재가치할인차금(취득원가와 액면금액의 차이)에 대하여 유효이자율법을 적용하여 만기까지 상각하는 절차를 수행한다.

(2) 상각후원가금융자산의 처분

상각후원가 측정 금융자산으로 분류되는 투자채무상품을 처분할 때 제거요건을 충족한다면, 우선 처분일까지 발생한 이자수익을 먼저 인식한 후에 처분일 현재로 업데이트된 상각후원가(장부금액)와 처분금액의 차액인 처분손익을 당기손익으로 인식한다.

Exercises **연습문제**

객관식

01 다음 중 금융자산에 해당하지 않는 것은?

① 매출채권

② 투자지분상품

③ 투자채무상품

④ 선급금

해설 ④ 금융자산은 계약에 의해 현금이나 다른 금융자산을 수취할 권리이다. 선급금은 금융자산에 해당하지 아니한다.

02 다음 설명 중 옳지 않은 것은?

① 모든 금융자산의 취득에 직접 관련되는 거래원가는 자산의 취득원가에 포함한다.

② 당기손익-공정가치로 측정되는 지분상품에 대한 투자에 대하여는 후속적인 공정가치 변동을 기타포괄손익으로 표시하도록 최초에 선택할 수 있다.

③ 기타포괄손익-공정가치 측정 금융자산은 보고기간 말에 공정가치로 후속측정한다.

④ 금융자산의 정형화된 매입 또는 매도는 매매일이나 결제일에 인식하거나 제거한다.

해설 ① 당기손익금융자산의 거래원가는 지출시점에 당기비용으로 처리한다.

03 12월말 결산법인인 (주)한국은 20X1년 초에 공정가치가 ₩19,000인 회사채를 현금으로 취득하면서 당기손익금융자산으로 분류하였다. 취득과정에서 거래원가 500원이 발생하였다. 당해 연도의 이자수익은 ₩2,000이다. 20X1년 말 공정가치가 ₩19,600이라고 가정하였을 때 20X1년도의 당기손익에 영향을 미치는 금액은 순액으로 얼마인가?

① 2,000원 ② 2,100원

③ 2,500원 ④ 2,600원

해설 ② 2,000 + 600 − 500 = 2,100

(취득)	(차)	당기손익금융자산	19,000	(대)	현금	19,500
		수수료비용	500			
(기말)	(차)	현금	2,000	(대)	이자수익	2,000
	(차)	당기손익금융자산	600	(대)	금융자산평가이익	600

04 투자목적 금융자산에 대한 다음의 설명 중 옳지 않은 것은?

① 금융자산은 최초 인식일과 후속측정시에 공정가치로 측정할 것을 원칙으로 한다.

② 당기손익-공정가치로 측정되는 지분상품에 대한 특정 투자에 대하여는 후속적인 공정가치 변동을 기타포괄손익으로 표시하도록 최초 인식시점에 선택할 수도 있으며, 향후 상황이 변동되는 경우 이를 취소할 수도 있다.

③ 당기손익금융자산의 취득시 거래원가는 지출시점에 비용으로 인식한다.

④ 상각후원가금융자산은 공정가치법을 적용하지 않으며, 유효이자율법을 사용하여 상각후원가로 측정한다.

해설 ② 당기손익-공정가치로 측정되는 지분상품에 대한 특정 투자에 대하여는 후속적인 공정가치 변동을 기타포괄손익으로 표시하도록 최초 인식시점에 선택할 수 있지만 이후에 취소할 수 없다.

05 투자목적 금융자산에 대한 다음의 설명 중 옳지 않은 것은?

① 기타포괄손익금융자산은 최초 인식 후 공정가치로 재측정한다. 이때 공정가치 평가손익은 기타포괄손익으로 인식하며, 당기손익으로 인식하지 않는다.

② 당기손익금융자산은 최초 인식 후 공정가치로 재측정하며, 공정가치 평가손익은 당기손익으로 인식한다.

③ 금융자산의 분류방법에 상관없이 수령하는 배당금과 이자는 모두 당기손익으로 인식한다.

④ 당기손익-공정가치로 측정되는 지분상품에 대한 특정 투자의 후속적인 공정가치 변동은 최초 인식시점이라도 기타포괄손익으로 표시하는 것을 선택할 수 없다.

해설 ④ 지분상품에 대한 투자로서 단기매매항목이 아닌 지분상품에 대한 투자의 후속적인 공정가치 변동을 기타포괄손익으로 표시할 수 있다. 이러한 선택은 최초 인식시점에만 가능하며 이후에 취소할 수 없다.

06 상각후원가금융자산으로 분류되는 투자채무상품에 대한 설명으로 옳지 않은 것은?

① 최초인식은 공정가치를 적용한다. 취득시 발생하는 거래원가는 해당 자산의 원가에 가산한다.

② 보고기간말 현재의 재무상태표에 보고되는 금액은 공정가치가 아닌 상각후원가로 표시된다.

③ 상각후원가법을 적용하는 경우에는 현재가치할인차금에 대하여 유효이자율법을 적용하여 만기까지 상각하는 절차를 수행한다.

④ 상각후원가 측정 금융자산으로 분류되는 투자채무상품을 처분할 때 제거요건을 충족한다면, 처분일 현재로 업데이트된 상각후원가(장부금액)와 처분금액의 차액인 처분손익을 당기손익으로 인식한다. 그리고 처분일까지 발생한 이자수익은 처분시점에서 별도로 인식할 필요는 없다.

해설 ④ 상각후원가 측정 금융자산으로 분류되는 투자채무상품을 처분할 때 제거요건을 충족한다면, 우선 처분일까지 발생한 이자수익을 먼저 인식한 후에 처분일 현재로 업데이트된 상각후원가(장부금액)와 처분금액의 차액인 처분손익을 당기손익으로 인식한다.

07 기타포괄손익금융자산으로 분류되는 투자채무상품에 대한 설명으로 옳지 않은 것은?

① 최초로 인식하는 경우에 발생하는 거래원가는 당기비용으로 처리한다.

② 재측정손익을 포괄손익계산서에 기타포괄손익으로 인식한다. 기타포괄손익은 과거의 발생한 미실현손익(평가손익)과 누적하여 재무상태표의 자본항목인 기타포괄손익누계액으로 보고한다.

③ 기타포괄손익금융자산으로 분류되는 투자채무상품을 처분할 때 제거요건을 충족한다면 처분일까지 발생한 이자수익을 먼저 인식한 후에 처분일 현재로 업데이트된 장부금액(처분일의 공정가치)와 처분금액)의 차액인 처분손익을 당기손익으로 인식한다.

④ 처분되는 투자채무상품과 관련된 기타포괄손익누계액은 당기손익으로 재분류해야 한다.

해설 ① 기타포괄손익금융자산으로 분류되는 투자채무상품을 최초로 인식하는 경우에 발생하는 거래원가는 자산의 원가에 가산한다.

08 기타포괄손익선택지분상품으로 분류되는 금융자산에 대한 설명으로 옳지 않은 것은?

① 최초로 인식하는 경우와 후속적으로 재측정하는 경우에 모두 공정가치법을 적용한다.

② 최초로 인식하는 경우에 발생하는 거래원가는 자산의 원가에 가산한다.

③ 기타포괄손익선택지분상품을 후속적으로 재측정하는 경우에 발생하는 미실현보유손익(평가손익)은 포괄손익계산서에 기타포괄손익으로 인식한다.

④ 기타포괄손익선택지분상품을 처분하는 경우에 이미 인식한 기타포괄손익누계액은 금융자산의 처분시점에서 당기손익으로 재분류조정을 수행한다.

해설 ④ 기타포괄손익선택지분상품을 처분하는 경우에 이미 인식한 기타포괄손익누계액은 금융자산의 처분시점에서 이익잉여금으로 대체할 수 있다. 당기손익으로 재분류조정을 수행하는 대상이 아니다.

09 금융자산의 후속측정에 대한 설명으로 옳지 않은 것은?

① 상각후원가금융자산은 후속적으로 재측정하는 경우에 공정가치법을 적용하지 않는다.

② 기타포괄손익금융자산(기타포괄손익선택지분상품 포함)은 후속적으로 재측정하는 경우에 공정가치법을 적용한다.

③ 기타포괄손익금융자산의 미실현보유손익(평가손익)은 당기손익이 아닌 기타포괄손익으로 인식한다.

④ 당기손익금융자산은 후속적으로 재측정하는 경우에 공정가치법을 적용한다. 이 경우 미실현보유손익(평가손익)은 기타포괄손익으로 인식한다.

해설 ④ 당기손익금융자산은 후속적으로 재측정하는 경우에 발생하는 미실현보유손익(평가손익)은 당기손익으로 인식한다.

10 투자목적금융자산에 대한 다음의 설명 중 옳지 않은 것은?

① 투자지분상품은 보유목적에 따라서 당기손익금융자산으로만 분류하는 것이 원칙이다. 다만, 투자지분상품 중 단기매매항목이 아닌 금융자산은 최초 인식시점에서만 기타포괄손익선택지분상품으로 취소불가능한 선택을 할 수 있다.

② 투자채무상품은 보유목적에 따라서 당기손익금융자산, 기타포괄손익금융자산, 그리고 상각후원가금융자산으로 분류한다.

③ 계약상 현금흐름이 원금과 이자의 지급만으로 구성되며, 사업모형이 계약상 현금흐름을 수취하면서 동시에 매도하는 것이라면 당기손익금융자산으로 분류한다.

④ 계약상 현금흐름이 원금과 이자의 지급만으로 구성되며, 사업모형이 계약상 현금흐름을 수취하는 것이라면 상각후원가금융자산으로 분류한다.

해설 ③ 계약상 현금흐름이 원금과 이자의 지급만으로 구성되며, 사업모형이 계약상 현금흐름을 수취하면서 동시에 매도하는 것이라면 기타포괄손익금융자산으로 분류한다.

주관식

01 12월말 결산법인인 (주)애월은 20X1년 3월 초에 다른 기업의 주식을 단기매매 이외의 목적으로 현금 ₩39,600에 취득하였다. 취득시에 거래원가 ₩400을 별도로 지불하였다. 회사는 동 주식의 공정가치 변동을 기타포괄손익으로 인식하기로 선택하였다. 20X1년 말 후속측정시 공정가치는 ₩36,000이었고, 20X2년 말 후속측정시 공정가치는 ₩46,000이었다. 20X3년 5월에 동 주식을 ₩50,000에 처분(거래원가 ₩2,000 별도 지출)하였다. 회사는 동 주식을 처분하면서 장부상의 기타포괄손익누계액을 이익잉여금으로 대체하고 있다. 관련된 회계처리를 모두 나타내시오.

해설 **(20X1년 3월초) 취득**

(차) 기타포괄손익선택지분상품	40,000	(대) 현금	40,000

(20X1년 말) 재측정

(차) 기타포괄손익선택지분상품 평가손실	4,000	(대) 기타포괄손익선택지분상품	4,000

(20X2년 말) 재측정

(차) 기타포괄손익선택지분상품	10,000	(대) 기타포괄손익선택지분상품 평가손실	4,000
		기타포괄손익선택지분상품 평가이익	6,000

(20X3년 5월) 재측정후 처분

(차) 기타포괄손익선택지분상품	4,000	(대) 기타포괄손익선택지분상품 평가이익	4,000
(차) 현금	48,000	(대) 기타포괄손익선택지분상품	50,000
금융자산제거손실	2,000		
(차) 기타포괄손익누계액	10,000	(대) 미처분이익잉여금	10,000

02 (주)한라는 20X1년 3월 초에 다른 기업의 주식을 단기매매 목적으로 현금 ₩40,000에 취득하였다. 취득시에 거래원가 ₩400을 별도로 지불하였다. 20X1년 말 후속측정시 공정가치는 ₩36,000이었다. 20X2년 5월 말에 해당 금융자산을 공정가치 ₩60,000에 처분(거래원가 ₩2,000 별도 지출)하였다. 동 주식과 관련된 회계처리를 모두 나타내시오.

해설 **(20X1년 3월초) 취득**

(차) 당기손익금융자산	40,000	(대) 현금	40,400
수수료비용	400		

(20X1년 말) 재측정

(차) 금융자산평가손실	4,000	(대) 당기손익금융자산	4,000

(20X2년 5월) 재측정후 처분

(차) 당기손익금융자산	24,000	(대) 당기손익금융자산평가이익	24,000
(차) 현금	58,000	(대) 당기손익금융자산	60,000
금융자산제거손실	2,000		

12장

화폐의 시간가치와 비유동부채

학습목표

- ▶ 사채의 발행금액이 결정되는 과정을 설명할 수 있다.
- ▶ 사채할인(할증)발행차금의 회계처리를 설명할 수 있다.
- ▶ 충당부채의 의미를 설명할 수 있다.

제 1 절 화폐의 시간가치

1. 의의

현재의 1,000,000원의 가치는 1년 후의 1,000,000원의 가치보다 분명 더 클 것으로 생각된다. 그 이유는 인플레이션이나 화폐의 사용에 따른 이자 및 위험 등으로 인하여 동일한 금액이라면 미래의 현금보다는 현재의 현금 가치가 더 크기 때문이다. 회계는 모든 거래를 화폐로 측정하는데 이런 화폐의 가치가 시점마다 다르다면 이를 적절히 반영해야 유용한 회계정보가 될 것이다.

현재의 현금가치와 미래의 현금가치의 차이를 화폐의 시간가치(time value of money)라 하며, 화폐의 시간가치는 인플레이션이나 화폐의 사용에 따른 이자 및 위험 등에 대한 보상을 반영한 이자(interest)의 형태로 표현된다.

화폐의 사용에 대한 대가인 이자율이 연 10%라고 가정하면 현재시점에서 보았을 때 현재의 1,000,000원은 1년 후의 1,000,000원과 이자 100,000원을 합한 금액과 같다고 느낄 것이다. 따라서 서로 다른 시점의 현금은 화폐의 시간가치에 대한 보상인 이자요소를 가산하거나 제거함으로써 동일한 기준치를 갖게 된다. 따라서 화폐의 현재가치 또는 미래가치를 계산하는 과정은 〈표 12-1〉과 같이 이자요소를 제거하거나 또는 이자요소를 가산하는 절차라고 말할 수 있다.

표 12-1 현재가치와 미래가치 산출과정

현재가치		미래가치
1,000,000	=	1,000,000 + 이자요소
1,000,000 - 이자요소	=	1,000,000

2. 이자계산법

이자를 계산하는 방법에는 원금에만 이자를 계산하는 단순이자(simple interest)계산법이 있고, 원금뿐만이 아니라 이미 계상된 이자에 대한 이자를 다시 계산하는 복리이자(compound interest)계산법이 있다.

예를 들어, 지금 1,000,000원을 연10%의 이자율로 3년간 금융기간에 예금하고 3년 후에 예금을 찾는다고 가정할 경우 단순이자계산법과 복리이자계산법에 의해 3년 후의 원금에 가산될 이자를 계산해 보면 〈표 12-2〉와 같다.

표 12-2 단순이자계산법과 복리이자 계산법

단순이자계산법			복리이자계산법		
20×1년	1,000,000× 10%	100,000	20×1년	1,000,000× 10%	100,000
20×2년	1,000,000× 10%	100,000	20×2년	1,100,000× 10%	110,000
20×3년	1,000,000× 10%	100,000	20×3년	1,210,000× 10%	121,000
총이자		300,000	총이자		331,000

상기 표를 보면 누구든지 현재 1,000,000원을 예금하고 3년 후에는 단순이자계산법에 의한 300,000원의 이자가 아닌 복리이자계산법에 의한 331,000원의 이자를 받으려고 할 것이다. 일반적으로 금융회사 등에서 이자를 계산할 때 복리이자계산법을 사용하며 화폐의 시간가치에 대한 보상인 이자도 바로 복리이자이다.

3. 미래가치의 개념

(1) 단순미래가치

미래가치(future value)란 현재의 일정금액을 미래의 시점에서 평가한 가치를 말한다. 예를 들어, 이자율을 연 10%로 가정할 경우 현재 1,000,000원의 1년 후 미래가치는

1,000,000원에 이자 100,000원을 합한 1,100,000원[=1,000,000×(1+10%)]이 될 것이고, 2년 후 미래가치는 1,121,000원[=1,000,000×(1+10%)×(1+10%)], 3년 후 미래가치는 1,331,000원[=1,000,000×(1+10%)×(1+10%)×(1+10%)]이 될 것이다.

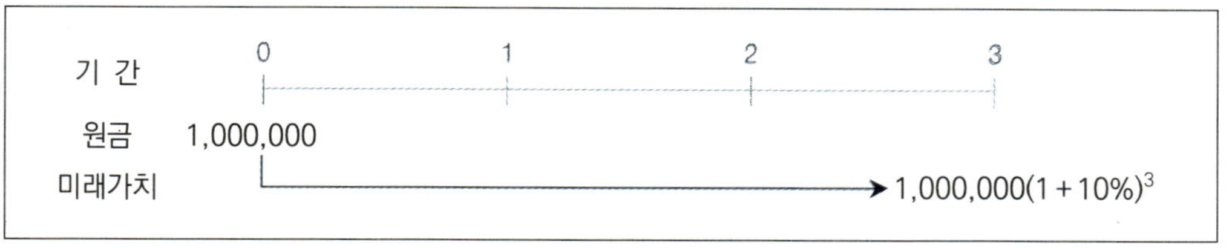

위 결과를 이해하기 쉽게 정리하면 다음과 같다.

원금의 미래가치 (1,331,000) = 원금 (1,000,000) × 원금 1원의 미래가치계수(10%, 3기간) (1.3310)

원금 1원의 미래가치계수를 일정 이자율과 기간을 적용하여 미리 계산해 놓은 표를 '원금 1원의 미래가치표'라 하며 〈표 12-3〉과 같이 만들어진다.

표 12-3 원금 1원의 미래가치표

이자율 기간	1%	2%	…	8%	10%	12%	……			20%
1	1.0100	1.0200		1.080	1.1000	1.1200				1.2000
2	1.0201	1.0404		1.1664	1.2100	1.2544				1.4400
3	1.0303	1.0612		1.2597	1.3310	1.4094				1.7280
4	1.0406	1.0824		1.3605	1.4641	1.6305				2.0736
5	1.0510	1.1041		1.4693	1.6105	1.8424				2.4883

(2) 연금의 미래가치

연금(annuity)이라는 용어는 일정기간 마다 일정한 금액을 연속적으로 지급하거나 수령하는 경우에 적용되는 말이다. 특히 기말마다 동일한 금액을 지급하거나 수령하는

연금을 정상연금(ordinary annuity)이라 한다. 정상연금은 기말연금이라고도 부른다. 본서에서는 독자들의 쉬운 이해를 돕기 위하여 정상연금 대신에 기말연금이라는 용어를 사용하고자 한다. 기말연금의 미래가치는 매기 말에 일정금액을 지불하거나 수령하는 동일한 금액을 미래가치로 평가한 금액들을 다음과 같이 합계한 금액이다.

예를 들어, 3년 동안 매기 말에 1,000,000원을 연 10%의 이자율로 예금하는 경우에 3년 후 연금의 미래가치를 계산해 보자.

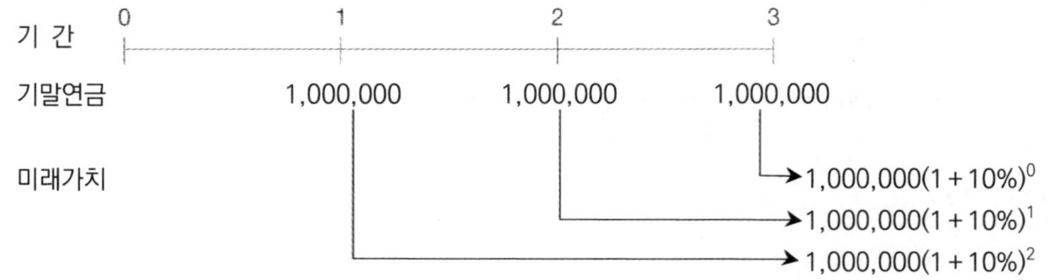

합계 $= 1{,}000{,}000 \times [(1+10\%)^0 + (1+10\%)^1 + (1+10\%)^2]$
$= 1{,}000{,}000 \times [1 + 1.1000 + 1.2100]$
$= 1{,}000{,}000 \times 3.3100 = 3{,}310{,}000$

위의 합계 결과를 이해하기 쉽게 정리하면 다음과 같다.

기말연금의 미래가치	=	기말연금	×	기말연금 1원의 미래가치계수(10%, 3기간)
(3,310,000)		(1,000,000)		(3.3100)

기말연금 1원의 미래가치계수를 일정 이자율과 기간을 적용하여 미리 계산해 놓은 표를 '기말연금 1원의 미래가치표'라 하며 〈표 12-4〉와 같이 만들어진다.

표 12-4 기말연금 1원의 미래가치표

이자율 / 기간	1%	2%	…	8%	10%	12%	……			20%
1	1.0000	1.0000		1.0000	1.0000	1.0000				1.0000
2	2.0100	2.0200		2.0800	2.1000	2.1200				2.2000
3	3.0301	3.0604		3.2464	3.3100	3.3744				3.6400
4	4.0604	4.1216		4.5061	4.6410	4.7793				5.3680
5	5.1010	5.2040		5.8666	6.1051	6.3528				7.4416

4. 현재가치의 개념

(1) 현재가치

현재가치(present value)란 미래의 일정금액을 현재가치로 평가한 것으로 미래가치와는 역의 관계에 있다. 예를 들어, 할인율을 연 10%로 가정할 경우 1년 후 1,100,000원의 현재가치는 1,000,000원, 즉 1,100,000원에 $(1+10\%)^1$의 역수를 곱한 값이고, 2년 후 1,210,000원의 현재가치는 1,000,000원, 즉 1,210,000원에 $(1+10\%)^2$의 역수를 곱한 값이며, 3년 후 1,331,000원의 현재가치는 1,000,000원, 즉 1,331,000원에 $(1+10\%)^3$의 역수를 곱한 값이다. 즉, 아래에서 계산되는 것과 같이 모두 동일하게 1,000,000원이 될 것이다. 현재가치를 계산할 때 적용되는 이자율을 할인율이라고 부른다.

기 간	0	1	2	3
미래가치		1,100,000		
현재가치	$1,100,000 \times [1/(1+10\%)^1]$ ←			
	= 1,000,000			

1년 후 1,110,000원의 현재가치가 1,000,000원이 되는 과정을 가지고 이해하기 쉽게 정리하면 다음과 같다.

현재가치	=	미래금액	×	(현재가치계수)
(1,000,000)		(1,100,000)		$[1/(1+10\%)^1]$

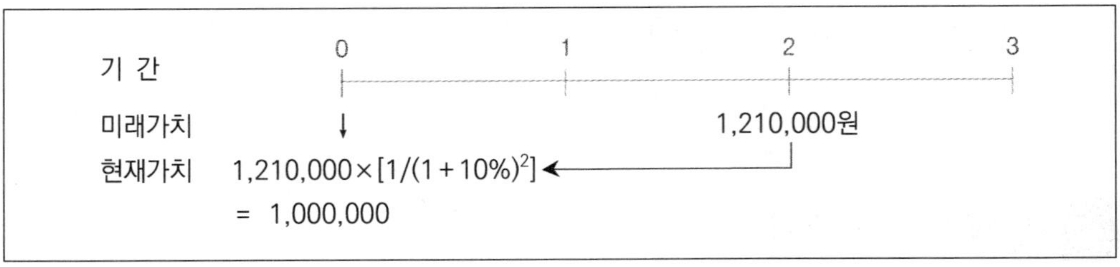

2년 후 1,210,000원의 현재가치가 1,000,000원이 되는 과정을 가지고 이해하기 쉽게 정리하면 다음과 같다.

현재가치	=	미래금액	×	(현재가치계수)
(1,000,000)		(1,210,000)		$[1/(1+10\%)^2]$

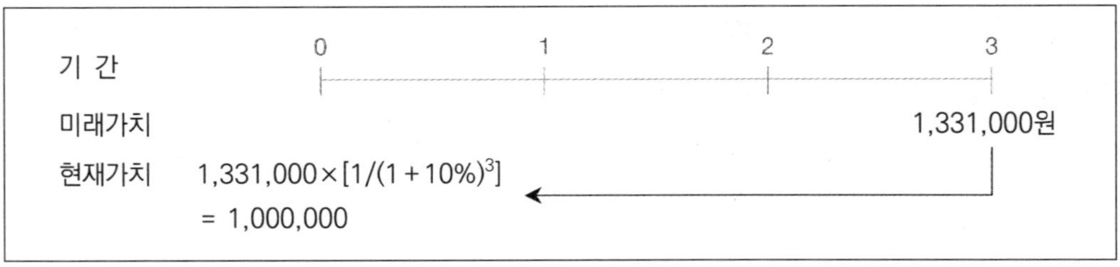

3년 후 1,331,000원의 현재가치가 1,000,000원이 되는 과정을 가지고 이해하기 쉽게 정리하면 다음과 같다.

현재가치	=	미래금액	×	(현재가치계수)
(1,000,000)		(1,331,000)		$[1/(1+10\%)^3]$

위의 식에서 $[1/(1+r\%)^n]$는 이자율 r%와 n기간을 적용할 경우 '원금 1원의 현재가치계수'를 의미한다. 일정 이자율(할인율)과 기간을 적용하여 미리 계산해 놓은 현재가치표를 '원금 1원의 현재가치표'라 하며 〈표 12-5〉와 같이 만들어진다.

표 12-5 원금 1원의 현재가치표

이자율 / 기간	1%	2%	…	8%	10%	12%	……			20%
1	0.9901	0.9704		0.9259	0.9091	0.8929				0.8333
2	0.9803	0.9612		0.8573	0.8264	0.7972				0.6944
3	0.9706	0.9423		0.7938	0.7513	0.7118				0.5787
4	0.9610	0.9238		0.7350	0.6830	0.6355				0.4323
5	0.9515	0.9057		0.6806	0.6209	0.5674				0.4019

(2) 연금의 현재가치

기말연금의 현재가치는 미래의 매기 말에 수령하거나 지급하는 동일한 금액을 현재가치로 평가한 금액의 합계이다.

예를 들어, 3년 동안 매기 말에 1,000,000원을 수령하는 경우 이 기말연금의 현재가치를 계산해 보자. 이자율은 연 10%이다.

기 간	0	1	2	3
기말연금		1,000,000	1,000,000	1,000,000

현재가치 $1,000,000 \times [1/(1+10\%)^1]$

현재가치 $1,000,000 \times [1/(1+10\%)^2]$

현재가치 $1,000,000 \times [1/(1+10\%)^3]$

$$\begin{aligned}\text{합계} &= 1,000,000\times[1/(1+10\%)^1]+1,000,000\times[1/(1+10\%)^2]+1,000,000\times[1/(1+10\%)^3]\\ &=1,000,000\times\{[1/(1+10\%)^1]+[1/(1+10\%)^2]+[1/(1+10\%)^3]\}\\ &=1,000,000\times(0.9091+0.8265+0.7513)\\ &=1,000,000\times2.4869=2,486,900\text{원}\end{aligned}$$

위의 최종 합계결과를 이해하기 쉽게 정리하면 다음과 같다.

기말연금의 현재가치	=	기말연금	×	기말연금 1원의 현재가치계수(10%, 3기간)
(2,486,900)		(1,000,000)		(2.4869)

기말연금 1원의 현재가치계수를 일정 이자율(할인율)과 기간을 적용하여 미리 계산해 놓은 표를 '기말연금 1원의 현재가치표'라 하며 〈표 10-6〉과 같이 만들어진다.

표 12-6 기말연금 1원의 현재가치표

이자율 기간	1%	2%	…	8%	10%	12%	……			20%
1	0.9901	0.9804		0.9259	0.9091	0.8929				0.8333
2	1.9704	1.9416		1.7833	1.7335	1.6901				1.5278
3	2.9410	2.8839		2.5771	2.4869	2.4018				2.1065
4	3.9020	3.8077		3.3121	3.1699	3.0373				2.5887
5	4.8534	4.7135		3.9927	3.7908	3.6048				2.9906

제 2 절 사채

1. 사채의 의의와 구성요소

(1) 사채의 의의

사채(corporation bond)는 기업이 일반대중으로부터 자금을 조달할 목적으로 집단적, 대량적으로 발행하는 채권으로서 소액으로 분할하여 자본시장을 통해 발행되며, 지정된 만기일에 정해진 금액을 지급하고 일정한 이자를 정기적으로 지급할 것을 약속하는 증서상의 부채이다.

사채는 발행하는 기업(채무자)의 입장에서는 비유동부채(non-current liabilities)로 분류하고, 사채에 투자하는 기업의 입장에서는 상각후원가측정 금융자산, 기타포괄손익-공정가치측정 금융자산, 당기손익-공정가치측정 금융자산 등으로 분류한다. 본 절에서는 사채발행을 통한 기업의 자금조달의 회계처리에 대해서 살펴본다.

(2) 사채의 구성요소

사채는 채권으로서 발행자와 발행일, 액면금액, 만기일, 액면이자율, 이자지급방법, 상환방법, 시장이자율 등으로 구성되어 있다.

- 발행자 : 사채를 발행하는 기업을 말한다.
- 발행일 : 사채를 발행하는 날이며 이자를 기산하는 날이기도 하다. 실제로 사채를 판매하는 날은 사채증서에 기록되어 있는 발행일자와 다를 수도 있다.
- 액면금액(face amount) : 만기에 지급하기로 약정한 사채권면액으로 만기금액이라고도 한다.
- 액면이자율(coupon interest rate) : 사채권면에 기록되어 있는 이자율로 발행자가 지급하기로 약정한 이자율이다. 표시이자율 또는 권면이자율이라고도 한다.
- 만기일(maturity date) : 발행일로부터 만기일까지의 기간을 사채발행기간 또는 사채상환기간이라 하며, 사채상환기간의 끝을 만기일이라 한다.
- 이자지급방법 : 액면이자(=액면금액×액면이자율)를 지급하는 방법을 말하며, '연 1회 12월 31일 후급', 연 2회 '7월 1일과 1월 1일 후급' 등이 있다.
- 상환방법 : 액면금액을 상환하는 방법을 말하며, 만기 일시상환방법, 일정기간 분할상환방법 등이 있다.
- 시장이자율(market interest rate) : 사채를 발행할 당시에 채권시장에서 실제로 유통되는 이자율을 말한다. 투자자의 입장에서는 실제로 얻을 수 있으리라고 기대하는 이자율이며 발행자 입장에서는 실제로 부담하는 이자율이다.

2. 사채발행금액의 결정

(주)한국은 20×1년 1월 1일 〈표 12-7〉과 같은 사채를 발행하고 자금을 조달하였다.

표 12-7 사채발행내역

① 발행자 : (주)한국	⑤ 만기일 : 20×3년 12월 31일
② 액면금액 : 1,200,000원	⑥ 이자지급방법 : 매년 12월 31일 후급
③ 액면이자율 : 연 10%	⑦ 상환방법 : 만기 일시 상환
④ 발행일 : 20×1년 1월 1일	

(주)한국은 위의 사채를 발행함으로써 발행일로부터 만기까지의 기간 중에는 액면이자를 지급해야 할 의무를, 만기에는 원금을 상환할 의무를 부담한다.

기간	20×1년초	20×1년말	20×2년말	20×3년말
이자		120,000	120,000	120,000
원금				1,200,000

사채의 발행금액은 액면이자율과 시장이자율을 비교하여 결정된다. 즉, 발행회사가 제시한 액면이자율이 투자자가 요구하는 투자수익률(시장이자율)보다 낮다면 발행자는 사채를 액면금액보다 적은 금액을 받으면서 발행(할인발행)을 할 수밖에 없다. 반대로 액면이자율이 투자자가 요구하는 투자수익률(시장이자율)보다 높으면 발행자는 사채를 액면금액보다 많은 금액을 받으면서 발행(할증발행)을 하려고 할 것이다. 다시 말하면 사채의 액면이자율과 시장이자율과의 차이를 고려하여 사채의 발행금액이 결정된다는 것이다. 또한 사채의 액면이자율과 시장이자율이 같다면 사채의 발행금액과 액면금액은 일치(액면발행)한다.

액면이자율과 시장이자율의 관계가 액면금액과 발행금액의 관계에 미치는 영향을 요약하면 〈표 12-8〉과 같다.

표 12-8 사채발행 형태별 액면금액과 발행금액과의 관계

액면발행	액면이자율(10%) = 시장이자율(10%)	액면금액 = 발행금액
할인발행	액면이자율(10%) < 시장이자율(12%)	액면금액 > **발행금액**
할증발행	액면이자율(10%) > 시장이자율 (8%)	액면금액 < 발행금액

결국 사채의 발행금액은 시장이자율을 기준으로 결정되는데, 이것은 화폐의 시간가치의 보상기준을 시장이자율로 한다는 것이며, 사채의 미래현금흐름을 시장이자율로 할인한 현재가치가 사채의 발행금액이 된다는 것이다.

시장이자율이 r%인 상황에서 〈표 12-7〉의 사채를 발행한다면 사채의 발행금액은 만기에 지급받을 액면금액 1,200,000원의 단순현재가치와 매년 말 정기적으로 지급받을 액면이자금액 120,000원의 연금현재가치를 합계한 금액이 될 것이다.

(1) 액면발행 [액면이자율(10%) = 시장이자율(10%)]

시장이자율이 액면이자율과 같은 10%라고 가정하고 〈표 12-7〉의 사채발행금액을 계산하면 다음과 같다.

사채의 발행금액

=1,200,000×현재가치계수(10%,3)+120,000×연금현재가치계수(10%, 3)

=1,200,000×0.7513+120,000×2.48689

=901,560+298,428≒1,200,000원

(2) 할인발행 [액면이자율(10%) < 시장이자율(12%)]

시장이자율이 액면이자율보다 큰 12%라고 가정하고 〈표 12-7〉의 사채발행금액을 계산하면 다음과 같다.

사채의 발행금액

=1,200,000×현재가치계수(12%, 3)+120,000×연금현재가치계수(12%, 3)

=1,200,000×0.7118+120,000×2.4018

=854,160+288,216=1,142,376원

사채의 발행금액은 1,142,376원이 되고, 액면금액 1,200,000원보다 57,624원 만큼 할인되었다는 것을 알 수 있다. 할인된 금액 57,624원을 사채할인발행차금(discount on bond)이라 한다. 사채가 할인발행된다면 회사가 부담하는 실질이자는 현금으로 지급되는 액면이자 외에 선급이자의 성격인 사채할인발행차금의 상각액을 포함하게 된다.

결국 사채 발행자 입장에서는 다른 차입기회보다 적게 지급하는 이자금액을, 사채매입자(투자자) 입장에서는 다른 투자기회보다 적게 받는 이자금액을 액면금액에 차감하여 발행금액 혹은 투자금액이 결정된다.

(3) 할증발행 [액면이자율(10%)>시장이자율 (8%)]

시장이자율이 액면이자율보다 적은 8%라고 가정하고 〈표 12-7〉의 사채 발행금액을 계산하면 다음과 같다.

사채의 발행금액

=1,200,000×현재가치계수(8%, 3)+120,000×연금현재가치계수(8%, 3)

=1,200,000×0.7938+120,000×2.5771

=952,560+309,252=1,261,812원

사채의 발행금액은 1,261,812원이 되고, 액면금액 1,200,000원보다 61,812원 만큼 할증되었다는 것을 알 수 있다. 할증된 금액 61,812원을 사채할증발행차금(premium on bond)이라 한다.

결국 사채발행자 입장에서는 다른 차입기회보다 많이 지급하는 이자금액을, 사채 매입자(투자자) 입장에서는 다른 투자기회보다 많이 받는 이자금액을 액면금액에 가산하여 발행금액 혹은 투자금액이 결정된다.

(4) 유효이자율의 개념

사채를 발행하려면 사채권의 인쇄비, 광고비 또는 위탁수수료 등이 지출된다. 이와 같이 사채를 발행하는데 직접 관련하여 발생하는 지출은 비용으로 처리하지 않고 사채의 발행금액에서 차감한다. 즉, 사채의 발행금액이 줄어드는 것이다. 사채의 발행금액이 줄면 그 만큼 발행회사가 부담하는 실질이자율(유효이자율)도 발행금액 결정시 적용한 시장이자율보다 더 높아질 것이다. 또한 새롭게 계산된 유효이자율이 실질적으로 발행회사가 부담한 이자율이기 때문에 앞으로 학습할 사채할인(할증)발행차금의 상각하는 과정에서는 유효이자율을 적용해야 한다는 점을 명심하자.

3. 사채발행 형태별 회계처리

(1) 액면발행 [액면이자율(10%) = 시장이자율(10%)]

〈표 12-7〉의 사채가 액면발행이 되었다면 아래와 같이 회계처리 된다.

〈발행시〉	(차) 현금	1,200,000	(대) 사채	1,200,000

〈재무상태표 표시〉

부분 재무상태표(20×1년 01월 01일)	
비유동부채	
사채	1,200,000

〈이자지급시〉	(차) 이자비용	120,000	(대) 현금	120,000

〈재무제표 표시〉

부분 재무상태표(20×1년 121월 31일)	
비유동부채	
사채	1,200,000

부분 손익계산서(20×1년)	
영업외비용	
이자비용	120,000

(2) 할인발행 [액면이자율(10%)<시장이자율(12%)]

〈표 12-7〉의 사채가 할인발행이 되었다면 아래와 같이 회계처리 된다. 사채할인발행차금계정은 사채차감계정이다.

〈발행시〉	(차) 현금	1,142,376	(대) 사채	1,200,000
	사채할인발행차금	57,624		

〈재무제표 표시〉

부분 재무상태표(20×1년 01월 01일)		
비유동부채		
사채	1,200,000(액면금액)	
사채할인발행차금	(57,624)	1,142,376(장부금액)

사채의 실질이자와 액면이자의 차이인 사채할인발행차금은 만기까지 나누어서 상각되어야 한다. 왜냐하면 손익계산서에 보고될 실질적인 이자비용을 계산해야 하기 때문이다. 〈표 12-9〉는 상각액과 사채의 장부금액을 효율적이고 체계적으로 확인할 수 있는 상각표이다.

표 12-9 사채할인발행차금상각표-유효이자율법

일 자	이자비용(A)*	액면이자(B)	사채할인발행차금 상각액(C)	사채할인발행차금 잔액(D)**	장부금액(E)***
	기초(E)×12%	액면금액×10%	(A)-(B)	기초(D)-(C)	기초(E)+(C)
20×1.01.01				57,624	1,142,376
20×1.12.31	137,085	120,000	17,085	40,539	1,159,461
20×2.12.31	139,134	120,000	19,134	21,405	1,178,595

일 자	이자비용(A)*	액면이자(B)	사채할인발행차금 상각액(C)	사채할인발행차금 잔액(D)**	장부금액(E)***
	기초(E)×12%	액면금액×10%	(A)-(B)	기초(D)-(C)	기초(E)+(C)
20×3.12.31	141,405	120,000	21,405	0	1,200,000
합계	417,624	360,000	57,624		

* 이자비용(유효이자, 실질이자) = 기초사채장부금액×시장이자율(유효이자율 : 12%)
** 사채할인발행차금잔액 = 기초잔액 - 사채할인발행차금상각액
*** 기말사채장부금액 = 액면금액 - 사채할인발행차금잔액 = 기초사채장부금액 + 사채할인발행차금상각액

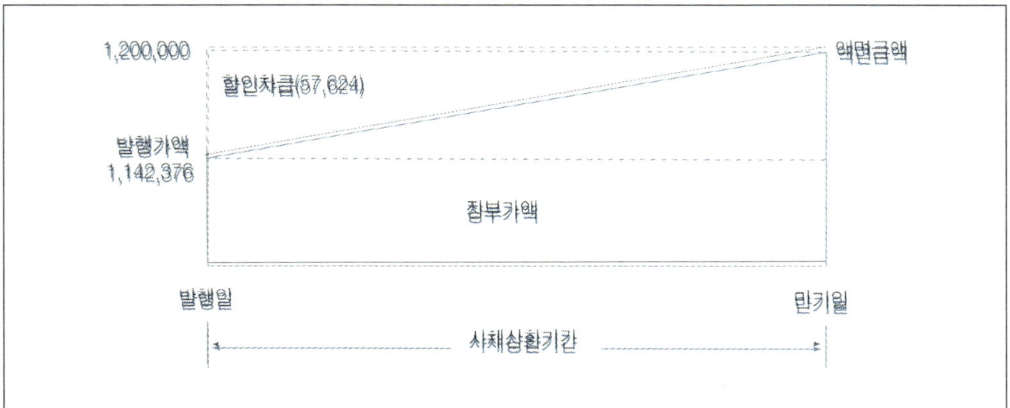

〈이자지급시〉 (차) 이자비용 137,085 (대) 현금 120,000

사채할인발행차금 17,085*

* 위의 사례에서 사채할인발행차금(57,624원)은 사채가 발행될 때 발행회사가 투자자로부터 액면금액(1,200,000원)보다 적게 받은 금액이다. 따라서 사채할인발행차금은 투자자가 요구하는 이자를 맞춰주기 위해서 발행 시점에서에 미리 이자를 지급한 것, 즉 선급이자와 그 성격이 같으므로 이자지급 시점에서 사채할인발행차금의 상각액을 손익계산서에 보고될 이자비용에 가산하여 회계처리 하는 것이다. 결국 만기까지 사채발행기업이 계상하는 실질적인 이자비용의 합계는 액면이자금액의 합계(360,000원)에 사채할인발행차금(57,624원)을 합한 417,624원이 된다.

〈재무제표 표시〉

부분 재무상태표(20×1년 12월 31일)

비유동부채		
사채	1,200,000	
사채할인발행차금	(40,539)	1,159,461

부분 손익계산서(20×1년)

영업외비용	
이자비용	137,085

(3) 할증발행 [액면이자율(10%)>시장이자율 (8%)]

〈표 12-7〉의 사채가 할증발행되었다면 아래와 같이 회계처리 된다. 사채할증발행차금계정은 사채가산계정이다.

〈발행시〉	(차) 현금	1,261,812	(대) 사채	1,200,000
			사채할증발행차금	61,812

〈재무제표 표시〉

부분 재무상태표(20×1년 01월 01일)

비유동부채		
사채	1,200,000	
사채할증발행차금	61,812	1,261,812

사채의 실질이자와 액면이자의 차이인 사채할증발행차금은 만기까지 나누어서 상각되어야 한다. 왜냐하면 손익계산서에 보고될 실질적인 이자비용을 계산해야 하기 때문이다. 〈표 12-10〉은 상각액과 사채의 장부금액을 효율적이고 체계적으로 확인할 수 있는 상각표이다.

표 12-10 사채할증발행차금상각표-유효이자율법

일 자	이자비용(A)*	액면이자(B)	사채할증발행차금 상각액(C)	사채할증발행차금 잔액(D)**	장부금액(E)***
	기초(E)×8%	액면금액×10%	(B)-(A)	기초(D)-(C)	기초(E)-(C)
20×1.01.01				61,812	1,261,812
20×1.12.31	100,945	120,000	19,055	42,757	1,242,757
20×2.12.31	99,421	120,000	20,579	22,178	1,222,178
20×3.12.31	97,822	120,000	22,178	0	1,200,000
합계	298,188	360,000	61,812		

* 이자비용(유효이자, 실질이자) = 기초사채장부금액 × 시장이자율(유효이자율 : 8%)
** 사채할증발행차금잔액 = 기초잔액 - 사채할증발행차금상각액
*** 사채장부금액 = 액면금액 + 사채할증발행차금잔액 = 기초사채장부금액 - 사채할증발행차금상각액

〈이자지급시〉 (차) 이자비용 100,945 (대) 현금 120,000

사채할증발행차금 19,055

〈이자지급시〉	(차) 이자비용	100,945	(대) 현금	120,000
			사채할증발행차금	19,055

* 위의 사례에서 사채할증발행차금(61,812원)은 사채가 발행될 때 발행회사가 투자자로부터 액면금액(1,200,000원)보다 초과하여 금액이다. 따라서 사채할증발행차금은 발행회사가 투자자가 요구하는 이자보다 초과하여 지급하는 액면이자를 발행 시점에서에 미리 돌려받은 것이므로 이자지급 시점에서 사채할증발행차금의 상각액을 손익계산서에 보고될 이자비용에서 차감하여 회계처리 하는 것이다. 결국 만기까지 사채발행기업이 계상하는 실질적인 이자비용의 합계는 액면이자금액의 합계(360,000원)에 사채할증발행차금(61,812원)을 차감한 298,188원이 된다.

〈재무제표 표시〉

부분 재무상태표(20×1년 12월 31일)			부분 손익계산서(20×1년)	
비유동부채			영업외비용	
사채	1,200,000		이자비용	100,945
사채할증발행차금	42,757	1,242,757		

4. 사채상환

(1) 만기상환

대부분의 사채는 만기일에 액면금액으로 상환된다. 만기일이 되면 발행시 할인발행 또는 할증발행되었던 사채의 장부금액이 액면금액과 동일하게 된다. 왜냐하면 사채할인발행차금 또는 사채할증발행차금이 모두 상각되어 잔액이 존재하지 않기 때문이다. 따라서 상환손익이 발생하지 않는다. 만기상환시 회계처리는 다음과 같다.

사례 12-6

(주)한국은 액면금액 1,200,000원이고 만기가 3년인 일시상환사채를 20×1년 1월 1일 1,142,376원에 할인발행하였다. 이자지급은 년 1회 12월 31일이며 후급이다. 액면이자율은 연 10%이며 시장이자율은 12%이다. 만기일은 20×3년 12월 31일이다. 만기일에 마지막 액면이자 120,000원와 함께 사채를 상환하였다.

〈만기시〉 20×3/12/31

(차) 이자비용	141,405	(대) 현금	120,000
		사채할인발행차금	21,405
(차) 사채	1,200,000	(대) 현금	1,200,000

(2) 조기상환

기업의 자금사정이 양호하거나 시장이자율이 하락하여 다른 사채나 차입금 등으로 대체할 필요성이 있을 경우에는 사채를 만기일 이전에 상환할 수 있는데 이를 조기상환이라 한다. 상환금액은 상환 당시의 시장이자율에 따라 결정된다. 따라서 사채의 상환금액과 상환일 현재의 사채장부금액은 차이가 날 수밖에 없으며 이 차이가 사채상환이익 또는 사채상환손실이 된다. 상환 당시의 시장이자율이 발행당시 시장이자율보다 상승하였다면 사채상환금액은 장부금액보다 적어서 사채상환이익이 발생할 것이고, 반대로 상환 당시의 시장이자율이 발행당시 시장이자율보다 하락하였다면 사채상환손실이 발생할 것이다. 사채상환이익은 영업외수익으로, 사채상환손실은 영업외비용으로 분류한다. 상환당시 시장이자율과 발행당시 시장이자율(역사적 이자율)의 관계가 사채상환손익에 미치는 영향을 요약하면 〈표 12-11〉과 같다.

표 12-11 상환시 시장이자율과 발행시 시장이자율의 관계가 사채상환손익에 미치는 영향

상환시 시장이자율과 발행시 시장이자율의 관계	사채시장가격	사채상환손익
상환당시 시장이자율 = 발행당시 시장이자율	변동없음	-
상환당시 시장이자율 > 발행당시 시장이자율	하락	이익
상환당시 시장이자율 < 발행당시 시장이자율	상승	손실

(3) 자기사채

기업은 자기가 발행한 사채를 매입하기도 하는데 이를 자기사채(treasury bond)라 한다. 기업은 사채를 조기에 상환하기 위해 매입하는 경우도 있고, 일시적인 여유자금을

이용하여 이자비용을 줄이기 위해 잠시 매입하였다가 재발행하는 경우도 있다. 자기사채를 취득하는 경우에는 사채의 상환에 해당하는 회계처리를 적용한다.

제 3 절 제품보증충당부채

기업이 상품을 판매한 후 수년 간 사후보증서비스를 제공하기로 하였다면 판매 이후의 기간에 보증서비스비용과 관련된 지출이 발생할 것이다. 대부분의 경우에는 상품을 인도하면서 매출이라는 수익을 즉시 장부에 반영한다. 반면에 보증서비스와 관련된 지출은 통상적으로 판매시점 이후인 미래에 발생한다. 이 경우 지출이 되었을 때 비용으로 인식한다면 수익비용대응원칙에 어긋나는 문제가 발생할 수 있다. 따라서 미래 보증서비스와 관련된 지출의 원인이 당기에 존재하여 당기의 매출에서 차감하는 것이 합리적이고, 미래에 지출될 것이 확실하고 그 금액을 합리적으로 측정가능하다면 수익비용대응원칙에 따라 관련비용을 부채와 함께 계상하여야 한다. 이때에 계상하는 부채가 제품보증충당부채이다. 이 때 충당부채(provisions)는 지출시기와 지출금액, 지출처 등이 불확실하지만 과거의 사건이나 거래의 결과로 인한 현재의 의무로서 미래에 경제적 자원의 유출가능성이 매우 높고 그 금액을 신뢰성 있게 추정할 수 있는 의무를 말한다.

사례 10-7

(주)한국은 20×1년에 상품 5,000,000원을 판매하고 매출을 계상하였다. 이 매출로 인한 보증서비스는 판매 후 2년간 이루어지며 과거 경험으로 볼 때 판매 후 1년 이내에 매출액의 4%, 2년 이내에는 매출액의 2%가 보증서비스와 관련된 지출이 발생한다. 전기말 제품보증충당부채의 잔액은 190,000원이었고 당기 중 실제로 180,000원의 보증서비스와 관련된 지출이 발생하였다.

〈판매시〉	(차) 매출채권	5,000,000*	(대) 매출		5,000,000
〈지출시〉	(차) 제품보증충당부채	180,000*	(대) 현금		180,000
〈결산시〉	(차) 제품보증비	300,000*	(대) 제품보증충당부채		300,000

* 5,000,000×(4%+2%)=300,000

객관식

01 다음 중 비유동부채에 해당하지 않는 것은?

① 사채(社債) ② 유동성장기부채
③ 장기미지급금 ④ 장기차입금

해설 ② 유동성장기부채는 유동부채에 해당한다.

02 사채의 회계처리에 대한 설명이다. 다음 중 옳은 것은?

① 사채의 표시이자율이 시장이자율보다 클 경우에는 사채가 할인발행된다.
② 유효이자율법을 적용하여 사채할인발행차금을 상각할 경우 기간이 경과할수록 사채할인발행차금 상각액은 감소한다.
③ 유효이자율법에 의한 이자비용은 기초시점의 사채 장부금액에 액면이자율을 곱하여 계산한다.
④ 사채할인발행차금은 상각액은 이자비용으로 처리된다.

해설 ④

① 사채의 액면이자율이 시장이자율보다 클 경우에는 사채가 할증발행된다.
② 유효이자율법을 적용하여 사채할인발행차금을 상각할 경우 기간이 경과할수록 사채할인발행차금 상각액은 증가한다.
③ 유효이자율법에 의한 이자비용은 기초시점의 사채 장부금액에 유효이자율을 곱하여 계산한다.

03 다음 중 화폐성자산과 화폐성부채로만 묶어진 것은?

① 매출채권, 매입채무, 선수금
② 매출채권, 단기차입금, 선급금
③ 매출채권, 매입채무, 단기차입금
④ 선급금, 매입채무, 사채

해설 ③ 선급금은 비화폐성자산이며, 선수금은 비화폐성부채이다.

04 12월말 결산법인인 (주)산정은 20×1년에 상품 10,000,000원을 판매하고 매출을 계상하였다. 이 매출로 인한 보증서비스는 판매 후 2년간 이루어지며 과거 경험으로 볼 때 판매 후 1년 이내에 매출액의 4%, 2년 이내에는 매출액의 2%가 보증서비스와 관련된 지출이 발생한다. 전기말 제품보증충당부채의 잔액은 380,000원이었고 당기 중 실제로 360,000원의 보증서비스와 관련된 지출이 발생하였다. 결산수정분개시 계상될 제품보증비는 얼마인가?

① 200,000원 ② 400,000원
③ 600,000원 ④ 800,000원

해설 ③

〈판매시〉	(차) 매출채권	10,000,000	(대) 매출	10,000,000
〈지출시〉	(차) 제품보증충당부채	360,000	(대) 현금	360,000
〈결산시〉	(차) 제품보증비	600,000*	(대) 제품보증충당부채	600,000

* 10,000,000 × (4% + 2%) = 600,000

05 12월말 결산법인인 (주)한국은 아래와 같은 사채를 발행하고 자금을 조달하였다. 동 사채의 발행금액은 얼마인가? 본 교재 부록의 현재가치표를 활용하시오.

① 발행자 : (주)한국	⑤ 만기일 : 20×3년 12월 31일
② 액면금액 : 100,000,000원	⑥ 이자지급방법 : 매년 12월 31일 후급
③ 액면이자율 : 연 10%	⑦ 상환방법 : 만기 일시 상환
④ 발행일 : 20×1년 1월 1일	⑧ 발행당시 시장이자율 : 12%

① 92,790,800원 ② 93,790,800원
③ 94,196,300원 ④ 95,196,300원

해설 ④ 100,000,000 × 0.71178 + 10,000,000 × 2.40183 = 95,196,300

06 [문제5 계속] 20X2년 12월 31일 현재 사채의 장부금액을 계산하면 얼마인가? 본 교재 부록의 현재가치표를 활용하시오.

① 96,219,856 ② 96,619,856
③ 98,214,239 ④ 98,414,239

해설 ③ (아래의 상각표를 참조하시오.)

일자	이자비용(A)*	액면이자(B)	할인발행차금 상각액(C)	할인발행차금 잔액(D)**	장부금액(E)***
	기초(E)×12%	액면금액×10%	(A)-(B)	기초(D)-(C)	기초(E)+(C)
20×1.01.01				4,803,700	95,196,300
20×1.12.31	11,423,556	10,000,000	1,423,556	3,380,144	96,619,856
20×2.12.31	11,594,383	10,000,000	1,594,383	1,785,761	98,214,239
20×3.12.31	11,785,761	10,000,000	1,785,761	0	100,000,000
합계	34,803,700	30,000,000	4,803,700		

[확인사항] 사채할인발행의 경우 눈여겨 확인할 사항들 (만기일이 다가올수록)

→ 사채의 장부금액은 증가한다.

→ 총이자비용은 증가한다.

→ 매기의 사채할인발행차금상각액은 증가한다.

→ 사채할인발행차금은 점점 감소한다.

07 [문제6 계속] 20X2년 12월 31일에 동 사채를 조기 상환하였다. 이자부분을 제외하고 상환에 소요된 금액은 97,214,239원이다. 상환손익을 계산하면 얼마인가?

① 상환손실 1,000,000원

② 상환이익 1,000,000원

③ 상환손실 1,100,000원

④ 상환이익 1,100,000원

해설 ② 장부금액(98,214,239원)보다 1,000,000원 적은 금액으로 채무를 상환하였으므로 상환이익이 발생하였으며 그 금액은 1,000,000원이다. [문제6] 해설의 상각표 참조.

08 [문제6 계속] 20X3년 7월 1일에 동 사채를 조기 상환하였다. 이자부분을 제외하고 상환에 소요된 금액은 99,095,689원이다. 상환손익을 계산하면 얼마인가?

① 상환손실 11,431원

② 상환이익 11,431원

③ 상환손실 13,141원

④ 상환이익 13,141원

해설 ② 장부금액[99,107,120=98,214,239원+1,785,761원×(6/12)]보다 11,431원 적은 금액으로 채무를 상환하였으므로 상환이익이 발생하였으며 그 금액은 11,431원이다. [문제6] 해설의 상각표 참조.

09 사채할인발행의 경우와 관련된 다음의 설명 중 옳지 않은 것은?

① 만기일이 다가올수록 사채의 장부금액은 점점 작아진다.

② 포괄손익계산서에 보고되는 이자비용은 액면이자(현금이자)보다 항상 크다.

③ 만기일이 되면 사채의 장부금액과 액면금액은 서로 일치한다.

④ 만기일이 다가올수록 인식할 이자비용은 점점 커진다.

해설 ① [문제 6]의 해설에 제시된 상각표에서 확인할 수 있듯이 만기일이 다가올수록 사채의 장부금액은 점점 커진다.

10 (주)오류는 결산을 수행하는 과정에서 사채할인발행차금상각과 관련되어 필요한 회계처리를 누락하였다. 해당 오류가 재무정보에 미치는 영향에 대한 다음의 설명 중 옳지 않은 것은?

① 법인세비용차감전순이익이 과소계상된다.

② 포괄손익계산서에 보고되는 이자비용이 과소계상된다.

③ 사채의 장부금액이 과소계상된다.

④ 사채할인발행차금이 과대계상된다.

해설 ① 사채할인발행차금의 상각을 누락하면 사채의 장부금액이 과소계상된다. 그리고 사채할인발행차금의 상각액은 이자비용에 포함되는데, 이를 누락하였으니 법인세비용차감전순이익이 과대계상된다.

주관식

01 (주)한국은 20×1년 1월 1일 액면금액 10,000,000원, 만기 4년의 일시상환사채를 발행하였다. 사채의 액면이자율은 8%이며, 이자는 매년 1회 12월 31일 지급한다. 발행 당시 사채의 시장이자율은 10%이다. 현재가치요소는 다음과 같다.

구분	8%		10%	
	단순현가요소	연금현가요소	단순현가요소	연금현가요소
1기간	0.9259	0.9259	0.9091	0.9091
2기간	0.8573	1.7833	0.8264	1.7355
3기간	0.7938	2.5771	0.7513	2.4869
4기간	0.7350	3.3121	0.6830	3.1699

물음

(1) 사채의 발행금액을 계산하고 사채발행일의 회계처리를 제시하시오.

(2) 20×1년과 20×2년 이자지급시 회계처리를 각각 제시하시오.

(3) 만일 20×3년 1월 1일 사채를 9,500,000원에 조기상환하였다면, 상환시 회계처리를 제시하시오.

(4) 회사가 4년간 부담하는 이자비용의 총액은 얼마인가?

해설 (아래의 상각표를 참조하시오.)

일자	이자비용(A)*	액면이자(B)	할인발행차금 상각액(C)	할인발행차금 잔액(D)**	장부금액(E)***
	기초(E)×10%	액면금액×8%	(A)-(B)	기초(D)-(C)	기초(E)+(C)
20×1.01.01				634,080	9,365,920
20×1.12.31	936,592	800,000	136,592	497,488	9,502,512
20×2.12.31	950,251	800,000	150,251	347,237	9,652,763
20×3.12.31	965,276	800,000	165,276	181,961	9,818,030
20×4.12.31	981,961	800,000	181,961	0	10,000,000
합계	3,834,080	3,200,000	634,080		

(1) 10,000,000×0.6830+800,000×3.1699=9,365,920

(차) 현금	9,365,920	(대) 사채	10,000,000
사채할인발행차금	634,080		

(2) 20×1년 이자지급시

(차) 이자비용	936,592	(대) 현금	800,000
		사채할인발행차금	136,592

20×2년 이자지급시

(차) 이자비용	950,251	(대) 현금	800,000
		사채할인발행차금	150,251

(3) 20×3년 1월 1일 상환시

(차) 사채	10,000,000	(대) 현금	9,500,000
		사채할인발행차금	347,237
		사채상환이익	152,763

(4) 회사가 4년간 부담하는 이자비용의 총액은 3,834,080원이다.

02 (주)세종은 20×1년 1월 1일 액면금액 10,000,000원, 만기 3년의 일시상환사채를 발행하였다. 사채의 액면이자율은 12%이며, 이자는 매년 1회 12월 31일 지급한다. 발행 당시 사채의 시장이자율은 10%이다. 현재가치요소는 다음과 같다.

구분	12%		10%	
	단순현가요소	연금현가요소	단순현가요소	연금현가요소
1기간	0.8929	0.8929	0.9091	0.9091
2기간	0.7972	1.6901	0.8264	1.7355
3기간	0.7188	2.4018	0.7513	2.4869

물음

(1) 사채의 발행금액을 계산하고 사채발행일의 회계처리를 나타내시오.
(2) 20×1년과 20×2년 각각 이자 지급시 회계처리를 나타내시오.
(3) 20×3년 7월 1일 사채를 경과이자를 포함하여 11,000,000원에 조기상환하였다. 상환시 회계처리를 나타내시오.
(4) 회사가 3년간 부담하는 이자비용의 총액은 얼마인가?

해설 (아래의 상각표를 참조하시오.)

일 자	이자비용(A)*	액면이자(B)	할증발행차금 상각액(C)	할증발행차금 잔액(D)**	장부금액(E)***
	기초(E)×10%	액면금액×12%	(B)-(A)	기초(D)-(C)	기초(E)-(C)
20×1.01.01				497,280	10,497,280
20×1.12.31	1,049,728	1,200,000	150,272	347,008	10,347,008
20×2.12.31	1,034,701	1,200,000	165,299	181,709	10,181,709
20×3.12.31	1,018,291	1,200,000	181,709	0	10,000,000
합계	3,102,720	3,600,000	497,280		

(1) 10,000,000×0.7513+1,200,0000×2.4869=10,497,280

(차) 현금	10,497280	(대) 사채	10,000,000
		사채할증발행차금	497,280

(2) 20×1년 이자지급시

(차) 이자비용	1,049728	(대) 현금	1,200,000
사채할증발행차금	150,272		

20×2년 이자지급시

(차) 이자비용	1,034,700	(대) 현금	1,200,000
사채할증발행차금	165,300		

(3) 20×3년 7월 1일 상환시

(차)	이자비용	509,146	(대) 미지급이자	600,000
	사채할증발행차금	90,854		
(차)	사채	10,000,000	(대) 현금	11,000,000
	사채할인발행차금	90,854		
	미지급이자	600,000		
	사채상환손실	309,146		

(4) 회사가 3년간 부담하는 이자비용의 총액은 3,102,720원이다.

13장

자본

제1절 자본의 의의

제2절 자본금

제3절 자본잉여금과 자본조정

제4절 이익잉여금

제5절 자본변동표

학습목표

▶ 유상증자와 무상증자의 회계처리를 설명할 수 있다.
▶ 자기주식 회계처리를 설명할 수 있다.
▶ 이익잉여금의 구성을 설명할 수 있다.
▶ 무상증자와 주식배당 및 액면분할이 재무상태에 미치는 영향을 설명할 수 있다.

제 1 절 자본의 의의

1. 주식회사

주식회사(corporation)는 소액으로 분할된 주식을 자본시장을 통하여 발행함으로써 주주로부터 투자자금을 조달하는 회사를 말한다. 주주는 본인이 매입한 주식금액을 한도로 하여 책임을 지며 기업의 채무에 대하여 아무런 책임을 지지 않는다.

금융기관 차입이나 회사채 발행은 재무상태표에 부채로 표시되고, 이 경우에 기업은 이익발생여부에 관계없이 대가로 이자를 지급하여야 하고 만기일에 원금을 상환하여야 한다. 그러나 주식을 발행하면 재무상태표에 자본에 표시되고, 기업은 이익을 실현하면 대가로 배당을 지급하지만 원금에 대한 상환의무는 특수한 경우를 제외하고는 없다.

2. 자본의 의미와 구성요소

기업의 자산총액에서 부채총액을 차감한 잔여지분을 자본(equity)이라 하며, 자산총액이 부채총액을 초과한다는 의미에서 순자산(net assets)이라고도 부른다. 주주는 기업의 소유주로서 자본(순자산)에 대한 소유권을 가지고 있다. 따라서 자본을 주주지분(shareholder' equity) 또는 소유주지분(owner's equity)이라고도 부른다.

자본은 주주가 원래 불입한 납입자본(contributed capital, paid in capital)과 이를 운용하여 얻은 이익잉여금(retained earnings), 그리고 기타자본구성요소(other components of equity)로 구분된다.

납입자본은 자본금과 자본잉여금으로 구성되며, 납입자본 중 발행주식의 액면금액을 자본금이라 하고 액면금액을 초과하는 금액 등을 자본잉여금이라 한다.

이익잉여금은 기업이 벌어들인 이익을 기업 내부에 유보한 금액이라는 의미에서 유보이익이라고도 부른다.

기타자본구성요소는 자본조정과 기타포괄손익누계액으로 구성된다. 자본의 구성항목을 구체적으로 분류하면 〈표 13-1〉과 같다.

표 13-1 자본의 구성항목

<table>
<tr><th>거래구분</th><th>전통적 분류</th><th>계정과목</th><th>국제회계기준분류</th></tr>
<tr><td rowspan="8">자본거래</td><td>자본금</td><td>자본금</td><td rowspan="4">납입자본</td></tr>
<tr><td rowspan="3">자본잉여금</td><td>주식발행초과금</td></tr>
<tr><td>자기주식처분이익</td></tr>
<tr><td>감자차익 등</td></tr>
<tr><td rowspan="4">자본조정</td><td>자기주식</td><td rowspan="7">기타자본
구성요소</td></tr>
<tr><td>자기주식처분손실</td></tr>
<tr><td>주식할인발행차금</td></tr>
<tr><td>감자차손 등</td></tr>
<tr><td rowspan="6">손익거래</td><td rowspan="3">기타포괄
손익누계액</td><td>기타포괄손익-공정가치측정 금융자산 평가손익</td></tr>
<tr><td>해외사업환산손익</td></tr>
<tr><td>재평가잉여금 등</td></tr>
<tr><td rowspan="3">이익잉여금</td><td>법정적립금(이익준비금)</td><td rowspan="3">이익잉여금</td></tr>
<tr><td>임의적립금</td></tr>
<tr><td>미처분이익잉여금</td></tr>
</table>

3. 개인기업의 자본

개인기업은 법인기업과 달리 기업실체와 기업주가 같다. 따라서 자본과 관련된 모든 회계처리는 자본금계정 하나로 처리된다. 즉, 자본을 원천별로 구분할 필요가 없다는 것이다. 배당을 제한할 필요도 없고 기업주가 불입한 자금이든 기업 활동에서 얻은 이익이든 그 원천을 구분할 필요가 없다.

제 2 절 자본금

1. 주식의 종류

기업이 발행하는 주식의 종류에는 크게 보통주와 우선주가 있다. 발행된 보통주의 액면금액은 보통주자본금으로 분류하고, 우선주의 액면금액은 우선주자본금으로 분류한다.

(1) 보통주

보통주(common stock)를 소유한 주주는 자신이 투자한 주식금액을 한도로 유한책임을 지지만 기업의 최종위험을 부담하는 자로서 기업의 자본에 대한 소유권을 가진 자이다. 또한 자본의 소유권 외에 기업의 경영에 대한 의결권, 기업이 얻은 이익에 대한 이익배당권, 청산시 잔여재산에 대한 잔여재산분배권, 신주발행에 대한 신주인수권 등에 대하여 자신이 소유하고 있는 주식수에 비례하여 권리를 가진다.

(2) 우선주

우선주(preferred stock)를 소유한 주주는 이익배당권이나 청산시 잔여재산분배권 등 특정권리에 대해서는 보통주를 소유한 주주보다 우선적인 권리를 가지지만 그 외의 것에 대해서는 권리가 제한되는 주주를 말한다.

최근에는 다양한 조건의 우선주들이 많이 등장하고 있는데, 일정기간 보유하면 보통주로 전환할 수 있는 전환우선주, 비교적 높은 배당을 지급하고 일정기간 후에 약정된 가격으로 상환할 수 있는 상환우선주 등도 발행되고 있다.

2. 주식발행과 자본금의 증가(증자)

(1) 유상증자(실질적 증자)

기업이 자본금을 증가시키는 것을 증자라 하고 이는 주식의 발행을 통하여 이루어진다. 발행되는 1주의 금액을 주당 액면금액(par value)이라 한다. 물론 무액면주식의 발행도 가능하다.

실제로 증권시장에서 주식은 액면금액으로 액면발행 되기도 하고 액면금액보다 높은 가액으로 할증발행 되기도 한다. 주주가 납입하는 금액 중에서 액면금액을 자본금이라 하며 발행되는 발행주식수에 주당 액면금액을 곱하여 산출한다. 주주가 납입한 금액 중 액면금액을 초과하는 금액을 주식발행초과금이라 한다.

이와 같이 주주가 현금이나 현물을 출자함으로써 실질적으로 기업의 순자산가액이 증가하면서 주식이 발행되는 경우를 유상증자 또는 실질적 증자라 한다.

한편, 주식을 발행하는 경우에 등록세 등 제세공과금, 주식인쇄비, 광고비, 수수료 등의 주식발행비가 지출되는데 이를 비용으로 처리하지 않고 주식발행가액에서 차감한다.

(2) 액면발행

액면발행(issue at par)이란 주식발행의 대가로 주주가 납입하는 금액이 액면금액과 동일한 경우를 말한다.

사례 13-1

(주)한국은 20×1년 1월 1일 주당 액면금액 @5,000원인 보통주 10,000주를 액면발행하였고 3명의 주주로부터 50,000,000원이 입금되었다.

〈주금납입시〉	(차) 현금	50,000,000	(대) 보통주자본금	50,000,000*

* 10,000×@5,000=50,000,000

(3) 할증발행

기업의 순자산가치가 크고 성장가능성과 잠재력이 크다면 자본시장에서 거래되는 주당 주식가치는 주당 액면금액보다 훨씬 높을 것이다. 할증발행(issue at a premium)이란 주식발행의 대가로 주주가 납입하는 금액이 액면금액을 초과하는 경우를 말한다. 발행가액 중 액면금액은 자본금으로 처리하고 액면금액을 초과하는 금액은 주식발행초과금으로 처리하여 자본잉여금으로 분류한다.

사례 13-2

(주)한국은 20×1년 1월 1일 주당 액면금액 @5,000원인 보통주 10,000주를 주당 @10,000원에 발행하였고 3명의 주주로부터 100,000,000원이 입금되었다. 주식발행비로 2,000,000원이 지출되었다.

〈주금납입시〉	(차) 현금	98,000,000	(대) 보통주자본금	50,000,000
			주식발행초과금	48,000,000*

* 주식발행초과금 = 10,000 × (@10,000 - @5,000) - 2,000,000 = 48,000,000

사례 13-3

(주)미국은 20×1년 1월 1일 주당 액면금액 @5,000원인 우선주 10,000주를 주당 @15,000원에 발행하였고 3명의 주주로부터 150,000,000원이 입금되었다. 주식발행비로 3,000,000원이 지출되었다.

〈주금납입시〉	(차) 현금	147,000,000	(대) 우선주자본금	50,000,000
			주식발행초과금	97,000,000*

* 주식발행초과금 = 10,000 × (@15,000 - @5,000) - 3,000,000 = 97,000,000

(4) 할인발행

주식이 액면금액 미만으로 발행된 것을 할인발행(issue at a discount)이라 하며 우리나라에서는 투자자보호를 위해서 주식의 할인발행을 원칙적으로 금지하고 있다. 부득이 한 경우 상법상 인정되는 경우가 있는데, 만일 할인발행한다면 액면금액에 미달하는 금액은 주식할인발행차금의 차변에 기록하여 자본조정(차감항목)으로 분류한다.

사례 13-4

(주)대전은 20×1년 1월 1일 주당 액면금액 @5,000원인 보통주 10,000주를 주당 @4,000원에 할인발행하였고 3명의 주주로부터 40,000,000원이 입금되었다.

〈주금납입시〉 (차)	현금	40,000,000	(대) 보통주자본금	50,000,000
	주식할인발행차금 (자본조정)	10,000,000		

(5) 무상증자(형식적 증자)

기업에 현금 또는 현물이 납입되지 않고, 즉 기업의 순자산이 증가하지 않고 명목상으로만 자본금이 증가되는 경우를 무상증자 또는 형식적 증자라 한다. 이는 기업의 순자산가액을 증가시키지 아니하고 자본 내에서 자본금이 증가되는 만큼 다른 계정과목의 금액이 동일한 금액만큼 감소된다.

무상증자의 대표적인 예로는, 주식배당, 자본잉여금 또는 법정적립금의 자본전입이 있다.

사례 13-4

(주)제주는 20×1년 3월 25일 주식발행초과금(자본잉여금)을 재원으로 하여 주주총회에서 액면금액 @5,000원의 보통주식 2,000주를 무상증자하기로 결의하고 주식을 발행하여 교부하였다.

〈주주총회결의일〉 (차)	주식발행초과금	10,000,000	(대) 보통주자본금	10,000,000*

* @5,000 × 2,000 = 10,000,000

3. 자본금의 감소(감자)

(1) 유상감자(실질적 감자)

기업이 자본금을 감소시키는 것을 감자라 한다. 자본금을 감소시키는 경우는 극히 예외적이며 주주나 기업의 이해관계자에게 미치는 부정적인 영향 때문에 상법에서 그 방법과 절차를 엄격히 제한하고 있다. 주주에게 감자의 대가로 현금을 지급함으로써 이루어지며 기업의 순자산(자본)이 실질적으로 감소시키는 것을 유상감자 또는 실질적 감자라 한다.

감자시 주주에게 환급해 주는 주식대금 환급액이 자본금 감소액을 초과하면 감자차손이 발생하고, 반대로 미달하면 감자차익이 발생한다. 감자차익은 자본잉여금으로 분류하고, 감자차손은 자본조정으로 분류한다. 발생된 감자차손은 이미 계상되어 있는 감자차익과 상계처리하고 나머지 잔액은 자본조정으로 처리하였다가 당기말미처분이익잉여금의 처분항목으로 상각처리한다.

(2) 무상감자(형식적 감자)

주주에게 감자의 대가를 지급하지 않고 명목상으로만 자본금이 감소되는 경우를 무상감자또는 형식적 감자라 한다. 이는 기업의 순자산가액을 감소시키지 아니하고 자본 내에서 자본금이 감소되는 만큼 다른 계정과목이 동일한 금액만큼 증가된다. 대표적인 예가 결손금을 줄이기 위해 자본금과 상계하는 경우인데 이를 결손금보전이라 한다.

제 3 절 자본잉여금과 자본조정

1. 자본잉여금

증자거래, 감자거래, 자기주식의 취득과 처분거래 등에서 발생하는 잉여금을 자본잉여금이라 한다. 즉, 자본거래에서 발생하는 잉여금을 자본잉여금이라 하며, 자본잉여금에는 주식발행초과금, 감자차익, 자기주식처분이익 등이 있다.

상법상 자본잉여금은 누적된 이월결손금의 보전이나 무상증자를 위해 잉여금을 자본금으로 전입(잉여금의 자본전입)시키는 경우 이외에는 사용하지 못한다.

2. 자본조정과 자기주식회계처리

(1) 자본조정

증자거래, 감자거래와 자기주식의 취득과 처분거래 등에서 발생하는 것으로 자본금과 자본잉여금으로 분류되지 않는 것을 자본조정이라 한다. 자본조정항목에는 자기주식, 자기주식처분손실, 주식할인발행차금, 감자차손 등이 있다. 이하에서는 자기주식의 회계처리를 살펴본다.

(2) 자기주식 회계처리

증권시장에서 유통되고 있는 자기회사의 주식을 매입하여 소각하거나 재매각할 목적으로 취득하기도 하는데, 취득한 자기회사의 주식을 자기주식(treasury stock)이라 하며 이를 자본조정항목으로 처리한다. 자기주식을 취득하면 자기주식계정의 차변에 증가를 기록하고 결산기말 재무상태표에는 자본조정항목으로 자본에 차감하여 표시한다.

자기주식을 취득하게 되면 기업의 유통주식수가 감소하게 되는데 발행주식수에서 자기주식수를 차감하여 유통주식수를 계산하고 자기주식에 대해서는 배당금도 지급하지 아니한다.

자기주식을 취득하면 이를 취득원가로 기록한다. 자기주식을 소각하면서 발생하는 자기주식 취득가액과 자본금과의 차이를 감자차익(자본잉여금)과 감자차손(자본조정)으로 처리한다. 재매각시 발생하는 자기주식 취득가액과 매각가액과의 차이를 자기주식처분이익(자본잉여금)과 자기주식처분손실(자본조정)으로 처리한다.

감자차익과 자기주식처분이익은 자본잉여금으로 분류하고 감자차손과 자기주식처분손실은 자본조정으로 분류한다. 자기주식처분손실은 감자차손과 마찬가지로 이미 계상되어 있는 자기주식처분이익이 있으면 이와 상계처리하고 나머지 잔액은 자본조정항목으로 처리하였다가 당기말미처분이익잉여금의 처분항목으로 상각처리한다.

사례 13-6

(주)서울의 20X0년 12월 31일 현재 보통주의 발행주식수는 10,000주이고 자본금은 50,000,000원(10,000주×@5,000원)이며 주식발행초과금은 10,000,000원이다. 주가관리를 위해 20×1년 3월 31일 자기주식 1,000주를 주당 @6,000원에 취득하였다. 1개월 후인 4월 30일 자기주식 100주를 주당 @7,000원에 매각하였으며 2개월 후인 5월 30일에는 자기주식 100주를 주당 @5,500원에 매각하였다. 그리고 20×2년 3월 20일 주주총회에서 주식 100주를 소각하기로 결의하였다.

①〈취득시〉	(차) 자기주식	6,000,000*	(대) 현금	6,000,000

* 1,000×@6,000 = 6,000,000

〈발행주식수 = 10,000주, 유통주식수 = 10,000주-1,000주 = 9,000주, 자기주식 = 1,000주〉

②〈매각시〉	(차) 현금	700,000	(대) 자기주식	600,000
			자기주식처분이익	100,000*

* 100×(@7,000 - @6,000) = 100,000

〈발행주식수 = 10,000주, 유통주식수 = 9,000주+100주 = 9,100주, 자기주식 = 1,000주-100주 = 900주〉

③〈매각시〉	(차) 현금	550,000	(대) 자기주식	600,000
	자기주식처분이익	50,000*		

* 100×(@5,500 - @6,000) = (50,000)

〈발행주식수 = 10,000주, 유통주식수 = 9,100주+100주 = 9,200주, 자기주식 = 900주-100주 = 800주〉

④〈소각시〉(차) 자본금 500,000 (대) 자기주식 600,000
감자차손 100,000*

* 100×(@6,000 - @5,000) = 100,000

〈발행주식수 10,000주-100주 = 9,900주, 유통주식수 = 9,200주, 자기주식 = 800주-100주 = 700주〉

⑤ 거래 후의 자본부분 재무상태표는 다음과 같다.

〈재무상태표 표시〉

부분 재무상태표(20×2년 3월 20일)

자본금		49,500,000
보통주 자본금	49,500,000	
(보통주발행주식수 : 9,900주, 주당 액면금액 @5,000원)		
자본잉여금		10,050,000
주식발행초과금	10,000,000	
자기주식처분이익	50,000	
자본조정		(4,300,000)
자기주식	(4,200,000)	
감자차손	(100,000)	

제 4 절 이익잉여금

1. 의의와 분류

이익잉여금(retained earnings)이란 기업이 납입자본을 운용하여 얻은 이익 중에서 주주에게 배당으로 지급하고 난 후의 나머지를 기업내부에 유보(retained)한 누적금액을 말한다. 즉, 기업이 벌어들인 이익으로서 기업 외부에 유출되거나 납입자본에 대체되지 않고 사내에 유보된 이익(유보이익)을 말한다. 이익잉여금은 법정적립금, 임의적립금, 미처분이익잉여금(또는 미처리결손금)으로 분류한다.

표 13-2 이익잉여금의 분류

처분여부	보고과목	내용
미처분이익잉여금	미처분이익잉여금 (또는 미처리결손금)	전기이월미처분이익잉여금
		전기오류수정손익
		회계변경누적효과
		당기순이익 또는 당기순손실
기처분이익잉여금	법정적립금	이익준비금
	임의적립금	감채적립금, 시설확장적립금 등

처분이라 함은 이익잉여금을 주주에게 배당할 것인가 아니면 사내에 적립할 것인가 등을 결정하는 것으로 주주총회의 결의에 의하여 결정된다. 처분의 한 종류로서 배당(dividends)은 주주에게 현금 또는 현물이나 주식을 지급함으로써 당기말미처분이익잉여금이 감소되는 것을 말하고, 다른 종류의 처분으로서 적립(reserves)은 법률적으로 또는 기업 자의적으로 필요에 따라 당기말미처분이익잉여금을 법정적립금이나 임의적립금으로 대체시킴으로써 미처분이익잉여금이 감소되는 것을 말한다.

처분의 마지막 종류로서 상각(write-off)은 주식할인발행차금, 감자차손, 자기주식처분손실 등의 자본조정항목의 일정액과 당기말미처분이익잉여금을 상계처리하여 미처분이익잉여금을 감소시키는 것을 말한다. 이익잉여금 처분의 내용을 요약하면 〈표 13-3〉과 같다.

표 13-3 이익잉여금 처분의 내용

구분		내용
처분	배당	현금 또는 현물배당
		주식배당
	적립	법정적립
		임의적립
	상각	상계처리

한편, 적립은 단지 이익잉여금에 속하는 항목 상호간에 계정과목을 재분류하는 것에 불과하다. 즉, 사내에 유보된 자금이 실제 현금이나 특정기금과 같은 것으로 별도 관리되고 있다는 것을 의미하지는 않는다.

(1) 기처분이익잉여금

기처분이익잉여금(appropriated retained earning)이란 법률적으로 또는 기업이 임의적으로 이미 적립한 이익잉여금을 말하며 법정적립금과 임의적립금이 있다.

1) 법정적립금

법적으로 적립되는 이익잉여금을 법정적립금(legal reserve)이라 하는데 상법에 따라 적립해야 하는 이익준비금을 예로 들 수 있다.

법정적립금은 기업의 자본을 충실히 하기 위해 이월결손금을 보전하거나 자본금에 전입하는 것 이외에는 사용하지 못하도록 하고 있다.

2) 임의적립금

기업이 필요에 따라 스스로 미래의 불확실성이나 투자기회에 대비하기 위하여 사외유출을 줄이고 임의적으로 적립하는 것을 임의적립금(voluntary reserve)이라 한다. 임의적립금은 배당을 제한하여 재무구조를 견실히 하고 어떤 목적을 달성하기 위해 이익잉여금의 계정을 재분류한 것에 불과한 것이지 적립금에 해당하는 현금이 별도로 예금되어 있는 것은 아니다.

(2) 미처분이익잉여금

미처분이익잉여금(unappropriated retained earning)이란 기업이 벌어들인 이익 중에서 기업 외부로 사외유출(현금배당)되거나 납입자본에 대체(주식배당)되지도 않았으며 또한 적립금으로도 적립되지 않고 남아 있는 이익잉여금이다.

2. 이익잉여금의 처분

〈표 13-3〉에서 살펴본 바와 같이 이익잉여금 처분의 유형에는 배당, 적립, 상각 등이 있다. 배당에는 현금배당과 주식배당 등이 있고, 적립에는 법정적립금의 적립과 임의적립금의 적립이 있으며, 상각에는 주식할인발행차금의 상각, 감자차손의 상각, 자기주식처분손실의 상각 등이 있다.

(1) 현금배당, 현물배당, 주식배당

배당(dividends)은 주주총회의 결의에 의하여 당기말미처분이익잉여금의 일부를 현금 또는 현물이나 주식으로 지급하는 행위를 말하며, 배당기준일[1] 현재의 주주에게 지급된다. 현금배당(cash dividend)은 현금으로 배당액을 지급하는 경우를 말하며, 현물배당(property dividend)은 배당액을 부동산 등 현물로 지급하는 경우를 말하며, 주식배당(stock dividend)은 배당액을 현금이나 현물로 지급하지 아니하고 주식을 발행하여 교부하는 경우를 말한다.

(2) 적립

적립(reserves)은 법적 또는 임의적으로 필요에 따라 당기말미처분이익잉여금을 사외로 유출하지 아니하고 사내에 유보하는 것을 말한다. 회계처리는 당기말미처분이익잉여금을 법정적립금과 임의적립금으로 계정 대체하는 것으로 이루어진다.

(3) 상각

상각(write-off)은 주식할인발행차금, 감자차손, 자기주식처분손실 등의 자본조정항목을 당기말미처분이익잉여금과 상계하여 그 금액을 줄이거나 없애는 것을 말한다.

1) 배당을 받을 권리를 갖는 주주를 확정하는 날을 배당기준일이라 하며 이 기준일에 주주명부에 등재되어 있는 주주가 배당을 받을 권리를 부여 받는다.

3. 무상증자와 주식배당 및 액면분할의 비교

(1) 무상증자와 주식배당

무상증자와 주식배당은 기업의 순자산가액을 변동시키지 않고 자본금을 증가시키는 형식적인 증자로서 자본 내에서 계정과목만 재분류된다는 공통점이 있으나, 회계상으로 보면 주식배당은 미처분이익잉여금이 자본금으로 대체되는 것이고, 무상증자는 법정적립금과 자본잉여금이 자본금으로 대체되는 것이다.

(2) 주식분할(액면분할)

주식분할(stock splits)[2]이란 주식의 주당 액면금액을 분할하여 주식수를 늘리는 것을 말하며 소액투자자도 주식거래에 참여할 수 있도록 하여 주식의 유통성을 제고시키기 위하여 이루어진다. 이는 기업의 순자산가액을 변동시키지 않으며 또한 자본금도 변동시키지 않고 발행주식수를 증가시키면서 주당 액면금액을 감소시킨다. 주식분할은 주주총회의 결의로 실시된다. 주식분할을 하더라도 별도의 회계처리는 없다.

주식배당과 무상증자 및 액면분할이 자본금, 자본잉여금, 이익잉여금, 주당액면금액, 순자산가액 등에 미치는 영향을 요약하면 〈표 13－4〉와 같다.

표 13-4 주식배당과 무상증자 및 주식분할의 영향

구분	자본금	발행주식수	자본잉여금	이익잉여금	자본총계	자산 및 부채
주식배당	증가	증가	—	감소	—	—
무상증자	증가	증가	감소	감소	—	—
주식분할	—	증가	—	—	—	—

2) 주식분할과 정반대로 여러 주식을 하나의 주식으로 통합하는 경우가 있는데 이를 주식병합(reverse stock splits)이라 한다. 주식병합도 순자산가액을 변동시키지 않으며 또한 자본금도 변동시키지 않는다. 발행주식수를 감소시키고 주당 액면금액을 증가시킨다.

4. 주당순이익과 주가수익률

(1) 주당순이익

주당순이익(earnings per share, EPS)은 유통되고 있는 보통주식 1주당 실현된 이익이 얼마인가를 나타내는 지표이다. 주당순이익은 주주나 잠재적 투자자에게 매우 중요한 투자지표로서 기업의 주당순이익 정보를 포괄손익계산서에 공시하도록 되어 있다.

> 주당순이익 = 보통주에게 귀속되는 당기순이익 ÷ 유통보통주식수

위 식에서 분자인 '보통주에게 귀속되는 당기순이익'은 손익계산서상의 당기순이익에서 우선주에게 먼저 귀속되는 우선주배당금을 차감한 금액을 말하고, 분모인 '유통주식수(number of shares outstanding)'는 기업의 보통주 발행주식수에서 유통되지 않는 보통주 자기주식을 차감하고 유통기간으로 가중평균한 가중평균유통보통주식수(weighted number of shares outstanding)를 말한다.

(2) 주가수익률

주가수익률(price earnings ratio, PER)은 주당시가를 주당순이익으로 나눈 비율로 당기순이익 1원당 시장에서의 가치는 얼마인가 하는 것을 나타내는 지표이다.

> 주가수익률 = 주당시가 ÷ 주당순이익

제 5 절 자본변동표

재무상태표의 자본은 기업의 소유주인 주주의 몫이고 경영자는 주주로부터 자본을 위탁 받아 운용한다. 경영자는 위탁받은 자본의 운용결과를 보고하여 성과를 평가 받아야 한다. 자본변동표는 한 회계기간 동안 발생한 자본의 변동내역을 보고하는 재무보고서이며, 재무상태표, 포괄손익계산서, 현금흐름표와 함께 기본재무제표에 속한다.

자본변동표는 자본의 구성항목인 자본금, 자본잉여금, 자본조정, 기타포괄손익누계액, 이익잉여금 등의 연간 증감내역을 보여주는 형태로 작성된다. 그 양식은 〈표 11-6〉과 같다.

표 13-5 자본변동표

자본변동표

(주)한국 20×1년 1월 1일부터 12월 31일까지 (단위 : 원)

구분	자본금	자본 잉여금	자본조정	기타포괄손익 누계액	이익 잉여금	합계
20×1.01.01(보고금액)기초	500,000	200,000	100,000	150,000	600,000	1,550,000
회계변경누적효과					20,000	20,000
전기오류수정손실					(30,000)	(30,000)
수정후이익잉여금					590,000	1,540,000
전기분연차배당(현금)					(100,000)	(100,000)
전기분연차배당(주식)	100,000				(100,000)	
처분후이익잉여금					390,000	1,440,000
중간배당					(50,000)	(50,000)
유상증자	200,000	50,000				250,000
당기순이익					480,000	480,000
자기주식취득			(60,000)			(60,000)
기타포괄손익금융자산평가이익				20,000		20,000
20×1.12.31(보고금액)기말	800,000	250,000	40,000	170,000	820,000	2,080,000

* 자본변동표를 작성한 후 맨 오른쪽 줄 합계란의 금액 2,080,000원과 맨 아래 줄 20×1.12.31(보고금액) 기말의 합계금액(800,000+250,000+40,000+170,000+820,000)이 2,080,000으로 일치하여야 한다.

Exercises **연습문제**

객관식

01 다음 중 자본금이 증가하는 거래는?

① 주식분할　　② 자기주식 취득
③ 현금배당　　④ 주식배당

해설 ④ 주식배당을 실시하면 미처분이익잉여금이 감소하고 자본금이 증가한다.

02 주당 액면금액 @5,000원의 보통주 1,000주를 발행하고 현금 6,000,000원을 납입받았으며 신주발행비가 500,000원 지출되었다면 다음의 설명 중 옳지 않은 것은?

① 법정자본금이 5,000,000원 증가한다.
② 자본잉여금이 500,000원 증가한다.
③ 이익잉여금이 500,000원 감소한다.
④ 자본이 5,500,000원 증가한다.

해설 ③

(차) 현금	5,500,000	(대) 자본금	5,000,000
		주식발행초과금	500,000

03 주식배당과 무상증자에 대한 설명 중 옳지 않은 것은?

① 주식배당은 미래의 배당압력을 가중시킬 수도 있다.
② 주식배당과 무상증자는 자본의 재분류라는 측면에서는 차이가 없다.
③ 주식배당과 무상증자는 모두 법정자본금을 증가시킨다.
④ 주식배당과 무상증자의 재원은 이익잉여금으로 동일하다.

해설 ④ 주식배당은 미처분이익잉여금이 자본금으로 대체되는 것이고, 무상증자는 법정적립금과 자본잉여금이 자본금으로 대체되는 것이다.

04 다음은 주식배당과 주식분할의 회계적 성격을 비교 설명한 것이다. 옳은 것은?

① 주식배당과 주식분할은 주당 액면금액을 변동시킨다.
② 두 경우 모두 주식수를 증가시킨다.
③ 주식분할과 주식배당은 반드시 자본금의 증가를 초래한다.
④ 두 경우 모두 주당이익의 크기에 영향을 미치지 아니한다.

해설 ② 주식분할은 기업의 순자산가액을 변동시키지 않으며 또한 자본금도 변동시키지 않고 발행주식수를 증가시키면서 주당 액면금액을 감소시킨다. 주식분할은 별도의 회계처리가 없다. 주식배당도 주식수를 증가시킨다.

05 자기주식의 회계처리에 대한 설명이다. 옳지 않은 것은?

① 자기주식의 취득시에는 자본금과 자본잉여금의 변동이 없다.
② 자기주식을 소각하면 소각 전보다 기업의 자본이 감소한다.
③ 자기주식 재발행시 자기주식처분이익이 발생하면 이를 자본잉여금으로 처리한다.
④ 자기주식은 취득목적에 관계없이 자본조정으로 처리한다.

해설 ① 자기주식을 소각하면서 발생하는 자기주식 취득가액과 자본금과의 차이를 감자차익(자본잉여금)과 감자차손(자본조정)으로 처리한다. 자본의 총액에는 변화가 없다.

06 다음의 경제적 사건 중 자본총액을 증가시키는 것은?

① 주식을 액면금액보다 낮은 금액으로 발행하였다.
② 자기주식을 취득하였다.
③ 주식배당을 실시하였다.
④ 상환우선주를 상환하였다.

해설 ① 주식을 액면금액보다 낮은 금액으로 할인하여 발행한 경우에도 자본의 총액은 증가한다.

07 다음의 연속된 자기주식 거래의 회계처리와 관련하여 확인할 수 있는 감자차손은 얼마인가?

> 02월 01일 자기주식 200주를 주당 @14,000원에 취득하였다.
> 03월 05일 자기주식 100주를 주당 @10,000원이 재발행하였다.
> 04월 03일 자기주식 30주를 주당 @16,000원에 재발행하였다.
> 08월 02일 자기주식 30주를 소각하였다. 1주당 액면금액은 10,000원이다.

① 100,000원
② 120,000원
③ 140,000원
④ 160,000원

해설 ②

2월 : (차) 자기주식	2,800,000	(대) 현금	2,800,000
3월 : (차) 현금	1,000,000	(대) 자기주식	1,400,000
자기주식처분손실	400,000		
4월 : (차) 현금	480,000	(대) 자기주식	420,000
		자기주식처분손실	60,000
8월 : (차) 자본금	300,000	(대) 자기주식	420,000
감자차손	120,000		

08 (주)대한의 자산 총액은 5,000,000원이며, 부채 총액은 2,000,000원이다. 그리고 자본의 구성은 다음과 같다. 임의적립금은 얼마인가?

- 납입자본 1,400,000원
- 자본잉여금 400,000원
- 법정적립금과 미처분이익잉여금의 합은 1,000,000원이다.
- 기타자본구성요소 100,000원

① 400,000원 ② 500,000원

③ 600,000원 ④ 700,000원

해설 ② 자본 = 납입자본 + 이익잉여금 + 기타자본구성요소
3,000,000 = 1,400,000 + 이익잉여금 + 100,000 ∴ 이익잉여금 = 1,500,000
1,500,000 = 1,000,000 + 임의적립금 ∴ 임의적립금 = 500,000
자산−부채 = 자본
납입자본 = 자본금 + 자본잉여금
이익잉여금 = 법정적립금 + 임의적립금 + 미처분이익잉여금

09 주식배당, 무상증자, 주식분할에 대한 설명으로 옳은 것은?

① 자본금은 모든 경우에 증가한다.

② 자본의 총액에는 모두 변화가 없다.

③ 무상증자와 주식배당의 경우에는 발행주식수에 변화가 없다.

④ 무상증자의 경우에는 이익잉여금이 감소하지 않는다.

해설 ② 주식분할의 경우에는 1주당 액면금액이 감소하면서 발행주식수가 증가하므로 자본금의 크기에는 변화가 없다. 무상증자와 주식배당의 경우에는 자본금이 증가하지만 자본의 총액에는 변화가 없다. 세 경우 모두 발행주식수는 증가한다. 법정적립금(이익준비금)을 자본전입하면서 무상증자가 실시되면 이익잉여금이 감소된다.

10 다음 중 자본 항목에 포함되지 않는 것은?

① 감자차익

② 자기주식처분이익

③ 기타포괄손익-공정가치 측정 금융자산의 평가이익

④ 당기손익-공정가치 측정 금융자산의 처분이익

해설 ④ 당기손익-공정가치 측정 금융자산의 처분이익은 당기손익에 포함된다.

주관식

01 (주)서울의 20×1년(제11기) 이익잉여금 처분사항에 관한 자료이다.

① 전기이월미처분이익잉여금 90,000원
② 당기순이익(20×1년) 220,000원
③ 배당평균적립금 이입액 30,000원
④ 이익잉여금처분액 :
현금배당 200,000원, 이익준비금적립 20,000원, 주식배당 100,000원

물음

(1) 20×2년(제12기) 3월 25일 열릴 주주총회에 제출할 이익잉여금처분계산서상의 차기이월미처분이익잉여금을 계산하라.

(2) 20×2년(제12기) 3월 25일 주주총회에서 이익잉여금처분계산서를 결의하였다면 이익잉여금처분에 대한 회계처리를 하라.

해설 ① 당기말미처분이익잉여금 = 90,000 + 220,000 = 310,000

② 임의적립금이입액 = 30,000

③ 이익잉여금처분액 = 200,000 + 20,000 + 100,000 = 320,000

④ 차기이월이익잉여금 = 310,000 + 30,000 − 320,000 = 20,000

차변	금액	대변	금액
(차) 임의적립금	30,000	(대) 미처분이익잉여금	30,000
(차) 미처분이익잉여금	320,000	(대) 미지급배당금	200,000
		이익준비금	20,000
		미교부주식배당금	100,000

02 (주)제주의 20×1년 중 자기주식거래는 다음과 같다. 일자별로 분개하라.

> 02월 01일 자기주식 200주를 주당 @7,000원에 취득하였다.
> 03월 05일 자기주식 100주를 주당 @5,000원이 재발행하였다.
> 04월 03일 자기주식 30주를 주당 @8,000원에 재발행하였다.
> 08월 02일 자기주식 30주를 소각하였다. 1주당 액면금액은 10,000원이다.

해설

	차변	금액	대변	금액
2월 :	(차) 자기주식	1,400,000	(대) 현금	1,400,000
3월 :	(차) 현금	500,000	(대) 자기주식	700,000
	자기주식처분손실	200,000		
4월 :	(차) 현금	240,000	(대) 자기주식	210,000
			자기주식처분손실	30,000
8월 :	(차) 자본금	150,000	(대) 자기주식	210,000
	감자차손	60,000		

03 다음은 (주)한국의 제11기(20×1.1.1~12.31)말 현재의 재무상태표 자본부분이다.

재무상태표

(주)한국 20×1년 12월 31일 (단위 : 원)

계정과목	금액	
자본		
1. 자본금(보통주)		50,000,000
2. 자본잉여금(주식발행초과금)		5,000,000
3. 자본조정(자기주식)		(3,000,000)
4. 기타포괄손익누계액		1,000,000
5. 이익잉여금		
법정적립금(이익준비금)	2,000,000	
임의적립금(감채적립금)	3,000,000	
미처분이익잉여금	12,000,000	17,000,000
자본총계		70,000,000

주석사항 : 주당 액면금액 @5,000원, 발행주식수 : 10,000주, 자기주식주 : 500주,
유통주식수 : 9,500주(10,000주-500주)

20×2년 중 기업의 자본관련 거래는 다음과 같다.

① 01월 30일 자기주식 100주를 주당 @8,000원에 현금으로 취득하였다.
② 03월 05일 보통주 2,000주를 주당 @7,000원에 증자하고 현금으로 납입 받았다.
③ 03월 30일 주주총회에서 이익잉여금 처분을 결의하고 배당금을 지급하였다.
처분사항 : 현금배당 : 3,000,000원, 주식배당 : 3,000,000원(600주)
처분사항 : 이익준비금적립 : 300,000원, 감채적립금적립 : 700,000원
④ 10월 02일 주식발행초과금을 재원으로 하여 500주를 무상증자하였다.
⑤ 12월 01일 자기주식 100주(취득원가 : 주당 @6,000원)를 10,000원에 재매각하였다.
⑥ 12월 20일 주식을 1 : 2로 액면분할하였다.
⑦ 12월 31일 기타포괄손익-공정가치측정 금융자산 평가손실이 300,000원 발생하였다.
⑧ 12월 31일 제12기(20×2.1.1~12.31) 당기순이익은 4,500,000원이다.

물음

(1) 20×2년 중 자본관련 거래를 분개하라.
(2) 20×2년 12월 31일의 자본부분 비교재무상태표를 작성하라.

해설 (1) 회계처리

	차변	금액		대변	금액
①	(차) 자기주식	800,000	(대)	현금	800,000
②	(차) 현금	14,000,000	(대)	자본금	10,000,000
				주식발행초과금	4,000,000
③	(차) 미처분이익잉여금	7,000,000	(대)	현금	3,000,000
				자본금	3,000,000
				이익준비금	300,000
				감채적립금	700,000
④	(차) 자본잉여금	2,500,000*	(대)	자본금	2,500,000

* 500×@5,000 = 2,500,000

	차변	금액		대변	금액
⑤	(차) 현금	1,000,000	(대)	자기주식	600,000*
				자기주식처분이익	400,000

* 100×@6,000 = 600,000

⑥ 액면분할(1 : 2)은 회계처리를 하지 않는다. 현재의 발행주식수를 13,100주에서 2배로 증가시켜 26,200주(13,100×2)로 수정하고 주당 액면금액을 @5,000원에서 @2,500원으로 수정한다.

	차변	금액		대변	금액
⑦	(차) 기타포괄손익금융자산평가손실	300,000	(대)	기타포괄손익금융자산	300,000
⑧	(차) 집합손익	4,500,000	(대)	미처분이익잉여금	4,500,000

(2) 자본부분 비교재무상태표 작성

비교재무상태표

(주)한국 20×2년과 20×1년 12월 31일 (단위 : 원)

계정과목	20×2년	20×1년
자본		
1. 자본금(보통주)1)	65,500,000	50,000,000
2. 자본잉여금(주식발행초과금)2)	6,900,000	5,000,000
3. 자본조정(자기주식)3)	(3,200,000)	(3,000,000)
4. 기타포괄손익누계액4)	700,000	1,000,000
5. 이익잉여금	15,500,000	17,000,000
법정적립금(이익준비금)5)	2,300,000	2,000,000
임의적립금(감채적립금)6)	3,700,000	3,000,000
미처분이익잉여금7)	9,500,000	12,000,000
자본총계	85,400,000	70,000,000

주석사항 : 주당 액면금액 @2,500원, 발행주식수 : 26,200주8),
자기주식주 : 1,000주9), 발행유통주식수 : 25,200주(26,200주-1,000주)10)

1) 자본금 = 50,000,000 + 10,000,000(②) + 3,000,000(③) + 2,500,000(④) = 65,600,000
2) 자본잉여금 = 50,000,000 + 4,000,000(②) - 2,500,000(④) + 400,000(⑤) = 6,900,000
3) 자본조정(자기주식) = (3,000,000) + (800,000(①) + 600,000(⑥) = (3,200,000)
4) 기타포괄손익누계액 = 1,000,000 - 300,000(⑦) = 700,000
5) 이익준비금 = 2,000,000 + 300,000(③) = 2,300,000
6) 감채적립금 = 3,000,000 + 700,000(②) = 3,700,000
7) 당기말미처분이익잉여금 = 12,000,000 - 7,000,000(③) + 4,500,000(⑧) = 9,500,000
8) 발행주식수 = 10,000주 + 2,000주(②) + 600주(③) + 500주(④) = 13,100주
주식액면분할(1 : 2) 후 13,100×2 = 26,200주, 혹은 65,500,000/@2,500 = 26,200주
9) 자기주식수 = 500주 + 100주(①) - 100주(⑤) = 500주, 주식액면분할(1 : 2) 후 500×2 = 1,000주
10) 발행유통주식수 = 26,200주-1,000주 = 25,200주

14장

현금흐름표

학습목표

▶ 현금흐름표의 구조와 기본양식을 설명할 수 있다.
▶ 영업활동 현금흐름의 산출방법을 설명할 수 있다.
▶ 투자활동 현금흐름의 산출방법을 설명할 수 있다.
▶ 재무활동 현금흐름의 산출방법을 설명할 수 있다.

제 1 절 현금흐름표의 의의 및 구조

1. 의의

현금흐름표는 일정기간에 현금이 어떻게 조달되고 사용되는지를 중요한 활동별로 보여주는 재무제표이다. 즉, 현금흐름표는 〈표 14-1〉과 같이 영업활동, 투자활동, 재무활동별로 현금유입액과 현금유출액을 산출한 후 각 활동별로 일정기간에 조달된 순현금흐름을 보여준다.

표 14-1 활동별 현금흐름의 원천

활동별 현금흐름	유입과 유출	유입 및 유출의 원인(사례)
영업활동 현금흐름	영업활동 현금유입	매출, 이자수취, 배당금수취, 당기손익금융자산 처분
	영업활동 현금유출	매입, 종업원에 대한 지출, 이자지급, 당기손익금융자산 취득
투자활동 현금흐름	투자활동 현금유입	유·무형자산과 투자자산 처분, 대여금회수, 미수금회수
	투자활동 현금유출	유·무형자산과 투자자산 취득, 대여금지급
재무활동 현금흐름	재무활동 현금유입	차입금 차입, 사채발행, 유상증자, 자기주식매각
	재무활동 현금유출	차입금 상환, 사채상환, 유상감자, 자기주식취득, 배당금 지급

2. 현금흐름표의 구조

한국채택국제회계기준에서는 현금흐름표에 적용하는 자금의 개념을 재무상태표에 보고되는 현금및현금성자산(cash and cash equivalents)으로 정의하고 있다.

현금흐름표(statement of cash flows)는 회계기간 동안 영업활동, 투자활동, 재무활동으로 인한 현금유입액과 현금유출액을 각각 계산하고 각 활동별로 순현금흐름을 산출한 후 이 금액들을 서로 가감하여 일정기간의 현금및현금성자산의 증가(또는 감소)액을 산출한다. 여기에 기초 현금및현금성자산을 가산하여 기말 현금및현금성자산을 확인하는 형식으로 보고된다. 현금흐름표의 기본구조는 〈표 14-2〉와 같다.

표 14-2 현금흐름표의 기본구조

현금흐름표의 구조	
영업활동 현금흐름	= 영업활동 현금유입액 - 영업활동 현금유출액
+ 투자활동 현금흐름	= 투자활동 현금유입액 - 투자활동 현금유출액
+ 재무활동 현금흐름	= 재무활동 현금유입액 - 재무활동 현금유출액
= 현금및현금성자산의 순증가	
+ 기초 현금및현금성자산	
= 기말 현금및현금성자산	

3. 현금흐름표의 유용성

현금흐름표는 정보이용자에게 다음과 같은 정보를 제공함으로써 재무제표의 유용성을 제고시킨다. 첫째, 기업의 현금의 유입과 유출에 관한 정보를 원천별로 제공함으로써 당기순이익과 함께 활용되어 미래 현금흐름의 예측과 평가에 유용한 정보를 제공한다. 둘째, 기업의 부채 상환능력 및 이자 및 배당금 지급능력을 예측하는데 유용한 정보를 제공한다. 셋째, 영업활동에서 조달된 현금흐름은 임의적인 원가배분이나 회계추정에 의한 순이익보다 객관적이고 신뢰성 있는 정보이기 때문에 당기순이익과 비교 분석함으로써 이익의 질(quality of earnings)을 평가할 수 있는 정보를 제공한다.

기업이 재무상태표에 많은 자산을 보고하고 포괄손익계산서에 많은 이익을 보고하고 있음에도 불구하고 현금의 부족으로 인하여 흑자도산하는 기업이 많은데 이런 경우에 현금흐름표는 그 유용성이 더 커진다.

4. 이자와 배당금

이자지급[1], 이자수입 및 배당금수입은 당기순손익의 결정에 영향을 미치므로 영업활동 현금흐름으로 분류할 수 있다.[2] 배당금의 지급[3]은 재무자원을 획득하는 원가이므로 재무활동 현금흐름으로 분류할 수 있다.

이와 같이 이자와 배당금의 수취 및 지급에 따른 현금흐름은 각각 별도로 공시하며, 각 현금흐름은 매 기간 일관성 있게 영업활동, 투자활동 또는 재무활동으로 분류한다.

5. 비현금거래

투자활동 및 재무활동 중 현금의 유입과 유출을 수반하지 않는 거래도 많이 발생한다. 예를 들면, 자산을 취득하면서 직접 관련된 부채를 인수하는 경우, 건물과 토지를 출자받고 주식을 발행하는 경우(현물출자), 배당금으로 주식을 발행 교부하는 경우(주식배당), 유형자산의 장기 신용매입, 자기주식과 자본금을 상계하는 경우(자기주식의 소각), 주식발행을 통한 기업의 인수, 채무의 지분전환 등의 거래는 현금을 수반하는 거래가 아니기 때문에 현금흐름표에 나타나지 않는다. 한국채택국제회계기준에서는 이러한 거래 중 중요한 거래에 대해서는 현금의 유입과 유출이 없는 거래로 하여 현금흐름표의 주석으로 공시하도록 규정하고 있다.

1) 회계기간 동안 지급한 이자금액은 당기손익의 비용항목으로 인식하는지 또는 자본화하는지에 관계없이 현금흐름표에 총지급액을 공시한다.
2) 금융회사의 경우 이자지급, 이자수입 및 배당금수입은 일반적으로 영업활동 현금흐름으로 분류한다. 그러나 다른 업종의 경우 이러한 현금흐름의 분류방법에 대하여 합의가 이루어지지 않았기 때문에 이자지급, 이자수입 및 배당금수입은 당기순손익의 결정에 영향을 미치므로 영업활동 현금흐름으로 분류할 수 있다. 이자지급, 이자수입 및 배당금수입은 재무자원을 획득하는 원가나 투자자산에 대한 수익이므로 각각 재무활동 현금흐름과 투자활동 현금흐름으로 분류할 수도 있다. (대체적인 방법)
3) 재무제표이용자가 영업활동 현금흐름에서 배당금을 지급할 수 있는 기업의 능력을 판단하는 데 도움을 주기 위하여 영업활동 현금흐름의 구성요소로 분류할 수도 있다. (대체적인 방법)

제 2 절 영업활동 현금흐름

1. 영업활동 현금흐름의 의의

영업활동이란 기업의 상품 및 용역의 매입과 판매활동, 즉 기업의 주된 수익창출활동을 의미하며, 투자활동과 재무활동에서 제외되는 모든 활동을 포함한다. 영업활동은 주로 제품의 생산과 판매활동, 상품과 용역의 구매와 판매활동 및 관리활동을 포함한다. 영업활동 현금흐름은 기업의 주된 사업의 영역에서 현금을 창출할 수 있는 능력을 보여주는 것이기 때문에 경영성과 측정의 정보로서 중요한 역할을 한다.

영업활동 현금흐름은 영업활동에서 발생한 유입액과 유출액을 서로 상계하여 계산된 순현금흐름을 뜻한다. 영업활동 현금흐름의 원천거래요소의 사례는 〈표 14-3〉과 같다.

표 14-3 영업활동 현금흐름의 예

구분	내용
영업활동 현금흐름	재화의 판매와 용역의 제공에 따른 현금유입 (매출대금)
	로열티, 수수료, 중개료 및 기타수익에 따른 현금유입
	재화와 용역의 구입에 따른 현금유출 (매입대금)
	종업원과 관련하여 발생하는 현금유출 (급여지급, 퇴직금지급)
	법인세의 납부와 환급. 단, 명백히 재무활동 및 투자활동과 관련된 것은 제외
	단기매매목적으로 보유하는 유가증권의 취득과 판매에 따른 현금흐름
	이자수취와 배당금수취*
	이자지급*

* 실무적으로 이자지급, 이자수입, 배당금수입 등은 영업활동 현금흐름으로 분류하고 있지만, 이자지급을 재무활동으로 인한 현금유출로, 이자수입을 투자활동으로 인한 현금유입으로, 그리고 배당금수입을 투자활동으로 인한 현금유입로 보고하는 것을 국제회계기준에서도 허용하고 있다.

영업활동 현금흐름을 산출하는 방법에는 직접법과 간접법이 있다. 직접법(direct method)은 영업활동을 구체적으로 세분화하여 현금의 유입액과 유출액을 각각 계산하여 영업활동 현금흐름을 계산하는 방법이다. 반면에 간접법(indirect method)은 당기순이익에서 출발하여 당기순이익 계산에 포함되어 있는 손익항목 중 영업활동과 관련이 없거나 현금의 수입과 지출을 수반하지 아니하는 항목을 가감하고, 영업활동과 관련된 자산과 부채항목의 증감액을 가감하여 영업활동 현금흐름을 계산하는 방법이다. 주의할 점은, 두 방법 모두 영업활동과 관련된 자산과 부채항목의 증감액을 조정하는 과정을 거쳐야 하는데, 이는 발생주의회계를 현금주의회계로 전환시키는 원리를 적용하는 것과 같다. 직접법과 수정된 간접법에 의한 영업활동 현금흐름의 계산과정을 비교하면 〈표 14-4〉와 같다.

표 14-4 직접법과 수정된 간접법 (한국채택국제회계기준)

직접법	수정된 간접법
Ⅰ. 영업활동 현금흐름	Ⅰ. 영업활동 현금흐름
(1) 고객으로부터 유입된 현금	(1) 당기순이익
(2) 공급자에 대한 현금유출	(2) 영업활동에서 창출되지 않은 손익의 차가감
(3) 종업원에 대한 현금유출	(3) 영업활동에서 창출된 자산과 부채의 증감
영업에서 창출된 현금	영업에서 창출된 현금
(4) 이자의 수취	(4) 이자의 수취
(5) 이자의 지급	(5) 이자의 지급
(6) 배당금의 수령	(6) 배당금의 수령
(7) 법인세의 납부	(7) 법인세의 납부
:	:

직접법이나 간접법 모두 발생주의에 의한 회계수치를 현금주의에 의한 회계수치로 전환하는 과정을 따른다. 단지 다른 것은 직접법은 개별 수익과 비용항목에서 출발한다는 것이고, 간접법은 당기순이익에서 출발한다는 것이다. 산출 결과는 물론 동일하다. 한국채택국제회계기준에서는 영업활동 현금흐름을 직접법을 사용하여 보고할 것을 권장하고 있다. 직접법을 적용하여 표시한 현금흐름은 간접법에 의한 현금흐름에서는 파악할 수 없는 정보를 제공하며, 미래현금흐름을 추정하는 데 보다 유용한 정보를 제공하기 때문이다.

한국채택국제회계기준에 따라 작성되는 현금흐름표에서 영업활동 현금흐름을 간접법으로 표시하는 경우에는 〈표 14-4〉에 제시된 것과 같이 직접법과 이론적인 간접법이

혼합된 수정된 간접법(adjusted indirect method)의 형태로 영업활동 현금흐름을 작성하고 공시한다는 점에 유의하자. 즉, 수정된 간접법은 영업활동 항목 중에서 이자의 수취, 이자의 지급, 배당금의 수취, 법인세의 납부 등의 항목에 대해서는 직접법의 형태로 공시하는 것이다.

2. 영업활동 현금흐름의 계산(직접법)

직접법(direct method)은 영업활동을 구체적으로 세분화하여 주요 항목별로 현금의 유입액과 유출액을 각각 계산하여 영업활동 현금흐름을 계산하는 방법이다. 직접법에서도 각 항목별 현금흐름을 구하는 마지막 단계에서 영업활동과 관련된 자산과 부채의 증감액을 가감한다는 점에 유의하여야 한다.

(1) 영업활동 현금유입 사례

1) 고객으로부터 유입된 현금(매출로 인한 현금유입액, 현금주의 매출)

고객으로부터 유입된 현금은 포괄손익계산서의 매출(발생주의 매출)에서 출발하여 아래와 같은 조정을 거쳐 산출되는 금액(현금주의 매출)이다. 현금주의 매출은 두 부분으로 나누어 살펴 볼 수 있다. 첫째는 당기 발생한 매출 중 당기에 회수된 금액, 둘째는 과거에 발생한 매출채권 중 당기에 회수된 금액이다. 결론적으로 과거 또는 당기의 매출과 관련하여 당기에 회사에 유입된 현금으로 구성된 것이다. 환율변동손익이 존재하는 경우의 추가 조정은 중급회계 시간에 배우기로 한다.

고객으로부터 유입된 현금(현금주의 매출)
= 매출(I/S) + 매출채권감소액(-매출채권증가액)-대손처리액 + 선수금증가액(-선수금감소액)

위의 대손처리액은 다음과 같이 계산된다.

대손처리액 = 대손상각비(I/S) + 대손충당금감소액(-대손충당금증가액)

사례 14-1

(주)경기의 20×1년도 매출은 ₩1,000,000이다. 당기 중 매출채권의 감소액은 200,000원이라고 할 때, 고객으로부터 유입된 현금을 계산하시오.

해설 고객으로부터 유입된 현금
= 매출(I/S) + 매출채권감소액(- 매출채권증가액) - 대손처리액
= 1,000,000 + 200,000 - 0
= 1,200,000원

2) 이자의 수취 및 배당금의 수취로 인한 현금유입

이자의 수취 및 배당금의 수취로 인한 현금유입액(현금주의)은 포괄손익계산서(발생주의)의 이자수익과 배당금수익에서 출발하여 관련 미수이자와 미수배당금의 증감액을 반영하여 산출한다.

기초보다 미수이자(미수배당금)이라는 채권이 증가했다는 것은 당기 중에 손익계산서에 반영된 수익으로 반영된 금액 중에서 일부금액이 회수되지 않았다는 의미하므로 이를 차감해주어야 현금주의 금액이 계산된다. 반면에 기초보다 미수수익이라는 채권이 감소했다면 이는 과거에 발생한 채권 금액 중 일부가 당기에 현금으로 유입되었지만 당기 손익계산서상에는 반영되어 있지 않으므로 이를 가산해주어야 당기의 현금주의 금액이 계산된다.

이자의 수취 = 이자수익(I/S) - 미수이자증가액(+ 미수이자감소액)
배당금의 수취 = 배당금수익(I/S) - 미수배당금증가액(+ 미수배당금감소액)

(2) 영업활동 현금유출 사례

1) 공급자에 대한 현금유출

공급자에 대한 현금유출은 포괄손익계산서의 매출원가(발생주의)에서 출발하여 아래와 같은 조정을 거쳐 산출된다. 환율변동손익, 재고자산감모손실 등이 존재하는 경우의 추가 조정은 중급회계 시간에 배우기로 한다.

공급자에 대한 현금유출
= 매출원가(I/S) + 재고자산증가액(-재고자산감소액) + 매입채무감소액(-매입채무증가액)

위 식을 논리적으로 이해하기 위해서 다음과 같은 네 가지 상황을 고려해 보자.

첫째, 당기 중에 상품재고가 증가하면서 매입채무가 증가한 경우이다. 이 경우에는 일단 당기의 매출원가와 상품재고증가액의 합계액만큼 당기 중에 현금매입이 이루어진 것으로 가정한 후, 매입채무의 증가액만큼은 아직 현금의 유출이 발생하지 않은 것이기 때문에 이를 차감조정하는 것이다.

둘째, 당기 중에 상품재고가 증가하면서 매입채무가 감소한 경우이다. 이 경우에는 일단 당기의 매출원가와 상품재고증가액의 합계액만큼 당기 중에 현금매입이 이루어진 것으로 가정한 후, 매입채무의 감소액만큼은 과거 매입분에 대하여 당기 중에 추가적인 현금의 유출이 발생한 것이기 때문에 이를 추가적인 현금지출로 보아 가산조정하는 것이다.

셋째, 당기 중에 상품재고가 감소하면서 매입채무가 증가한 경우이다. 이 경우에는 일단 당기의 매출원가만큼 당기 중에 현금매입이 이루어진 것으로 가정한 후, 상품재고가 감소하면서 당기 매출원가를 증가시킨 부분은 현금유출이 없이 매출원가가 증가된 부분이므로 이를 차감하여야 한다. 또한 매입채무의 증가액만큼은 아직 현금의 유출이 발생하지 않은 것이기 때문에 이를 차감조정하는 것이다.

넷째, 당기 중에 상품재고가 감소하면서 매입채무가 감소한 경우이다. 이 경우에는 일단 당기의 매출원가만큼 당기 중에 현금매입이 이루어진 것으로 가정한 후, 상품재고가 감소하면서 당기 매출원가를 증가시킨 부분은 현금유출이 없이 매출원가가 증가된 부분이므로 이를 차감하여야 한다. 또한 매입채무의 감소액만큼은 과거 매입분에 대하여 당기 중에 추가적인 현금의 유출이 발생한 것이기 때문에 이를 추가적인 현금지출로 보아 가산조정하는 것이다.

사례 14-2

(주)서울의 20×1년도 포괄손익계산서상 매출원가는 ₩1,000,000이다. 당기 중 재고자산증가액은 200,000원이고, 매입채무증가액은 100,000원이라고 할 때, 20×1년도의 매입으로 인한 현금유출액을 계산하시오.

해설 • 공급자에 대한 현금유출액
= 매출원가(I/S) + 재고자산증가액(- 재고자산감소액)
+ 매입채무감소액(- 매입채무증가액)
= 1,000,000원 + 200,000 - 100,000 = 1,100,000원

2) 종업원에 대한 현금유출

종업원에 대한 현금유출은 포괄손익계산서의 급여 등의 금액에서 출발하여 미지급급여증감액을 조정하여 계산한다. 확정급여부채증감액이 존재하는 경우의 추가 조정은 중급회계 시간에 배우기로 한다.

> 종업원에 대한 현금유출액
> = 급여 등(I/S) - 미지급급여증가액(+ 미지급비용감소액)
> - 확정급여부채증가액(+ 확정급여부채감소액)

3) 이자의 지급(이자로 인한 현금유출)

이자의 지급으로 인한 현금유출은 포괄손익계산서의 이자비용에서 출발하여 미지급이자증감액, 선급이자증감액, 사채할인발행차금상각액 등을 조정하여 계산한다. 이자비용에 이미 반영되어 있는 사채할인발행차금의 상각액은 당기 중의 현금유출이 발생한 금액이 아니므로 차감조정된다. 반대로 사채할증발행차금의 상각액은 가산조정된다.

이자의 지급(이자로 인한 현금유출)
= 이자비용(I/S) - 미지급이자증가액(+미지급이자감소액) - 사채할인발행차금 상각액

사례 14-3

(주)제주의 20×1년도 포괄손익계산서상 이자비용은 ₩1,000,000이다. 당기 중 미지급이자는 200,000원이 증가되었고, 사채할인발행차금의 상각액은 100,000원이라 할 때 20×1년도의 이자로 인한 현금유출액은 얼마인가?

해설 이자로 인한 현금유출액
= 이자비용(I/S) - 미지급이자증가액(+미지급이자감소액)
- 사채할인발행차금 상각액
= 1,000,000 - 200,000원 - 100,000 = 700,000원

4) 법인세의 납부(법인세로 인한 현금유출액)

법인세로 인한 현금유출액은 포괄손익계산서의 법인세비용에서 출발하여 당기법인세부채증감액을 조정하여 계산한다. 이연법인세자산증감액과 이연법인세부채증감액이 존재하는 경우의 추가 조정은 중급회계 시간에 배우기로 한다.

법인세 납부액 = 법인세비용(I/S) - 당기법인세부채증가액(+당기법인세부채감소액)

3. 영업활동 현금흐름의 계산(수정된 간접법)

영업활동 현금흐름을 수정된 간접법(한국채택국제회계기준)으로 계산하는 경우에는 당기순이익[4]에서 출발하여 우선 두 단계의 조정을 거쳐 영업에서 창출된 현금을 구한

4) 한국채택국제회계기준서 1007호 '현금흐름표'의 부록 사례에서는 법인세비용차감전순이익으로부터 출발하는 간접법 양식을 소개하고 있다. 당기순이익에서 출발한다면 법인세비용을 당기순이익에 가산한 후 시작하면 된다.

다. 즉, (1) 영업에서 창출되지 않은 손익의 제거(감가상각비 가산, 법인세비용 가산, 이자비용(상각이자비용 포함됨) 가산, 이자수익(상각이자수익 포함됨) 차감, 유형자산처분이익 차감, 유형자산처분손실 가산 등)의 반영, (2) 영업활동에서 창출된 자산과 부채의 증감 등을 반영하여 영업에서 창출된 현금을 계산한다. 마지막으로 이자의 수취(가산), 이자의 지급(차감), 배당금의 수령(가산), 법인세의 납부(차감) 등을 반영하여 영업활동 현금흐름을 계산한다.

사례 14-4 영업활동 현금흐름(수정된 간접법)

(주)한국의 제11기 (20×1년 1월 1일부터 12월 31일까지)의 당기순이익은 294,000원이다. 다음의 자료를 활용하여 (1) 영업에서 창출된 현금과 (2) 영업활동 현금흐름을 각각 계산하시오.

항목	금액(원)	항목	금액(원)
감가상각비	80,000	재고자산 감소	8,000
법인세비용	60,000	대손충당금 증가	10,000
이자비용(상각이자 포함)	50,000	매출채권 증가	30,000
법인세 납부	50,000	유형자산처분손실	40,000
매입채무 감소	12,000	이자의 지급	50,000

해설

구분	금액(원)
Ⅰ. 영업활동 현금흐름	
(1) 당기순이익	294,000
(2) 영업에서 창출되지 않은 손익의 차가감	
감가상각비	80,000
법인세비용	60,000
이자비용(상각이자 포함됨)	50,000
유형자산처분손실	40,000
(3) 영업에서 창출된 자산과 부채의 증감	
매출채권 증가	(30,000)
대손충당금 증가	10,000
재고자산 감소	8,000
매입채무 감소	(12,000)

구분	금액(원)
영업에서 창출된 현금	**500,000**
(4) 이자의 지급	(50,000)
(5) 법인세 납부	(50,000)
	400,000

(1) **영업에서 창출된 현금** : 500,000원

(2) **영업활동 현금흐름** : 400,000원

제 3 절 투자활동 현금흐름

투자활동은 대여금의 지급과 회수활동, 투자자산, 유형자산 및 무형자산의 취득과 처분활동 등을 말한다. 투자활동으로 인한 현금흐름의 원천거래요소의 사례는 〈표 14-5〉와 같다.

표 14-5 투자활동으로 인한 현금흐름의 원천거래요소

투자활동	유형자산, 무형자산 및 기타 장기성자산의 취득에 따른 현금유출 (자본화된 개발원가와 자가건설 유형자산에 관한 지출 포함)
	유형자산, 무형자산 및 기타 장기성자산의 처분에 따른 현금유입
	다른 기업의 지분상품이나 채무상품의 취득에 따른 현금유출
	다른 기업의 지분상품이나 채무상품의 처분에 따른 현금유입
	대여금의 지급 및 회수
	금융상품의 취득 및 처분

투자활동 현금흐름을 계산하기 위해서는 먼저 비교재무상태표로부터 투자활동과 관련된 항목을 파악한 다음 각 항목별로 T계정을 분석한다.

사례 14-5 투자활동으로 인한 현금

건물의 취득과 처분(현금거래)이 현금흐름표에 어떻게 보고가 되는지 관련 T계정을 분석해 보자. 비교재무상태표와 포괄손익계산서, 기타자료로부터 필요한 내용을 뽑아 건물, 감가상각누계액, 건물처분이익, 감가상각비 등의 계정내용을 정리한 것이 다음과 같다고 가정하자.

건 물

기초	9,500,000	처분	4,700,000
취득	3,000,000	기말	7,800,000
차변잔액	12,500,000	합계	12,500,000

감가상각누계액

처분	1,000,000	기초	3,600,000
기말	2,900,000	상각	300,000
합계	3,900,000	합계	3,900,000

건물처분이익 200,000

감가상각비 300,000

당기 중 건물을 취득하였고 취득원가는 3,000,000원임을 알 수 있고, 또한 당기 중 건물을 처분하였으며 처분된 건물의 취득원가는 4,700,000원, 처분된 건물의 감가상각누계액은 1,000,000원이라면 처분된 건물의 장부금액은 3,700,000원(=4,700,000 −1,000,000)임을 알 수 있다. 그리고 건물처분이익이 200,000원이므로 건물의 처분대금은 처분된 건물의 장부금액 3,700,000원에 처분이익 200,000원을 합한 3,900,000원이 됨을 알 수 있다. 그리고 당기 중 감가상각비는 300,000원임을 알 수 있다. 현금흐름표에는 투자활동 현금유입으로 건물처분대금 3,900,000원을 보고하고, 투자활동 현금유출로 건물취득대금 3,000,000원을 보고하면 된다. 건물처분이익 200,000원은 간접법으로 영업활동 현금흐름 산출시 영업활동에서 창출되지 않은 이익이므로 당기순이익에서 차감될 것이고, 감가상각비는 영업활동에서 창출되지 않은 비용이면서 동시에 현금의 유출을 수반하지 않는 비용이므로 700,000원은 당기순이익에 가산된다.

구분	금액	
Ⅱ. 투자활동 현금흐름		900,000
1. 투자활동 현금유입액		
건물 처분	3,900,000	
2. 투자활동 현금유출액		
건물 취득	(3,000,000)	

제 4 절 재무활동 현금흐름

재무활동이란 현금의 차입 및 상환활동, 신주발행이나 배당금지급 등과 같이 부채 및 자본에 영향을 미치는 거래를 말한다. 재무활동 현금흐름의 원천거래요소의 사례는 〈표 14-6〉과 같다.

표 14-6 재무활동 현금흐름의 원천거래요소

재무활동	주식이나 기타 지분상품의 발행에 따른 현금유입 (유상증자, 자기주식처분 등)
	자기주식취득, 유상감자, 배당금의 지급에 따른 현금 유출
	사채의 발행과 장·단기차입에 따른 현금유입
	사채와 차입금의 상환에 따른 현금유출

재무활동 현금흐름을 계산하기 위해서는 먼저 비교재무상태표로부터 재무활동과 관련된 항목을 파악한 다음 각 항목별로 T계정을 분석한다.

사례 14-6 재무활동 현금흐름

사채의 상환과 발행(현금거래)이 현금흐름표에 어떻게 보고되는지 관련 T계정을 분석해 보자. 비교재무상태표와 포괄손익계산서, 기타자료로부터 필요한 내용을 뽑아 사채, 사채할인발행차금, 사채상환손실, 사채할인발행차금 상각액 등의 계정내용을 정리한 것이 다음과 같다고 가정하자.

사채

상환	1,000,000	기초	3,000,000
기말	4,000,000	발행	2,000,000
합계	5,000,000	합계	5,000,000

사채할인발행차금

기초	270,000	상환	90,000
발행	180,000	상각	150,000
		기말	210,000
합계	450,000	합계	450,000

사채상환손실 40,000

사채할인발행차금상각액 150,000

당기 중 사채를 발행하였고 발행가액은 1,820,000원(=2,000,000-180,000)임을 알 수 있고, 또한 당기 중 사채를 상환하였으며 상환된 사채의 액면금액은 1,000,000원, 상환된 사채의 사채할인발행차금 잔액은 90,000원으로 상환된 사채의 장부금액은 910,000원(=1,000,000 - 90,000)임을 알 수 있다. 그리고 사채상환손실이 40,000원이므로 사채의 상환대금은 상환된 사채의 장부금액 910,000원에 상환손실 40,000원을 합한 950,000원이 됨을 알 수 있다. 그리고 당기 중 사채할인발행차금 상각액 150,000원은 이자비용에 포함되어 있음을 알 수 있다.

현금흐름표에는 재무활동 현금유입으로 사채의 발행가액 1,820,000원을 보고하고, 재무활동 현금유출로 사채상환가액 950,000원을 보고하면 된다.

사채상환손실 40,000원은 재무활동에 해당하므로, 간접법으로 영업활동 현금흐름 산출시 영업활동에서 창출되지 않은 손익에 해당하므로 당기순이익에 가산될 것이다. 사채할인발행차금 상각액 150,000원은 간접법으로 영업활동 현금흐름 산출시 영업활동에서 창출되지 않은 손익이면서 동시에 현금의 지출이 없는 비용이므로 당기순이익에 가산된다.

구분	금액	
Ⅲ. 재무활동 현금흐름		870,000
1. 재무활동 현금유입액		
사채 발행	1,820,000	
2. 재무활동 현금유출액		
사채 상환	(950,000)	

[보론] 현금주의와 발생주의

1. 현금주의

현금주의(cash basis)에서는 수익은 현금이 수입될 때에 인식하고 비용은 현금이 지출될 때에 인식한다. 현금주의에 의해 수익과 비용을 인식하게 되면 창출한 수익과 수익을 창출하기 위해 발생된 비용을 적절히 대응시키지 못하여 정확한 경영성과를 측정하지 못한다. 따라서 현금주의는 일반적으로 인정된 회계원칙으로 인정받지 못하고 있다.

다음의 〈표 1〉은 (주)서울의 20×1년 12월 1일부터 20×1년 12월 31일까지의 영업거래 내용이다. 이를 가지고 현금주의에 의한 수익과 비용을 계산하고 현금주의 손익계산서를 작성해 보자.

표-1 영업거래내용

① 12월 01일 상품을 300,000원에 외상으로 구입하였다.

② 12월 05일 상품(매입원가 80,000원)을 100,000원에 판매하고 판매대금은 현금으로 받았다.

③ 12월 10일 상품(매입원가 100,000원)을 150,000원에 판매하고 판매대금은 30일 후에 받기로 하였다.

④ 12월 20일 매입채무 중 50,000원을 현금으로 지급하였다.

⑤ 12월 30일 직원 12월분 급여 30,000원을 현금으로 지급하였다.

⑥ 12월 31일 12월분 사무실 임차료 15,000원을 현금으로 지급하지 못했다.

현금주의 수익 = 현금매출 100,000 = 100,000
현금주의 비용 = 매입채무지급액 50,000 + 급여지급액 30,000 = 80,000

손익계산서(현금주의)

(주)서울 20×1년 12월 1일부터 12월 31일까지 (단위 : 원)

구분	금액
매출	100,000
매출원가	(50,000)
급여	(30,000)
임차료	0
당기순이익	20,000

2. 발생주의

발생주의(accrual basis)에서는 수익은 현금의 수입과 관계없이 재화의 판매시점 및 용역의 제공시점에서 인식하고, 비용은 현금의 지출과 관계없이 발생된 비용을 관련수익이 인식되는 때에 그에 대응시켜 인식한다. 발생주의는 창출된 수익과 수익을 창출하기 위해 발생된 비용을 적절히 대응시켜 올바른 경영성과를 측정한다. 따라서 발생주의가 일반적으로 인정된 회계원칙으로 인정받고 있다.

〈표 1〉의 영업거래내용을 가지고 발생주의에 의한 수익과 비용을 계산하고 발생주의 손익계산서를 작성해 보자.

발생주의 수익 = 현금매출 100,000 + 신용매출 150,000 = 250,000
발생주의 비용 = 상품유출액 80,000 + 상품유출액 100,000 + 급여지급액 30,000 + 임차료미지급액 15,000 = 225,000

손익계산서(발생주의)

(주)서울 20×1년 12월 1일부터 20×1년 12월 31일까지 (단위 : 원)

구분	금액
매출	250,000
매출원가	(180,000)
급여	(30,000)
임차료	(15,000)
당기순이익	25,000

현금주의회계는 현재의 현금수익과 현금비용 및 현금손익에 관한 정보를 제공할 뿐이며, 오히려 기업이 현금의 수입과 지출시기를 인위적으로 조정하여 이익을 조작할 가능성이 있다. 현금주의회계는 수익창출활동의 결정적 사건인 상품의 인도(판매)나 용역의 제공이 발생하여 수익이 거의 실현되었음에도 수익의 계상시점(인식시점)을 연기하여 기업의 경영성과를 정확히 측정하지 못하는 문제점이 있다.

발생주의회계는 수익은 현금의 유입과 관계없이 재화의 판매시점 및 용역의 제공시점에서 수익을 인식하고, 비용은 현금의 유출과 관계없이 발생된 비용을 관련수익이 인식되는 때에 그에 대응시켜 인식하므로 기업의 미래의 현금창출능력과 기업의 경영성과에 관한 보다 더 유용한 정보를 제공한다. 다만, 발생주의회계의 당기순이익이 기업의 미래 현금창출능력에 관한 유용한 정보가 되기 위해서는 영업활동 현금흐름에 관한 정보가 동시에 제공되어야 한다는 사실을 유의하여야 한다. 흑자도산기업이 많고 현금흐름에 대한 정보욕구가 많은 오늘날에는 더욱 그러하다.

객관식

01 영업활동 현금흐름의 산출과 전혀 관련이 없는 것은?

① 배당금 수령　　② 미지급급여의 감소
③ 당기법인세부채 증가　　④ 단기차입금 증가

해설 ④ 단기차입금의 증가는 재무활동 현금유입에 해당한다.

02 간접법으로 영업활동 현금흐름을 산출할 경우에 당기순이익에 가산할 항목이 아닌 것은?

① 매출채권 증가
② 매입채무 증가
③ 감가상각비
④ 사채할인발행차금 상각액

해설 ① 매출채권 증가는 차감조정 항목이다.

03 재무활동 현금흐름의 산출과 관련이 없는 것은?

① 배당금 지급
② 유상증자
③ 사채 발행
④ 매출채권 증가

해설 ④ 매출채권 증가는 영업활동 현금흐름의 차감조정 사항이다.

04 현금흐름표의 활동별 현금흐름에 대한 다음의 설명 중 옳지 않은 것은?

① 현금흐름을 수반한 유상증자는 투자활동에 해당한다.
② 영업활동은 투자활동과 재무활동에 해당하지 아니하는 거래를 모두 포함한다.
③ 무형자산의 취득 및 처분은 투자활동에 해당한다.
④ 종업원과 관련된 현금유출은 영업활동에 해당한다.

해설 ① 현금흐름을 수반한 유상증자는 재무활동에 해당한다.

05 다음의 자료를 이용하여 재무활동 현금흐름을 계산하면 얼마인가?

• 배당금지급	100,000원	• 사채상환	1,500,000원
• 유상증자	1,000,000원	• 자기주식 처분	400,000원
• 매출채권 회수	200,000원		

① (200,000) ② 300,000
③ 500,000 ④ 600,000

해설 ① 재무활동 현금유입 = 400,000 + 1,000,000 = 1,400,000
재무활동 현금유출 = 100,000 + 1,500,000 = 1,600,000
∴ 재무활동 현금흐름 = 1,400,000−1,600,000 = (200,000)

06 (주)통합은 취득원가 1,000,000원, 감가상각누계액 400,000원인 설비자산을 700,000원에 처분하였다. 이 거래가 현금흐름표에 미치는 영향에 대한 다음의 설명 중 옳은 것은?

① 투자활동 현금유입은 700,000원이다.
② 유형자산처분이익 100,000원은 영업활동 현금흐름을 간접법으로 계산하는 과정에서 가산된다.
③ 투자활동 현금유출은 600,000원이다.
④ 해당 설비자산을 과거에 취득하면서 현금을 지출하였다면 그 금액은 현금흐름표에 영업활동 현금흐름으로 기록되었을 것이다.

해설 ① 유형자산처분이익 100,000원은 영업활동 현금흐름을 간접법으로 계산하는 과정에서 차감된다. 설비자산을 취득하면서 현금을 지출하였다면 그 금액은 현금흐름표에 투자활동 현금흐름으로 기록된다.

07 다음의 자료를 이용하여 영업에서 창출된 현금을 계산하면 얼마인가?

• 당기순이익	1,000,000원
• 영업에서 창출되지 않은 손실	100,000원
• 영업에서 창출되지 않은 이익	50,000원
• 영업에서 창출된 자산의 증가	120,000원
• 영업에서 창출된 부채의 증가	80,000원
• 이자의 수취	5,000원
• 이자의 지급	10,000원
• 법인세의 납부	30,000원

① 1,010,000원　　② 1,040,000원
③ 1,070,000원　　④ 1,110,000원

해설 ①

수정된 간접법	금액
I. 영업활동 현금흐름	
(1) 당기순이익	1,000,000
(2) 영업에서 창출되지 않은 손익의 차가감	
영업에서 창출되지 않은 손실(가산)	100,000
영업에서 창출되지 않은 이익(차감)	(50,000)
(3) 영업에서 창출된 자산과 부채의 증감	
영업에서 창출된 자산의 증가(차감)	(120,000)
영업에서 창출된 부채의 증가(가산)	80,000
영업에서 창출된 현금(*)	**1,010,000**
(4) 이자의 수취(가산)	
(5) 이자의 지급(차감)	
(6) 배당금의 수령(가산)	
(7) 법인세의 납부(차감)	
:	

08 다음의 자료를 이용하여 영업활동 현금흐름을 계산하면 얼마인가?

• 당기순이익	1,200,000원
• 영업활동에서 창출되지 않은 손실	100,000원
• 영업활동에서 창출되지 않은 이익	50,000원
• 영업에서 창출된 자산의 증가	120,000원
• 영업에서 창출된 부채의 증가	100,000원
• 이자의 수취	5,000원
• 이자의 지급	10,000원
• 법인세의 납부	30,000원

① 1,192,000원　　② 1,193,000원
③ 1,194,000원　　④ 1,195,000원

해설 ④

수정된 간접법	금액
Ⅰ. **영업활동 현금흐름**	
(1) 당기순이익	1,200,000
(2) 영업에서 창출되지 않은 손익의 차가감	
영업에서 창출되지 않은 손실(가산)	100,000
영업에서 창출되지 않은 이익(차감)	(50,000)
(3) 영업에서 창출된 자산과 부채의 증감	
영업에서 창출된 자산의 증가(차감)	(120,000)
영업에서 창출된 부채의 증가(가산)	100,000
영업에서 창출된 현금	1,230,000
(4) 이자의 수취(가산)	5,000
(5) 이자의 지급(차감)	10,000
(6) 법인세의 납부(차감)	30,000
	1,195,000

09 (주)대한의 제11기 (20×1년 1월 1일부터 12월 31일까지)의 당기순이익은 300,000원이다. 다음의 자료를 활용하여 영업에서 창출된 현금을 계산하면 얼마인가? (단위 : 원)

항목	금액	항목	금액
감가상각비	80,000	재고자산 증가	8,000
법인세비용	60,000	대손충당금 증가	10,000
이자비용	50,000	매출채권 증가	30,000
법인세 납부	50,000	유형자산처분이익	40,000
매입채무 감소	12,000	이자의 지급	50,000

① 310,000
② 320,000
③ 410,000
④ 420,000

해설 ③

수정된 간접법	금액
Ⅰ. **영업활동 현금흐름**	
(1) 당기순이익	300,000
(2) 영업에서 창출되지 않은 손익의 차가감	
감가상각비	80,000
법인세비용	60,000
이자비용(상각이자 포함됨)	50,000
유형자산처분이익	(40,000)
(3) 영업에서 창출된 자산과 부채의 증감	
매출채권 증가	(30,000)
대손충당금 증가	10,000
재고자산 증가	(8,000)
매입채무 감소	(12,000)
영업에서 창출된 현금	**410,000**
(4) 이자의 지급	(50,000)
(5) 법인세 납부	(50,000)
	310,000

10 다음 자료를 이용하여 (주)송악이 당기에 처분한 비품의 취득원가를 계산하면 얼마인가? (단위 : 원)

당기의 비품 취득원가	200,000	당기의 비품 감가상각비	90,000
비품의 기초장부금액	110,000	비품의 기말장부금액	210,000
당기에 처분한 비품의 감가상각누계액		50,000	

① 40,000　　② 50,000
③ 60,000　　④ 70,000

해설 ③

비품(장부금액)

기초	110,000	처분	(역산) 10,000
당기취득	200,000	감가상각비	90,000
		기말	210,000
차변합계	310,000	대변합계	310,000

(처분한 비품) 취득원가 − 감가상각누계액 50,000 = (처분한 비품) 장부금액 10,000
∴ 처분한 비품 취득원가 = 60,000

주관식

01 (주)머니의 비교재무상태표와 포괄손익계산서 및 추가정보를 이용해 물음에 답하시오.

비교재무상태표

(주)머니 20×2년 및 20×1년 12월 31일 현재 (단위 : 원)

자 산	20×2	20×1	부채와 자본	20×2	20×1
현금	282,000	150,000	매입채무	60,000	105,000
매출채권	315,000	270,000	미지급급여	21,000	9,000
대손충당금	(45,000)	(30,000)	부채총계	81,000	114,000
재고자산	225,000	120,000	자본금	600,000	480,000
비품	90,000	240,000	이익잉여금	141,000	126,000
감가상각누계액	(45,000)	(30,000)	자본총계	741,000	606,000
자산총계	822,000	720,000	부채와자본총계	822,000	720,000

포괄손익계산서

(주)머니 20×2년 1월 1일부터 12월 31일까지 (단위 : 원)

구분	금액
매출액	900,000
매출원가	(600,000)
급여	(180,000)
임차료	(2,000)
대손상각비	(24,000)
감가상각비	(30,000)
이자비용	(13,000)
유형자산처분손실	(9,000)
당기순이익	42,000

[추가정보]

① 비품(취득원가 150,000원, 감가상각누계액 15,000)을 126,000에 매각하였다.
② 당기 중 현금배당 27,000원을 지급하였다.
③ 당기 중 주식을 24주를 액면(@5,000원)에 발행하였다.

물음

(1) 매출로 인한 현금유입액을 구하시오.
(2) 매입으로 인한 현금유출액을 구하시오.

(3) 급여로 인한 현금유출액을 구하시오.
(4) 이자로 인한 현금유출액을 구하시오.
(5) 임차료로 인한 현금유출액을 구하시오.

해설 (1) 매출로 인한 현금유입액
= 매출액(I/S) - 대손상각비 - 순매출채권 증가
= 900,000 - 24,000 - (270,000 - 240,000) = 846,000원

[참조] 매출로 인한 현금유입액을 계산하는 다양한 접근
= 매출액 - 매출채권 증가 - 대손처리액(*)
= 매출액 - 매출채권 증가 - (대손상각비 - 대손충당금 증가)
= 매출액 - (매출채권 증가 - 대손충당금 증가) - 대손상각비
= 매출액 - 대손상각비 - 순매출채권 증가

(*) 대손처리액은 매출채권의 감소를 초래하였으나 현금의 유입이 발생하지 않은 부분이므로 위와 같은 접근으로 매출로 인한 현금흐름을 계산하는 경우에는 이를 제외시키는 것이다.

(2) 매입으로 인한 현금유출액
= 매출원가(I/S) + 매입채무 감소 + 재고자산 증가 + 선급금 증가
= 600,000 + 45,000 + 105,000 + 0 = 750,000원

(3) 급여로 인한 현금유출액
= 급여(I/S) - 미지급급여 증가 + 선급급여 증가
= 180,000 - 12,000 + 0 = 168,000원

(4) 이자로 인한 현금유출액
= 이자비용(I/S) - 미지급이자 증가 + 선급이자 증가 - 사채할인발행차금상각액
= 13,000 - 0 + 0 + 0 = 13,000원

(5) 임차료로 인한 현금유출액
= 임차료(I/S) - 미지금임차료 증가 + 선급임차료 증가
= 2,000 - 0 + 0 = 2,000원

02 다음은 (주)편한마트의 20×1년 말과 20×2년 말의 비교재무상태표와 관련된 자료 및 추가자료이다. 아래에 제시된 각 물음에 답하시오.

(1) 재무상태표 자료(숫자는 기초잔액보다 증가 또는 감소한 금액을 의미)(단위 : 원)

현금 증가	320,000	감가상각누계액 증가	400,000
매출채권 증가	320,000	매입채무 증가	120,000
상품 증가	160,000	장기차입금 증가	240,000
토지 증가	0	자본금 증가	400,000
건물 증가	800,000	이익잉여금 증가	440,000

(2) 추가자료
- 20X2년도 매출액은 9,600,000원이다.
- 20X2년도 매출원가는 4,000,000원이다.
- 20X2년도 당기순이익은 520,000원이다.
- 20X2년 중에 건물을 720,000원 받고 처분하였다. 해당 건물의 취득원가는 1,200,000원이며, 감가상각누계액은 560,000원이었다.

물음

(1) 매출로 인한 현금유입액은 얼마인가?

(2) 매입으로 인한 현금유출액은 얼마인가?

(3) 감가상각비는 얼마인가?

(4) 배당금 지급액은 얼마인가?

해설 (1) 매출로 인한 현금유입(현금주의 매출)
= 당기매출액(I/S) - 매출채권 증가
= 9,600,000 - 320,000 = 9,280,000원

(2) 매입으로 인한 현금유출(현금주의 매입)
(1단계) 당기매입 = 당기매출원가(I/S) + 상품 증가
= 4,000,000 + 160,000 = 4,160,000
(2단계) 현금주의 매입 = 당기매입 - 매입채무 증가
= 4,160,000 - 120,000 = 4,040,000

(3) 감가상각비(X) = 960,000

감가상각누계액

기중감소	560,000	기초	0(가정)
기말	400,000(가정)	감가상각비	X
차변합계	960,000	대변합계	960,000

(4) 배당금 지급액(X) = 80,000

이익잉여금

배당	X	기초	0(가정)
기말	440,000(가정)	당기순이익	520,000
차변합계	520,000	대변합계	520,000

03 다음은 (주)대한의 20×1년 말과 20×2년 말 부채 자료 일부와 추가자료이다. 재무활동 현금흐름은 얼마인가?

(1) 부채 자료 일부 (숫자는 기초잔액보다 증가 또는 감소한 금액을 의미)(단위 : 원)

단기차입금 증가	100,000	사채 감소	3,000,000

(2) 추가자료 (20X2년 중의 거래)
- 단기차입금 700,000원을 상환하였다.
- 거래은행으로부터 단기차입금 800,000원을 차입하였다.
- 사채 7,000,000원을 액면으로 조기상환하였다.
- 사채 4,000,000원을 액면으로 발행하였다.

해설
- 재무활동 현금유입 = 800,000 + 4,000,000 = 4,800,000
- 재무활동 현금유출 = 700,000 + 7,000,000 = 7,700,000

∴ 재무활동 현금흐름 = 7,700,000 − 4,800,000 = 2,900,000(순유출)

04 (주)한국의 제8기 (20×1년 1월 1일부터 12월 31일까지)의 당기순이익은 350,000원이다. 다음의 자료를 활용하여 (1) 영업에서 창출된 현금과 (2) 영업활동 현금흐름을 각각 계산하시오.

항목	금액	항목	금액
감가상각비	70,000	재고자산 증가	8,000
법인세비용	60,000	대손충당금 증가	10,000
이자비용	50,000	매출채권 감소	30,000
법인세 납부	50,000	유형자산처분손실	40,000
매입채무 증가	15,000	이자의 지급	40,000

해설

구분	금액(원)
Ⅰ. **영업활동 현금흐름**	
(1) 당기순이익	350,000
(2) 영업에서 창출되지 않은 손익의 차가감	
감가상각비	70,000
법인세비용	60,000
이자비용	50,000
유형자산처분손실	40,000
(3) 영업에서 창출된 자산과 부채의 증감	
매출채권 감소	30,000
대손충당금 증가	10,000

구분	금액(원)
재고자산 증가	(8,000)
매입채무 증가	15,000
영업에서 창출된 현금	**617,000**
(4) 이자의 지급	(40,000)
(5) 법인세 납부	(50,000)
	527,000

(1) 영업에서 창출된 현금 : 617,000원

(2) 영업활동 현금흐름 : 527,000원

15장

재무제표분석

학습목표

▶ 재무제표분석의 의의를 설명할 수 있다.
▶ 재무비율을 산출하고 해석할 수 있다.

제 1 절 재무제표분석의 의의

재무제표에서 정보이용자들의 의사결정에 필요한 정보를 추출해서 분석 및 해석하는 것을 재무제표분석(financial statements analysis)이라 한다. 재무제표에 나타나는 항목은 대부분 그 자체만으로는 중요한 의미를 지니지 못한다. 각 항목의 현재와 과거 상태를 비교하는 경우, 각 항목별로 유사 경쟁기업과 비교하는 경우 또는 각 항목간의 상호관계를 분석할 경우에 해당 비교정보 및 분석정보가 의미를 가진다.

재무제표를 분석하는 방법에는 각 항목의 변동액과 변동률을 분석하는 방법(변동액과 변동률 분석), 각 항목의 추세를 분석하는 방법(추세분석), 각 항목의 구성비를 분석하는 방법(구성비분석), 재무비율을 분석하는 방법 등이 있다.

재무제표분석방법	분석수단
변동액과 변동률의 분석	비교재무제표-성장성비율
추세분석	여러 연도의 항목별 금액 및 비율표
구성비분석	공통형재무제표(백분율재무제표)
재무비율분석	수익성비율, 안정성비율, 활동성비율 등

제 2 절 변동액과 변동률의 분석

1. 변동액과 변동률분석의 의의

변동액과 변동률의 분석이란 기업의 비교재무제표를 이용하여 각 항목의 당기 금액과 전기금액변동액과 변동률분석을 비교하여 변동액과 변동률을 파악하는 방법을 말한다.

이 방법에서는 총자산증가율, 매출증가율, 당기순이익증가율 등을 산출하여 기업의 성장률을 파악할 수 있다.

2. 변동액과 변동률분석의 사례

〈표 15－1〉은 (주)한국의 20×2년과 20×1년의 비교재무상태표와 각 항목별 변동액과 변동률분석표이다.

표 15-1 비교재무상태표와 각 항목별 변동액과 변동률분석표

비교재무상태표

(주)한국 20×2년과 20×1년 12월 31일 (단위 : 원)

항목	20×2년	20×1년	변동액	변동률(%)
자산				
유동자산	4,700,000	5,000,000	-300,000	-6.0
현금및현금성자산	1,700,000	1,500,000	200,000	13.3
매출채권	2,000,000	1,500,000	500,000	33.3
재고자산	1,000,000	2,000,000	-1,000,000	-50.0
비유동자산	4,800,000	4,000,000	800,000	20.0
자산총계	9,500,000	9,000,000	500,000	5.6
부채				
유동부채	2,500,000	3,200,000	-700,000	-21.9
매입채무	1,500,000	2,000,000	-500,000	-25.0
단기차입금	1,000,000	1,200,000	-200,000	-16.7
비유동부채	1,000,000	1,000,000	0	0
부채총계	3,500,000	4,200,000	-700,000	-16.7
자본				
자본금	3,000,000	3,000,000	0	0
자본잉여금	800,000	800,000	0	0
이익잉여금	2,200,000	1,000,000	1,200,000	120.0
자본총계	6,000,000	4,800,000	1,200,000	25.0
부채와 자본총계	9,500,000	9,000,000	500,000	5.6

〈표 15－1〉에는 모든 항목의 전기 대비 변동액과 변동률이 나와 있는데 총자산증가율이 관심의 대상이다. 총자산은 기업의 규모를 나타내는 것으로 총자산증가율은 기업의 자산규모가 전기에 비해 얼마나 증가하였는가를 나타내는 지표가 된다.

총자산증가율 = (20×2년말자산총액 - 20×1년말자산총액) / 20×1년말자산총액
= (9,500,000 - 9,000,000) / 9,000,000 = 5.6%

자본의 증가율이 25%로 높았으나 부채의 감소율이 16.7%로 자산의 증가율은 5.6%로 비교적 낮아졌으며, 자산의 구성을 보면 재고자산이 상당히 많이 감소하였으나 매출채권은 조금 증가한 것을 알 수 있다.

〈표 15-2〉는 (주)한국의 20×2년과 20×1년의 비교손익계산서와 각 항목별 변동액과 변동률분석표이다.

표 15-2 비교손익계산서의 각 항목별 변동액과 변동률분석표

비교손익계산서

(주)한국　　20×2년과 20×1년 1월 1일부터 12월 31일까지　　(단위 : 원)

항목	20×2년	20×1년	변동액	변동률(%)
매출	15,000,000	12,500,000	2,500,000	20.0
매출원가	11,250,000	9,750,000	1,500,000	15.4
매출총이익	3,750,000	2,750,000	1,000,000	36.4
판매비와관리비	2,000,000	1,700,000	300,000	17.6
판매비	1,500,000	1,300,000	200,000	15.4
관리비	500,000	400,000	100,000	25.0
영업이익	1,750,000	1,050,000	700,000	66.7
영업외수익	120,000	110,000	10,000	9.1
임대료수익	120,000	110,000	10,000	9.1
영업외비용	250,000	280,000	-30,000	-10.7
이자비용	250,000	280,000	-30,000	-10.7
법인세비용차감전순이익	1,620,000	880,000	740,000	84.1
법인세비용	420,000	220,000	200,000	90.1
당기순이익	1,200,000	660,000	540,000	81.8

〈표 15－2〉에도 마찬가지로 모든 항목의 전기 대비 변동액과 변동률이 나와 있는데 매출액증가율, 영업이익증가율, 순이익증가율이 주된 관심의 대상이다. 이런 비율들은 총자산증가율과 마찬가지로 기업의 매출액 등이 전기에 비해 얼마나 성장하였는가를 나타내는 지표가 된다.

매출증가율 = (20×2년 매출 - 20×1년 매출) / 20×1년 매출
= (15,000,000 - 12,500,000) / 12,500,000 = 20%`

영업이익증가율 = (20×2년 영업이익 - 20×1년 영업이익) / 20×1년 영업이익
= (1,750,000 - 1,050,000) / 1,050,000 = 66.7%

순이익증가율 = (20×2년 순이익 - 20×1년 순이익) / 20×1년 순이익
= (1,200,000 - 660,000) / 660,000 = 81.8%

매출은 20% 증가하였으나 매출원가가 15.4% 증가에 그쳐 매출총이익이 36.4% 증가하였고, 판매비와관리비는 17.6% 증가하였으나 이자비용은 오히려 10.7% 감소하여 순이익은 81.7% 증가하는 결과를 가져왔다.

변동액과 변동률분석은 기준연도의 금액이 비정상적으로 적을 때에는 판단을 오도할 가능성이 있다. 예를 들면 20X0년 순이익이 1,200,000원이었다면 20×1년 순이익은 55.0% 감소하였고 20×2년 순이익이 81.8% 증가한 것은 단순히 감소하였던 것을 회복한 것에 불과하기 때문이다. 이런 약점을 보완하는 분석방법이 추세분석법이다.

제 3 절 추세분석

1. 추세분석의 의의

추세분석(trend analysis)이란 기준연도 이후 몇 년간 재무제표 항목의 변동의 크기와 변동방향을 파악하는 방법으로 일반적으로 기준연도를 설정하고 기준연도 이후의 항목의 금액을 기준연도 금액으로 나눈 비율의 증감을 분석한다.

2. 추세분석의 사례

추세분석법은 〈표 15-3〉과 같다.

표 15-3 연도별 항목의 금액과 비율변동표(추세분석방법)

[연도별 항목의 금액 변동]

항목	20×1년	20×2년	20×3년	20×4년	20×5년	20×6년
매출	9,000,000	10,000,000	11,000,000	9,000,000	12,500,000	15,000,000
순이익	410,000	480,000	500,000	500,000	660,000	1,200,000
총자산	6,800,000	7,000,000	8,500,000	10,000,000	9,000,000	9,500,000

[연도별 항목의 비율 변동]

항목	20×1년	20×2년	20×3년	20×4년	20×5년	20×6년
매출	100%	111%	122%	(-)18%	139%	167%
순이익	100%	117%	122%	122%	161%	293%
총자산	100%	103%	125%	147%	132%	140%

추세분석을 보면 20×1년부터 20×3년까지 매출과 순이익이 서서히 증가하다가 20×4년도에 급격히 하락하였고 20×5년부터 다시 증가하기 시작하였음을 알 수 있다. 20×4년에

매출은 급격히 감소하였으나 순이익증가율이 예년의 수준을 유지하고 있는 것은 원가절감을 통한 이익구조가 변동했을 가능성이 높으며 이 기업은 꾸준히 수익성이 개선되면서 성장하고 있음을 알 수 있다.

제 4 절 구성비분석

1. 구성비분석의 의의

구성비분석(component percentage analysis)이란 재무제표를 구성하고 있는 각 항목이 전체에서 차지하는 비율을 파악하여 분석하는 방법을 말하며, 각 항목이 전체에서 차지하는 구성비율을 표시한 것을 백분율재무상태표와 백분율손익계산서라 한다. 백분율재무상태표에서는 기업의 자산구조와 자본구조를 파악할 수 있으며, 백분율손익계산서에서는 기업의 손익구조를 파악할 수 있다. 백분율재무제표를 여러 기간을 비교하여 백분율비교재무제표를 작성한다면 자산구조와 자본구조 및 손익구조가 어떻게 변화하였는지의 추세를 파악할 수 있고 다른 기업의 백분율재무제표와 비교하여 자산구조와 자본구조 및 손익구조의 차이를 파악할 수 있을 것이다.

2. 구성비분석의 사례

〈표 15-4〉는 (주)한국의 20×2년과 20×1년의 백분율비교재무상태표와 각 항목별 구성비분석표이다.

표 15-4 백분율비교재무상태표

백분율비교재무상태표

(주)한국 20×2년과 20×1년 12월 31일 현재 (단위 : 원)

항목	20×2년		20×1년	
	금액	백분율(%)	금액	백분율(%)
자산				
유동자산	4,700,000	49.5	5,000,000	55.6
현금및현금성자산	1,700,000	17.9	1,500,000	16.7
매출채권	2,000,000	21.1	1,500,000	16.7
재고자산	1,000,000	10.5	2,000,000	22.2
비유동자산	4,800,000	50.5	4,000,000	44.4
자산총계	9,500,000	100.0	9,000,000	100.0
부채				
유동부채	2,500,000	26.3	3,200,000	35.6
매입채무	1,500,000	15.8	2,000,000	22.2
단기차입금	1,000,000	10.5	1,200,000	13.4
비유동부채	1,000,000	10.5	1,000,000	11.1
부채총계	3,500,000	36.8	4,200,000	46.7
자본				
자본금	3,000,000	31.6	3,000,000	33.3
자본잉여금	800,000	8.4	800,000	8.9
이익잉여금	2,200,000	23.2	1,000,000	11.1
자본총계	6,000,000	63.2	4,800,000	53.3
부채와 자본총계	9,500,000	100.0	9,000,000	100.0

20×2년말 현재 기업의 부채구성비율은 36.8%, 자기자본구성비율은 63.2%로 전기와 비교할 때 부채구성비율은 낮아졌고 자기자본구성비율은 증가하였다. 이유는 이익의 증대로 인하여 매입채무와 단기차입금이 많이 감소한 결과이다. 자산구성을 보면 20×2년에 영업이 활성화 되어 재고자산이 많이 감소하였음을 알 수 있다.

〈표 15-5〉는 (주)한국의 20×2년과 20×1년의 백분율 비교손익계산서와 각 항목별 구성비분석표이다.

표 15-5 백분율비교손익계산서

백분율비교손익계산서

(주)한국　　　　20×2년과 20×1년 1월 1일부터 12월 31일까지　　　　(단위 : 원)

항목	20×2년		20×1년	
	금액	구성비(%)	금액	구성비(%)
매출	15,000,000	100.0	12,500,000	100.0
매출원가	11,250,000	75.0	9,750,000	78.0
매출총이익	3,750,000	25.0	2,750,000	22.0
판매비와 관리비	2,000,000	13.3	1,700,000	13.6
판매비	1,500,000	10.0	1,300,000	10.4
관리비	500,000	3.3	400,000	3.2
영업이익	1,750,000	11.7	1,050,000	8.4
영업외수익	120,000	0.8	110,000	0.9
수수료수익	120,000	0.8	110,000	0.9
영업외비용	250,000	1.7	280,000	2.2
이자비용	250,000	1.7	280,000	2.2
법인세비용차감전순이익	1,620,000	10.8	880,000	7.0
법인세비용	420,000	2.8	220,000	1.8
당기순이익	1,200,000	8.0	660,000	5.2

20×2년 매출 대비 매출원가 비율이 75%로 전기의 78%보다 크게 감소하여 영업이익률이 8.4%에서 11.7%로, 순이익률이 5.2%에서 8%로 증가하여 기업의 이익구조가 개선되었음을 알 수 있다.

제 5 절 재무비율분석

백분율 손익계산서에서는 기업의 손익구조는 파악할 수 있지만 기업의 수익성은 파악하지 못하며, 백분율 재무상태표는 기업의 자산구성 내지 자산구조와 자본구조는 파악할 수 있지만 기업의 재무위험은 파악할 수 없다. 각 항목의 변동액과 변동율의 분석 및 추세분석은 단순히 특정항목의 변동을 파악할 수는 있지만 직접적인 수익성과 위험을 파악하지는 못한다. 이런 문제를 해결하기 위해 관련 항목들을 대비시켜 비율을 산정하고 이를 통해 기업의 수익성과 위험을 파악하려는 노력이 있어 왔다.

재무제표의 관련항목들을 대응시켜 비율을 산정하고 이를 통해 기업의 단기지급능력(유동성비율), 장기지급능력(안정성비율), 수익성(수익성비율), 자산관리능력(활동성비율), 시장가치비율 등을 평가하는 것을 재무비율분석(financial ratio analysis)이라 하며 투자자와 채권자의 투자의사결정과 신용의사결정을 위한 재무제표분석의 핵심이 되고 있다.

1. 수익성 비율 : 경영성과는 어떠한가

수익성비율(profitability ratio)이란 기업의 일정기간의 이익을 투자액으로 나누어서 구한 비율로서, 기업의 경영성과를 나타내는 재무비율이다. 투자자나 채권자들로부터 조달된 자본이 얼마나 효율적으로 운영되었는지를 분석하는 수익성비율에는 자기자본이익률과 총자본이익률 등이 있다.

(1) 자기자본이익률

자기자본이익률(return on equity, ROE)은 당기순이익을 평균자기자본[1])으로 나누어 계산한다.

1) 일반적으로 분자와 분모에 이용되는 자료의 성격이 서로 다른 경우, 즉 기간금액(손익계산서 금액)와 시점금액(재무상태표 금액)가 동시에 사용되는 경우에는 시점금액의 평균금액[(기초금액+기말금액)/2]을 계산하여 비율분석에 활용해야 분자와 분모의 적절한 기간대응이 확보된다. 단, 기초금액에 대한 자료가 없어 평균금액을 산출할 수 없는 경우에는 기말금액을 사용하여 비율을 산출할 수도 있다. 이하 동일하다.

$$자기자본이익률 = \frac{당기순이익}{자기자본(평균)}$$

〈표 15－4〉와 〈표 15－5〉에 있는 (주)한국의 비교재무제표에서 20×2년의 자기자본이익률을 계산해 보자.

$$\begin{aligned}자기자본이익률 &= 1{,}200{,}000 \div [(6{,}000{,}000 + 4{,}800{,}000) \div 2] \\ &= 1{,}200{,}000 \div 5{,}400{,}000 = 22.2\%\end{aligned}$$

(주)한국의 자기자본이익률이 22.2%이므로 정기예금이자율이나 국공채이자율 등보다 높은 이익률을 달성하고 있으며 미래에도 자기자본이익률이 계속 높을 것으로 기대된다면 기업의 주식의 가치는 상승할 것이다. 경영자는 위탁받은 자본의 효율적으로 운용하여야 할 책임이 있는 자로서 자기자본이익률은 경영자에게도 중요한 비율이다.

(2) 총자산이익률(총자본이익률)

총자산이익률(return on assets, ROA)은 기업 전체의 관점에서 투자자와 채권자들로부터 조달된 총자산이 얼마나 효율적으로 운용되었는지를 나타내는 비율로 당기순이익을 평균총자산(총자본)으로 나누어 계산한다. 총자본은 자기자본(자본)과 타인자본(부채)의 합계액이다. 총자산이익률은 자본의 구성과 관계없이 기업이 투입한 총자본이 영업활동에서 얼마나 많은 이익을 실현하였는지를 분석하는 지표이다.

$$총자산이익률 = \frac{당기순이익}{총자산(평균)}$$

〈표 15－4〉와 〈표 15－5〉에 있는 (주)한국의 비교재무제표를 가지고 20×2년의 총자본이익률을 계산해 보자.

$$총자산이익률 = \frac{1,200,000}{[(9,500,000 + 9,000,000)/2]} = 12.97\%$$

(주)한국의 총자산이익률이 12.97%이므로 정기예금이자율이나 국공채이자율보다 높은 이익률을 달성하고 있으며 미래에도 총자산이익률이 높을 것으로 기대된다면 기업의 가치는 상승할 것이다.

2. 유동성 비율 : 단기지급능력은 어떠한가

기업의 단기지급능력(유동성)을 파악하기 위한 지표로 유동성비율에는 유동비율과 당좌비율 등이 있다. 기업의 이해관계자들 중 상품을 신용으로 공급하는 공급자나 단기적으로 자금을 대여해 준 채권자(금융기관)들은 기업의 단기지급능력을 파악하고자 유동성비율에 관심이 많다.

(1) 유동비율

유동비율(current ratio)은 유동자산을 유동부채로 나눈 비율로 기업의 유동성을 평가하는데 가장 많이 사용하는 방법이다.

$$유동비율 = \frac{유동자산}{유동부채}$$

〈표 15-4〉와 〈표 15-5〉에 있는 (주)한국의 비교재무제표를 가지고 유동비율을 계산해 보자.

$$20 \times 2년 : 유동비율 = 4,700,000/2,500,000 = 188.0\%$$
$$20 \times 1년 : 유동비율 = 5,000,000/3,200,000 = 156.4\%$$

(주)한국의 20×2년 말 현재 유동자산 보유액이 유동부채의 2배 정도 되므로 다른 문제가 없다면 단기지급능력은 양호한 것으로 평가할 수 있으며, 20×2년말 유동성은 20×1년말 유동성보다 좋아졌다.

(2) 당좌비율

현금 또는 현금화가 빠른 유동자산을 당좌자산(quick asset)이라 하며 일반적으로 유동자산에서 재고자산을 제외한 것들로 현금및현금성자산, 단기투자자산, 매출채권 등을 말한다. 당좌비율(quick ratio)은 당좌자산을 유동부채로 나눈 비율을 말한다. 재고자산은 유동자산 중에서 유동성이 가장 떨어지는 자산으로서 현금화가 되기까지 판매과정과 현금회수과정을 거치므로 시간이 많이 소요될 수 있고, 기업 간의 경쟁이나 경기변동 또는 급작스런 유행의 퇴조 등으로 인하여 판매되기 어려운 경우도 많다. 따라서 기업의 엄격한 단기지급능력을 파악하기 위해 당좌비율을 유동비율과 함께 사용한다.

$$당좌비율 = \frac{당좌자산}{유동부채}$$

〈표 15-4〉와 〈표 15-5〉에 있는 (주)한국의 비교재무제표를 가지고 당좌비율을 계산해 보자.

$$20 \times 2년 : 당좌자산 = 4,700,000 - 1,000,000 = 3,700,000$$
$$당좌비율 = 3,700,000/2,500,000 = 148.0\%$$

20×1년 : 당좌자산 = 5,000,000-2,000,000 = 3,000,000
당좌비율 = 3,000,000/3,200,000 = 93.8%

20×1년 당좌비율이 93.8%에 그치고 있는 것은 재고자산의 보유금액이 큰 결과이고 20×2년에는 영업 활성화로 재고자산의 보유금액이 감소하였으며 이로 인하여 당좌비율이 148%로 증가하여 양호한 상태가 되었음을 알 수 있다.

3. 안정성 비율 : 장기지급능력은 어떠한가

기업은 영업성과가 부진하더라도 부채의 원금과 이자는 약속된 날에 지급하여야 하기 때문에 타인자본의 의존도가 높으면 미래에 지급불능위험(default risk)이 높아질 수 있다. 따라서 기업에 자금을 대여한 채권자들은 기업의 타인자본의존도와 원금과 이자지급능력이 어느 정도인지를 파악하고자 하며, 투자자는 기업이 지급불능위험으로 도산할 가능성은 없는지 파악하고자 한다. 이와 같이 기업의 타인자본의존도와 원금과 이자지급능력을 파악하기 위해 부채비율과 이자보상배율을 많이 사용하는데 이들을 레버리지비율(leverage ratio)이라 한다. 유동비율은 기업의 단기지급능력을 파악하는데 사용하는 반면에 레버리지비율은 기업의 타인자본의존도와 장기지급능력을 파악하는데 사용한다.

(1) 부채비율

부채비율(debt-to-equity ratio)은 부채를 자기자본으로 나눈 비율로 자기자본 1원당 부채금액이 얼마인지를 나타내는 것이며 기업의 장기적인 지급능력을 파악하는 지표이다.

$$부채비율 = \frac{부채}{자기자본}$$

〈표 15−4〉와 〈표 15−5〉에 있는 (주)한국의 비교재무제표를 가지고 부채비율을 계산해 보자.

20×2년 : 부채비율 = 3,500,000/6,000,000 = 58.3%
20×1년 : 부채비율 = 4,200,000/4,800,000 = 87.5%

(주)한국의 20×2년말 부채비율이 58.3%로 장기지급능력은 좋은 편이고, 20×1년보다 부채비율이 감소하여 장기지급능력이 호전되었다.

(2) 이자보상배율

이자보상배율(interest coverage ratio)은 이자비용 및 법인세비용을 차감하기 전의 순이익(EBIT, earnings before interest and tax)을 이자비용으로 나눈 비율이다.[2] 이를 통해 이자 1원당 기업이 얻은 이익이 얼마인지, 즉, 이자비용이 기업에 어느 정도 부담이 되는지를 측정할 수 있다. 다시 말해서 이자지급능력이 어느 정도인지를 파악하는 지표이다.

$$이자보상배율 = \frac{이자비용\ 및\ 법인세비용\ 차감전\ 순이익}{이자비용}$$

〈표 15−4〉와 〈표 15−5〉에 있는 (주)한국의 비교재무제표를 가지고 이자보상배율을 계산해 보자.

2) 상황에 따라서는 영업이익을 이자비용으로 나누어서 계산하기도 한다.

20×2년 : 이자비용과 법인세비용차감전 이익
= 1,200,000 + 420,000 + 250,000 = 1,870,000
이자보상배율 = 1,870,000/250,000 = 7.48배

20×1년 : 이자비용과 법인세비용차감전 이익
= 660,000 + 220,000 + 280,000 = 1,160,000
이자보상배율 = 1,160,000/250,000 = 4.64배

(주)한국의 이자보상배율은 7.48배로 이자지급능력이 양호한 것으로 평가할 수 있으며, 20×1년 보다 이자지급능력이 좋아졌다.

이자는 현금으로 지급하기 때문에 상기의 이자보상배율이 현금흐름을 반영하지 못한다는 한계점이 있어 이를 보완하기 위해 영업활동에서 조달된 현금흐름을 이자비용으로 나눈 현금기준 이자보상배율을 사용할 수도 있다.

4. 활동성 비율 : 자산이 얼마나 효율적으로 운용되고 있는가

기업의 자산이 얼마나 효율적으로 운용되고 있는지를 파악하기 위한 비율로서 자산회전율을 많이 사용한다. 특정자산의 효율성을 파악하기 위한 효율성비율(efficiency ratio)에는 매출채권회전율과 재고자산회전율 등이 있으며, 전체 자산의 효율성을 파악하기 위한 비율분석에는 총자산회전율과 자기자본회전율 등이 있다.

(1) 매출채권회전율과 매출채권회수기간

매출채권회전율(accounts receivable turnover)은 순매출액을 평균매출채권으로 나눈 것으로 매출채권이 현금화되는 속도 또는 매출채권에 대한 투자효율성을 나타낸다. 일반적으로 1년 동안 매출채권이 몇 번 회전했느냐를 나타내는 지표로서, 그 횟수가 크면 현금화되는 속도가 빠른 것이고 작으면 현금화되는 속도가 느린 것이다.

$$\text{매출채권회전율} = \frac{\text{순매출}}{\text{매출채권(평균)}}$$

〈표 15−4〉와 〈표 15−5〉에 있는 (주)한국의 비교재무제표를 가지고 20×2년의 매출채권회전율을 계산해 보자.

$$\begin{aligned}\text{매출채권회전율} &= 15{,}000{,}000/[(2{,}000{,}000 + 1{,}500{,}000)/2] \\ &= 15{,}000{,}000/1{,}750{,}000 = 8.57\text{회}\end{aligned}$$

매출채권평균회수기간(average collection period)은 매출채권이 한 번 회전하는데 소요되는 기간을 말하며 1년(365일)을 매출채권회전율로 나누어 산출한다. 매출채권이 분모에 대입되므로 매출채권회전율의 값이 클수록 매출채권평균회수기간은 작아짐을 알 수 있다.

$$\text{매출채권평균회수기간} = \frac{365\text{일}}{\text{매출채권회전율}}$$

상기의 매출채권회전율을 이용하여 (주)한국의 20×2년 매출채권회수기간을 계산해 보자.

$$\text{매출채권회수기간} = 365\text{일}/8.67\text{회}\ \ 42.1\text{일} = 43\text{일}$$

매출채권회전율과 매출채권회수기간은 기업의 신용판매관리의 효율성을 측정하는 수단으로 사용되며 기업의 매출채권의 유동성을 평가하는 기준으로 사용되기도 한다. 매출채권회전율이 높고 매출채권회수기간이 짧으면 그 만큼 매출채권의 부실우려가 낮고 유동성이 좋다는 것을 의미한다. 주의할 점은, 업종의 특성 또는 기업의 신용정책에 따라서 회전율과 회수기간의 비교를 신중히 해야 한다는 것이다. 상품매매기업과 건설기업은 회전율과 회수기간의 상대적 비교가 무의미하기 때문이다.

(2) 재고자산회전율과 재고자산회전기간

재고자산회전율(inventory turnover)은 매출원가를 평균재고자산으로 나눈 것으로 재고자산이 판매되는 속도를 나타내며 횟수로 측정된다. 즉, 일반적으로 1년 동안 재고자산이 몇 번 회전했느냐를 나타내는데 횟수가 크면 판매되는 속도가 빠르다는 것이고 작으면 판매되는 속도가 느리다는 것이다. 재고자산회전율을 제외한 나머지 회전율의 분석에서는 분자에 일반적으로 매출액이 사용되지만, 재고자산회전율을 계산할 때 분자에는 매출액이 아닌 매출원가가 대입되는 점에 유의한다. 왜냐하면 재고자산이 판매되면서 해당 재고자산의 원가가 매출원가로 계상되기 때문이다.

$$\text{재고자산회전율} = \frac{\text{매출원가}}{\text{재고자산(평균)}}$$

〈표 15－4〉와 〈표 15－5〉에 있는 (주)한국의 비교재무제표를 가지고 20×2년의 재고자산회전율을 계산해 보자.

$$\begin{aligned}\text{재고자산회전율} &= 11{,}250{,}000/[(1{,}000{,}000 + 2{,}000{,}000)/2] \\ &= 11{,}250{,}000/1{,}500{,}000 = 7.5\text{회}\end{aligned}$$

재고자산회전기간(average turnover period)은 재고자산이 한 번 회전하는데 소요되는 기간을 말하며 1년(365일)을 재고자산회전율로 나누면 산출된다.

$$\text{재고자산평균회전기간} = \frac{\text{365일}}{\text{재고자산회전율}}$$

상기의 재고자산회전율을 이용하여 (주)한국의 20×2년의 재고자산회전기간을 계산해 보자.

재고자산회전기간 = 365일/7.5회 = 49일

재고자산회전율과 재고자산회전기간은 기업의 재고관리의 효율성을 측정하는 수단으로 사용되며 기업의 재고자산의 유동성을 평가하는 기준으로 사용되기도 한다. 재고자산회전율이 높고 재고자산회전기간이 짧으면 그 만큼 재고자산의 부실우려가 낮고 유동성이 좋다는 것을 의미한다. 주의할 점은, 업종의 특성 또는 기업의 재고관리정책에 따라서 회전율과 회전기간의 비교를 신중히 해야 한다는 것이다. 상품매매기업과 건설기업은 회전율과 회전기간의 상대적 비교가 무의미하기 때문이다.

(3) 총자산회전율과 자기자본회전율

총자산회전율(asset turnover)은 순매출을 평균총자산으로 나눈 것으로 기업의 총자산이 수익을 창출하는데 얼마나 효율적으로 이용되고 있는지를 평가하는 기준으로 사용되며 횟수로 측정된다.

$$총자산회전율 = \frac{순매출}{총자산(평균)}$$

〈표 15-4〉와 〈표 15-5〉에 있는 (주)한국의 비교재무제표를 가지고 20×2년의 총자산회전율을 계산해 보자.

총자산회전율 = 15,000,000/[(9,000,000 + 9,500,000)/2]
= 15,000,000/9,250,000 = 1.62회

자기자본회전율(equity turnover)은 순매출을 평균자기자본으로 나눈 것으로 기업의 자기자본의 효율성을 평가하는 기준으로 사용되며 횟수로 측정된다.

$$\text{자기자본회전율} = \frac{\text{순매출}}{\text{자기자본(평균)}}$$

〈표 15-4〉와 〈표 15-5〉에 있는 (주)한국의 비교재무제표를 이용하여 20X2년의 자기자본회전율을 계산해 보자.

자기자본회전율 = 15,000,000/(6,000,000) + 4,800,000)/2
= 15,000,000/5,400,000 = 2.78회

총자산회전율과 자기자본회전율이 높으면 총자산 또는 자기자본의 규모에 비해 순매출이 크다는 것을 의미하는 것으로 자산이 효율적으로 이용되고 있다고 본다.

제 6 절 재무제표분석시 고려사항

재무제표를 분석할 때는 여러 지표를 개별적으로 분석하기 보다는 다른 지표와의 상호관계를 고려하고 다른 지표와 상호보완적으로 함께 분석하여 해석하는 것이 더 큰 의미를 가지는 경우가 많다. 또한 기업의 재무제표 분석치를 그 자체로 해석하는 것도 의미가 있지만 당해 기업의 과거 수치와 비교하거나, 동종 산업의 다른 기업의 수치와 또는 동종 산업의 평균치와 비교하여 분석함으로써 더 큰 의미가 있다.

1. 재무제표분석의 비교기준

기업의 재무제표 분석치를 그 자체로 해석하는 것도 의미가 있지만 당해 기업의 과거 수치와 비교하거나, 동종 산업의 다른 기업의 수치와 또는 동종 산업의 평균치와 비교하여 분석함으로써 더 큰 의미가 있다.

(1) 당해기업의 과거와의 비교

한 회계기간의 분석치를 과거 회계기간의 분석수치와 비교함으로써 나아지고 있는지 나빠지고 있는지를 판단할 수 있을 뿐만 아니라 미래를 예측할 수도 있다. 물론 항상 불확실성은 내포되어 있기 때문에 미래 예측이 절대적일 수는 없다.

과거수치와의 비교분석은 나아지고 있는지 나빠지고 있는지를 판단할 수 있을 뿐이지 그 수준이 정상적인 것인지 다른 기업보다 강점이 있는지는 알 수 없다. 따라서 동종 산업과의 비교분석과 상호보완적으로 이루어져야 한다.

(2) 동종 산업평균 및 동종 경쟁기업과의 비교

당해기업의 분석치를 동종 산업의 다른 기업의 분석치 또는 동종 산업의 평균치와 비교 분석함으로써 자신의 위치, 자신의 분석치의 수준에 관한 정보를 얻을 수 있기 때문에 다른 분석과 병행하여 사용한다면 보다 더 의미 있는 분석이 된다. 예를 들어 "자기 기업의 전년 대비 매출증가율이 5% 감소하였다."라고 분석하는 경우보다 동종 산업의 경쟁기업의 매출증가율은 30% 감소하였으며 동종 산업의 평균 매출증가율이 25% 감소하였다라고 추가분석을 하였을 경우에 보다 더 유용한 정보를 얻을 수 있고 올바른 판단을 할 수 있다.

그러나 주의하여야 할 것은 비교대상이 되는 기업의 재무자료가 비교가능성이 있는지가 문제이며 없다면 비교가능성이 있도록 조정한 다음 재무자료를 사용하여야 한다. 예를 들어 유형자산의 감가상각방법으로 정액법을 사용하고 있는데 비교대상기업은 정률법을 사용하고 있다면 재무자료의 비교가능성은 없다. 이와 같이 회계추정이나 회계처리방법에 있어서 기업들 간에 차이가 있게 마련인데 이를 조정하여 재무자료를 사용하여야 한다.

2. 이익과 자산의 질에 대한 평가

재무제표 분석시 가장 많이 사용하는 항목이 손익계산서의 이익과 재무상태표의 자산이다. 이익은 발생주의 회계원칙과 많은 회계추정, 회계처리방법의 선택의 결과로 산출되는 수치이다. 따라서 기업이 마음만 먹으면 원하는 대로 이익을 조정 내지 조작할 수 있기 때문에 이익의 질을 평가해 보아야 한다. 경영자가 선택한 회계처리방법이나 회계추정을 검토하고 영업활동에서 조달된 현금흐름과 비교분석하여 이익이 보수적으로 측정되었는지 아니면 과대하게 측정되었는지를 판단해 보아야 한다. 기업의 이익은 만족할 만한 수준인데 채무를 상환하고 주주에게 배당하기가 자금상 어렵다면 이익의 질에 문제가 있다고 보아야 한다.

자산은 기본적으로 취득원가에 의해 측정되고 있어 자산의 가격이 상승하고 있는 상황에서는 현행가치를 반영하지 못하는 면도 있고, 반대로 부실채권과 부실재고자산을 많이 보유하고, 시효가 곧 도래하는 무형자산, 미래 경제적 효익이 거의 없는 무형자산 등을 많이 보유하고 있는 경우에는 자산의 증감률, 구성비율, 유동비율이 과대평가되는 문제가 있기 때문에 자산의 질에 대한 평가도 이루어져야 한다.

3. 한계점

재무제표 분석은 기본적으로 재무제표상의 수치를 가지고 계량적으로 분석하는 것이기 때문에 재무제표가 안고 있는 문제점을 고스란히 안고 있으며, 질적인 요소도 함께 분석하여야 하는 등 많은 한계점이 있다.

첫째, 회계기준은 여러 가지 다양한 회계처리방법을 인정하고 이들 중에서 자신의 기업 환경에 맞는 방법을 선택하여 적용하거나 변경할 수 있도록 하고 있으며, 그리고 전적으로 경영자의 판단에 의존하는 회계추정 등에 따라 경영성과가 측정되고 자산이 평가될 수 있기 때문에 기업 간 재무자료의 비교가능성이 떨어지는 경우가 많다. 이런 경우에는 이런 차이를 조정한 후의 재무자료를 사용하여야 한다. 또한 취득원가주의 자산의 가격이 상승하고 물가가 상승하는 상황 하에서는 자산이 과소계상 되어 재무비율이 과대계상 되는 결과를 초래할 수 있으므로 이런 경우에는 이를 감안하여 분석하고 해석하여야 한다.

둘째, 기업 환경의 차이와 개별기업의 구조적인 변화를 감안하여 재무제표를 분석하여야 한다. 비교대상기업으로 선정된 기업이 회계기간 중에 합병이나, 분할 등 구조적인 변화가 있었다든지 자연재해를 입었다든지 하는 큰 변화가 있었다면 과거와의 비교, 다른 기업과의 비교는 의미가 없다.

셋째, 질적 요소에 대한 분석이 가미되어야 한다. 재무비율분석이 주가 되는 재무제표의 분석은 계량적인 분석이다. 재무제표는 기업이 속한 산업의 특성, 경영자의 경영전략에 따라 크게 영향을 받아 나타난 결과수치들의 모임이다. 따라서 수치를 분석하고 해석하기 위해서는 수치에 영향을 미친 산업의 특성과 경영전략을 파악하는 것이 무엇보다 중요하다. 재무제표에는 그러한 정보가 포함되어 있지 않으므로 따로 그런 질적 요소에 관한 정보를 수집하여 함께 분석하고 해석하여야 한다.

Exercises **연습문제**

객관식

01 유동비율에 영향을 미치지 않는 경우는 다음 중 어느 것인가?

① 비정상적인 감모손실이 발생하였다.

② 장기차입금을 현금으로 상환하였다.

③ 토지를 처분하였고 그 대금은 2개월 후에 받기로 하였다.

④ 유동비율이 100%인 상황에서 유동부채의 10%를 차지하는 매입채무를 전액 현금으로 상환하였다.

해설 ③ 유동비율이 100%인 상황에서 유동부채의 일부인 매입채무를 현금으로 상환한 후에도 여전히 유동비율은 100%를 유지한다.

02 재고실사사법을 적용하고 있는 (주)한밭이 회계기말에 당기순이익이 너무 많게 계상되는 것을 우려하여 외상매출거래의 일부를 기록하지 않았다. 이로 인해 영향을 받지 않는 재무비율은?

① 유동비율 ② 당좌비율
③ 재고자산회전율 ④ 매출순이익률

해설 ③ 재고자산회전율은 매출원가를 평균재고자산으로 나눈 숫자(회)를 의미하므로 매출채권의 과소계상, 매출의 과소계상은 재고자산회전율에 영향을 미치지 아니한다.

03 두 회사의 유동성을 비교할 때 높은 유동비율을 갖는 회사의 수익성이 양호하게 나타나지 않을 경우는?

① 유동비율을 산출하는 방법이 상이한 경우

② 유동비율은 연말시점만의 상태이므로 연중에는 다르게 나타나는 경우

③ 높은 유동비율이 자산을 비효율적으로 이용한 결과에서 초래되거나 판매부진에 따른 재고누적 때문인 경우

④ 높은 유동비율이 매출채권회전율과 재고자산회전율의 증가 때문인 경우

해설 ③ 판매부진에 따른 재고의 누적으로 재고자산이 증가하여 유동비율은 높게 나타날 수 있으나 당기순이익은 감소하여 수익성은 낮아진다.

04 다음은 포괄손익계산서의 일부이다. 재고자산회전율과 재고자산회전기간은 각각 얼마인가?

	금액	
매출		6,000,000
매출원가		3,210,000
기초상품재고액	1,200,000	
당기상품매입액	3,810,000	
기말상품재고액	(1,800,000)	
매출총이익		2,790,000

① 4회, 92일 ② 1.783회, 205일
③ 2.675회, 137일 ④ 2.14회, 171일

해설 ④ 평균재고자산 = (1,200,000 + 1,800,000)/2 = 1,500,000
재고자산회전율 = 3,210,000/1,500,000 = 2.14회
재고자산회전기간 = 365/2.14 = 170.56 = 약 171일

05 기업의 장단기 차입금의 지급능력을 파악하는 비율과 가장 거리가 먼 것은?

① 이자보상배율 ② 재고자산회전율
③ 당좌비율 ④ 유동비율

해설 ② 재고자산회전율은 자산의 효율적인 운용여부를 평가하는 비율이다.

06 유동비율과 관련된 다음의 설명 중 옳지 않은 것은?

① 유동비율이 150%인 상황에서 이후 매입채무를 현금으로 상환한다면 유동비율은 증가한다.
② 유동비율이 100%인 상황에서 이후 매입채무를 현금으로 상환한다면 유동비율은 상황에 따라서 약간 높아지거나 낮아질 수 있다.
③ 유동비율이 50%인 상황에서 이후 매입채무를 현금으로 상환한다면 유동비율은 감소한다.
④ 매입채무를 현금으로 상환하는 경우에는 상환 직전의 유동비율의 크기에 따라서 상환 직후의 유동비율은 증가하거나 감소하거나 일정할 수 있다.

해설 ② 유동비율이 100%이면 매입채무를 현금으로 상환한 후에도 유동비율이 계속해서 100%를 유지한다. 유동비율이 100%보다 낮았었다면 매입채무를 현금으로 상환한 후에는 유동비율이 더욱 낮아진다. 유동비율이 100%보다 높았었다면 매입채무를 현금으로 상환한 후에는 유동비율이 더욱 높아진다.

07 다음의 설명 중 옳지 않은 것은?

① 매출채권회전율은 매출채권을 얼마나 빠르게 현금으로 회수하느냐에 대한 지표이므로 매출채권회전율이 높다는 현금유동성이 높다는 것을 의미하기도 한다.

② 재고자산회전율은 평균재고자산을 감소시키고 매출원가를 증가시킴으로써 높일 수 있다.

③ 계정의 재분류를 통해서 비유동부채를 유동부채로 전환시키면 유동비율은 증가하게 된다.

④ 기업이 타인자본을 활용하는 것을 레버리지(leverage)라고 하며 타인자본을 활용하여 자기자본이익률을 높이는 것을 레버리지 효과라고 한다.

해설 ③ 계정의 재분류를 통해서 비유동부채를 유동부채로 전환시키면 비유동부채는 감소하고 유동부채는 증가한다. 유동비율은 유동자산을 유동부채로 나누어 계산하므로 유동자산의 변화가 없는 상황이므로 유동비율이 감소한다.

08 다음의 자료를 이용하여 재고자산회전기간을 계산하면 얼마인가?

- 기초재고자산과 기말재고자산은 각각 100,000원과 140,000원이다.
- 당기매입원가는 280,000원이다.
- 당기매출은 500,000원이다.
- 기초매출채권과 기말매출채권은 각각 70,000원과 80,000원이다.
- 계산의 편의상 1년은 360일 가정한다.

① 180일

② 144일

③ 120일

④ 103일

해설 ①
- 매출원가 = 100,000 + 280,000 − 140,000 = 240,000
- 평균재고자산 = (100,000 + 140,000) ÷ 2 = 120,000
- 재고자산회전율 = 240,000 ÷ 120,000 = 2(회)
- 재고자산회전기간 = 360 ÷ 2 = 180일

09 일반적으로 상품매매기업의 영업주기는 상품의 매입시점에서 시작하여 판매 후 그 대금의 회수시점까지의 기간을 의미한다. 아래의 자료를 이용하여 영업주기를 계산하면 얼마인가? 단, 모든 매출은 신용매출이라고 가정한다. (힌트 : 영업주기 = 재고자산회전기간 + 매출채권회수기간)

- 평균재고자산 500,000원
- 평균매출채권 400,000원
- 매출원가 1,500,000원
- 매출 2,400,000원
- 계산의 편의상 1년은 360일 가정한다.

① 90일 ② 120일
③ 180일 ④ 240일

해설 ③ • 재고자산회전율 = 1,500,000÷500,000 = 3(회)
• 재고자산회전기간 = 360÷3 = 120일
• 매출채권회전율 = 2,400,000÷400,000 = 6(회)
• 매출채권회전기간 = 360÷6 = 60일
∴ 영업주기 = 120일 + 60일 = 180일

10 20X1년 1월 초에 영업활동을 개시한 (주)혼자의 요약 재무상태표는 아래와 같다. 당기 매출은 1,700,000원이고 재고자산회전율은 10회이며 유동비율은 300%이다. 매출총이익은 얼마인가?

재무상태표

(주)혼자 20×1년 12월 31일 현재 (단위 : 원)

자산	금액	부채와자본	금액
당좌자산	400,000	유동부채	200,000
재고자산	?	비유동부채	?
유형자산	?	자본금	?
자산 합계	?	부채와자본 합계	?

① 450,000원 ② 500,000원
③ 550,000원 ④ 600,000원

해설 ④ • 유동비율이 300%이므로 유동자산(= 당좌자산 + 재고자산)이 600,000원이고, 기말 재고자산은 200,000원임을 알 수 있다.
• 영업을 개시한 첫 해이므로 기초재고자산은 0원이며 평균재고자산은 100,000원이다.
• 재고자산회전율(= 매출원가÷평균재고자산)이 11(회)이므로 매출원가가 1,100,000원이다. 따라서 매출총이익(= 매출－매출원가)은 600,000원이다.

주관식

01 다음은 (주)서울의 20×2년과 20×1년의 비교재무상태표와 비교손익계산서이다.

비교재무상태표

(주)서울　　20×2년과 20×1년 12월 31일 현재　　(단위 : 원)

항목	20×2년	20×1년
자산		
유동자산	7,700,000	6,100,000
현금및현금성자산	1,450,000	1,500,000
매출채권(순액)	3,000,000	2,500,000
선급비용	250,000	100,000
재고자산	3,000,000	2,000,000
비유동자산	4,800,000	2,500,000
유형자산(순액)	4,400,000	2,000,000
무형자산	400,000	500,000
자산총계	12,500,000	8,600,000
부채		
유동부채	4,740,000	5,400,000
매입채무	2,000,000	3,500,000
미지급금	440,000	900,000
단기차입금	2,300,000	1,000,000
비유동부채	4,700,000	3,000,000
장기차입금	3,500,000	2,200,000
퇴직급여충당부채	1,200,000	800,000
부채총계	9,440,000	8,400,000
자본		
자본금	5,000,000	5,000,000
이익잉여금	3,060,000	1,500,000
자본총계	8,060,000	5,500,000
부채와 자본총계	17,500,000	13,900,000

비교손익계산서

(주)서울 20×2년과 20×1년 1월 1일부터 12월 31일까지 (단위 : 원)

항목	20×2년	20×1년
매출	20,000,000	15,000,000
매출원가	14,000,000	11,250,000
매출총이익	7,000,000	3,750,000
판매비와 관리비	2,400,000	1,500,000
영업이익	4,600,000	2,250,000
이자비용	580,000	320,000
그 외 영업외비용	560,000	370,000
법인세비용차감전순이익	3,460,000	1,560,000
법인세비용	951,500	429,000
당기순이익	2,508,500	1,131,000

기업의 당기 중 당기 중 자본금의 변동은 없었다.

물음

20×2년의 다음 비율을 산출하라.

(1) 자기자본이익률
(2) 총자산증가율
(3) 순이익증가율
(4) 유동비율
(5) 당좌비율
(6) 부채비율
(7) 이자보상배율
(8) 총자산회전율
(9) 매출채권회전율과 매출채권회전기간
(10) 재고자산회전율과 재고자산회전기간

해설 (1) ① 자기자본이익률 = 당기순이익/평균자기자본
② 평균자기자본 = (5,500,000 + 8,060,000)/2 = 6,780,000
③ 자기자본이익률 = 2,508,500/6,780,000 × 100 = 37.00%

(2) 총자산증가율 = 17,500,000/13,900,000 × 100 − 100 = 25.90%

(3) 순이익증가율 = 2,508,500/1,131,000 × 100 − 100 = 121.79%

(4) 유동비율 = 7,700,000/4,740,000 × 100 = 162.44%

(5) 당좌비율 = 4,700,000/4,740,000 × 100 = 99.16%

(6) 부채비율 = 9,440,000/8,060,000 × 100 = 117.12%

(7) ① 이자보상배율 = 영업이익/이자비용 × 100
② 영업이익 = 당기순이익 + 이자비용 + 법인세비용 = 2,508,500 + 580,000 + 951,500 = 4,040,000
③ 이자보상비용 = 4,040,000/580,000 × 100 = 696.55%

(8) ① 총자산회전율 = 매출/평균총자산
② 평균총자산 = (13,900,000 + 17,500,000)/2 = 15,700,000
③ 총자산회전율 = 20,000,000/15,700,000 = 1.27회

(9) ① 매출채권회전율 = 매출/평균매출채권
② 평균매출채권 = (3,000,000 + 2,500,000)/2 = 2,750,000
③ 매출채권회전율 = 20,000,000/2,750,000 = 7.27회
④ 매출채권회전기간 = 365일/7.27회 = 50.21 = 51일

(10) ① 재고자산회전율 = 매출원가/평균재고자산
② 평균재고자산 = (2,000,000 + 3,000,000)/2 = 2,500,000
③ 재고자산회전율 = 14,000,000/2,500,000 = 5.60회
④ 매출채권회전기간 = 365일/5.60회 = 65.18 = 66일

02 12월 결산법인인 (주)한밭의 20×1년도 재무자료는 다음과 같다. 20×1년도의 매출액과 매출원가를 계산하고 재무상태표를 완성시오. 단, 1년은 360일로 가정하시오.

(1) 재무비율
① 부채비율 = 50%
② 당좌비율 = 150%
③ 매출채권평균회수기간 = 40일
④ 매출총이익률 = 40%
⑤ 재고자산회전율 = 6.4회
⑥ 총자본회전율 = 1.6회

(2) 약식 재무상태표

재무상태표

(주)한밭 20×1년 12월 31일 현재 (단위 : 원)

계정과목	금액	계정과목	금액
현금	?	매입채무	?
매출채권	?	자본	6,000
재고자산	?		
유형자산	?		

해설 ① 부채비율에서 매입채무를 구한다.
0.5 = 매입채무/6,000
매입채무 = 3,000
② 부채와 자본총계 = 자산총계 = 3,000 + 6,000 = 9,000
③ 총자본회전율에서 매출을 구한다.
1.6 = 매출/총자본
1.6 = 매출/9,000
매출 = 14,400
④ 매출총이익률에서 매출원가를 구한다.
(1－0.4) = 매출원가/매출
매출원가 = 0.6×14,400 = 8,640

⑤ 재고자산회전율에서 재고자산을 구한다.
6.4 = 8,640/재고자산
재고자산 = 1,350

⑥ 매출채권회수기간에서 매출채권회전율을 구한다.
40 = 360/매출채권회전율
매출채권회전율 = 360/40 = 9

⑦ 매출채권회전율에서 매출채권을 구한다.
매출채권 = 1,900

⑧ 당좌비율에서 당좌자산을 구한다.
1.5 = 당좌자산/유동부채
당좌자산 = 1.5×3,000 = 4,500

⑨ 당좌자산에서 현금을 구한다.
4,500 = 현금 + 1,600
현금 = 2,900

⑩ 총자산에서 유형자산을 구한다.
9000 = 2,900 + 1,600 + 1,350 + 유형자산
유형자산 = 3,150

03 (주)한밭의 20X1년 12월 31일 현재의 재무상태표는 아래와 같다. 회사의 유동비율이 200%일 경우에 재무상태표에 보고되는 (1) 매출채권과 재고자산의 합계 금액과 (2)이익잉여금의 금액은 각각 얼마인가?

재무상태표

(주)한밭　　　20×1년 12월 31일 현재　　　(단위 : 원)

자산	금액	부채와 자본	금액
현금	80,000	매입채무	?
매출채권	?	단기차입금	68,000
재고자산	?	장기차입금	400,000
유형자산	400,000	자본금	600,000
무형자산	200,000	이익잉여금	?
자산 합계	1,600,000	부채와자본 합계	1,600,000

해설 ① 유동자산 = 1,600,000(총자산)-600,000(비유동자산) = 1,000,000
∴ **매출채권과 재고자산의 합계 금액** = 1,000,000-80,000 = 920,000

② 유동비율 = 유동자산÷유동부채 = 1,000,000÷유동부채 = 2
∴ 유동부채 = 500,000

③ 매입채무 = 500,000(유동부채) - 68,000 = 432,000

④ **이익잉여금** = 1,600,000-432,000 - 68,000 - 400,000 - 600,000 = 100,000

부록

현가표

〈부표 1〉 단일금액 1원의 미래가치
〈부표 2〉 단일금액 1원의 현재가치
〈부표 3〉 정상연금 1원의 미래가치
〈부표 4〉 정상연금 1원의 현재가치

〈부표 1〉 단일금액 1원의 미래가치: $FV=(1+r)^n$ 이자율(r)

기간(n)	1%	2%	3%	4%	5%	6%	7%	8%	9%	10%
1	1.0100	1.0200	1.0300	1.0400	1.0500	1.0600	1.0700	1.0800	1.0900	1.1000
2	1.0201	1.0404	1.0609	1.0816	1.1025	1.1236	1.1449	1.1664	1.1881	1.2100
3	1.0303	1.0612	1.0927	1.1249	1.1576	1.1910	1.2250	1.2597	1.2950	1.3310
4	1.0406	1.0824	1.1255	1.1699	1.2155	1.2625	1.3108	1.3605	1.4116	1.4641
5	1.0510	1.1041	1.1593	1.2167	1.2763	1.3382	1.4026	1.4693	1.5386	1.6105
6	1.0615	1.1262	1.1941	1.2653	1.3401	1.4185	1.5007	1.5869	1.6771	1.7716
7	1.0721	1.1487	1.2299	1.3159	1.4071	1.5036	1.6058	1.7138	1.8280	1.9487
8	1.0829	1.1717	1.2668	1.3686	1.4775	1.5938	1.7182	1.8509	1.9926	2.1436
9	1.0937	1.1951	1.3048	1.4233	1.5513	1.6895	1.8385	1.9990	2.1719	2.3579
10	1.1046	1.2190	1.3439	1.4802	1.6289	1.7908	1.9672	2.1589	2.3674	2.5937
11	1.1157	1.2434	1.3842	1.5395	1.7103	1.8983	2.1049	2.3316	2.5804	2.8531
12	1.1268	1.2682	1.4258	1.6010	1.7959	2.0122	2.2522	2.5182	2.8127	3.3184
13	1.1381	1.2936	1.4685	1.6651	1.8856	2.1329	2.4098	2.7196	3.0658	3.4523
14	1.1495	1.3195	1.5126	1.7317	1.9799	2.2609	2.5785	2.9372	3.3417	3.7975
15	1.1610	1.3459	1.5580	1.8009	2.0789	2.3966	2.7590	3.1722	3.6425	4.1772
16	1.1726	1.3728	1.6047	1.8730	2.1829	2.5404	2.9522	3.4259	3.9703	4.5950
17	1.1843	1.4002	1.6528	1.9479	2.2920	2.6928	3.1588	3.7000	4.3276	5.0545
18	1.1961	1.4282	1.7024	2.0258	2.4066	2.8543	3.3799	3.9960	4.7171	5.5599
19	1.2081	1.4568	1.7535	2.1068	2.5270	3.0256	3.6165	4.3157	5.1417	6.1159
20	1.2202	1.4859	1.8061	2.1911	2.6533	3.2071	3.8697	4.6610	5.6044	6.7275
21	1.2324	1.5157	1.8603	2.2788	2.7860	3.3996	4.4106	5.0338	6.1088	7.4002
22	1.2447	1.5460	1.9161	2.3699	2.9253	3.6035	4.4304	5.4365	6.6586	8.1403
23	1.2572	1.5769	1.9736	2.4647	3.0715	3.8197	4.7405	5.8715	7.2579	8.9543
24	1.2697	1.6084	2.0328	2.5633	3.2251	4.0489	5.0724	6.3412	7.9111	9.8497
25	1.2824	1.6406	2.0938	2.6658	3.3864	4.2919	5.4274	6.8485	8.6231	10.835
26	1.2953	1.6734	2.1566	2.7725	3.5557	4.5494	5.8074	7.3964	9.3992	11.918
27	1.3082	1.7069	2.2213	2.8834	3.7335	4.8223	6.2139	7.9881	10.245	13.110
28	1.3213	1.7410	2.2879	2.9987	3.9201	5.1117	6.6488	8.6271	11.167	14.421
29	1.3345	1.7758	2.3566	3.1187	4.1161	5.4184	7.1143	9.3173	12.172	15.863
30	1.3478	1.8114	2.4273	3.2434	4.3219	5.7435	7.6123	10.063	13.268	17.449
35	1.4166	1.999	2.8139	3.9461	5.516	7.6861	10.676	14.785	20.414	28.102
40	1.4889	2.2080	3.2620	4.8010	7.0400	10.286	14.974	21.725	31.409	45.259
45	1.5648	2.4379	3.7816	5.8412	8.9850	13.765	21.002	31.920	48.327	72.891
50	1.6446	2.6916	4.3839	7.1067	11.467	18.420	29.457	46.902	74.358	117.39
60	1.8167	3.2810	5.8916	10.520	18.679	32.988	57.946	101.26	176.03	304.48

이자율(r)

기간(n)	11%	12%	13%	14%	15%	16%	17%	18%	19%	20%
1	1.1100	1.1200	1.1300	1.1400	1.1500	1.1600	1.1700	1.1800	1.1900	1.2000
2	1.2321	1.2544	1.2769	1.2996	1.3225	1.3456	1.3689	1.3924	1.4161	1.4400
3	1.3676	1.4094	1.4429	1.4815	1.5209	1.5609	1.6016	1.6430	1.6852	1.7280
4	1.5180	1.5735	1.6305	1.6890	1.7490	1.8106	1.8739	1.9388	2.0053	2.0736
5	1.6851	1.7623	1.8424	1.9254	2.0114	2.1003	2.1924	2.2878	2.3864	2.4883
6	1.8704	1.9738	2.0820	2.1950	2.3131	2.4364	2.5652	2.6996	2.8398	2.9860
7	2.0762	2.2107	2.3526	2.5023	2.6600	2.8262	3.0012	3.1855	3.3793	3.5832
8	2.3045	2.4760	2.6584	2.8526	3.0590	3.2784	3.5115	3.7589	4.0214	4.2998
9	2.5580	2.7731	3.0040	3.2519	3.5179	3.8030	4.1084	4.4355	4.7854	5.1598
10	2.8394	3.1058	3.3946	3.7072	4.0456	4.4114	4.8068	5.2338	5.6947	6.1917
11	3.1518	3.4785	3.8359	4.2262	4.6524	5.1173	5.6240	6.1759	6.7767	7.4301
12	3.4985	3.8960	4.3345	4.8179	5.3503	5.9360	6.5801	7.2876	8.0642	8.9161
13	3.8833	4.3635	4.8980	5.4924	6.1528	6.8858	7.6987	8.5994	9.5964	10.699
14	4.3104	4.8871	5.5348	6.2613	7.0757	7.9875	9.0075	10.147	11.420	12.839
15	4.7846	5.4736	6.2543	7.1379	8.1371	9.2655	10.539	11.974	13.589	15.407
16	5.3109	6.1304	7.0673	8.1372	9.3576	10.748	12.330	14.129	16.172	18.488
17	5.8951	6.8660	7.9861	9.2765	10.761	12.468	14.427	16.672	19.244	22.186
18	6.5436	7.6900	9.0243	10.575	12.375	14.463	16.879	19.673	22.901	22.623
19	7.2633	8.6128	10.197	12.056	14.232	16.777	19.748	23.214	27.252	31.948
20	8.0623	9.6463	11.523	13.743	16.367	19.461	23.106	27.393	32.429	38.338
21	8.9492	1.0804	13.021	15.668	18.822	22.574	27.034	32.324	38.591	46.005
22	9.9336	12.100	14.714	17.861	21.645	26.186	31.629	38.142	45.923	55.206
23	11.026	13.552	16.626	20.362	24.891	30.376	37.006	45.008	54.648	66.247
24	12.239	15.179	18.788	23.212	28.625	35.236	43.297	53.109	65.032	79.497
25	13.586	17.000	21.231	26.462	32.919	40.874	50.658	62.669	77.388	95.396
26	15.080	19.040	23.991	30.167	37.857	47.414	59.270	73.949	92.092	114.48
27	16.738	21.325	27.109	34.390	34.535	55.000	69.345	87.260	109.56	137.37
28	18.580	23.884	30.634	39.204	50.066	63.811	81.134	102.97	130.41	164.84
29	20.624	26.750	34.617	44.693	57.575	74.009	94.927	121.50	155.19	197.81
30	22.892	29.960	39.116	50.950	66.212	85.850	111.06	143.37	184.67	237.38
35	38.575	52.800	72.068	98.100	133.18	180.31	243.56	327.99	440.70	590.67
40	65.001	93.051	132.78	188.88	267.86	378.72	533.86	750.38	1051.6	1469.8
45	109.53	163.99	244.64	363.68	538.77	795.44	1170.5	1716.7	2509.6	3657.3
50	184.56	289.00	450.74	700.23	1083.7	1670.7	2566.2	3927.4	5988.9	9100.4
60	524.06	897.60	1530.1	2595.9	4384.0	7370.2	12335.	20555.	34105.	56347.

〈부표 2〉 단일금액 1원의 현재가치: $PV(n, r) = \frac{1}{(1+r)^n}$ 이자율(r)

기간(n)	1%	2%	3%	4%	5%	6%	7%	8%	9%	10%
1	.9901	.9704	.9709	.9615	.9524	.9434	.9346	.9259	.9174	.9091
2	.9803	.9612	.9426	.9246	.9070	.8900	.8734	.8573	.8417	.8264
3	.9706	.9423	.9151	.8890	.8638	.8396	.8163	.7938	.7722	.7513
4	.9610	.9238	.8885	.8548	.8227	.7921	.7629	.7350	.7084	.6830
5	.9515	.9057	.8626	.8219	.7835	.7473	.7130	.6806	.6499	.6209
6	.9420	.8880	.8375	.7903	.7462	.7050	.6663	.6302	.5963	.5645
7	.9327	.8706	.8131	.7599	.7107	.6651	.6227	.5835	.5470	.5132
8	.9235	.8535	.7894	.7307	.6768	.6274	.5820	.5403	.5019	.4665
9	.9143	.8368	.7664	.7026	.6446	.5919	.5429	.5002	.4604	.4241
10	.9053	.8203	.7441	.6756	.6139	.5584	.5083	.4632	.4224	.3855
11	.8963	.8043	.7224	.6496	.5847	.5268	.4751	.4289	.3875	.3505
12	.8874	.7885	.7014	.6246	.5568	.4970	.4440	.3971	.3555	.3186
13	.8787	.7730	.6810	.6006	.5303	.4688	.4150	.3677	.3262	.2897
14	.8700	.7579	.6611	.5775	.5051	.4423	.3878	.3405	.2992	.2633
15	.8613	.7430	.6419	.5553	.4810	.4173	.3624	.3152	.2745	.2394
16	.8528	.7284	.6232	.5339	.4581	.3936	.3387	.2919	.2519	.2176
17	.8444	.7142	.6052	.5134	.4363	.3714	.3166	.2703	.2311	.1978
18	.8360	.7002	.5874	.4936	.4155	.3503	.2959	.2502	.2120	.1799
19	.8277	.6864	.5703	.4746	.3957	.3305	.2765	.2317	.1945	.1635
20	.8195	.6730	.5537	.4564	.3769	.3118	.2584	.2145	.1784	.1486
21	.8114	.6598	.5375	.4388	.3589	.2942	.2415	.1987	.1637	.1351
22	.8034	.6468	.5219	.4220	.3418	.2775	.2257	.1839	.1502	.1228
23	.7954	.6324	.5067	.4057	.3256	.2618	.2109	.1703	.1378	.1117
24	.7876	.6217	.4919	.3901	.3101	.2470	.1971	.1577	.1264	.1015
25	.7798	.6095	.4776	.3751	.2953	.2330	.1842	.1460	.1160	.0923
26	.7720	.5976	.4637	.3604	.2812	.2198	.1722	.1352	.1064	.0839
27	.7644	.5859	.4502	.3468	.2678	.2074	.1609	.1252	.0976	.0763
28	.7568	.5744	.4371	.3335	.2551	.1956	.1504	.1159	.0895	.0693
29	.7493	.5631	.4243	.3207	.2429	.1846	.1406	.1073	.0822	.0630
30	.7419	.5521	.4120	.3083	.2314	.1741	.1314	.0994	.0754	.0573
35	.7059	.5000	.3554	.2534	.1813	.1301	.0937	.0676	.0490	.0356
40	.6717	.4529	.3066	.2083	.1420	.0972	.0668	.0460	.0318	.0221
45	.6391	.4102	.2644	.1712	.1113	.0727	.0476	.0313	.0207	.0137
50	.6080	.3715	.2281	.1407	.0872	.0543	.0339	.0213	.0134	.0085
60	.5504	.3048	.1697	.0951	.0535	.0303	.0173	.0099	.0057	.0033

이자율(r)

기간(n)	11%	12%	13%	14%	15%	16%	17%	18%	19%	20%
1	.9009	.8929	.8850	.8772	.8696	.8621	.8547	.8475	.8403	.8333
2	.8116	.7972	.7831	.7695	.7561	.7432	.7305	.7182	.7062	.6944
3	.7312	.7118	.6931	.6750	.6575	.6407	.6244	.6086	.5934	.5787
4	.6587	.6355	.6133	.5921	.5718	.5523	.5337	.5158	.4987	.4323
5	.5935	.5674	.5428	.5194	.4972	.4761	.4561	.4371	.4190	.4019
6	.5346	.5066	.4803	.4556	.4323	.4104	.3898	.3704	.3521	.3349
7	.4817	.4523	.4251	.3996	.3759	.3538	.3332	.3139	.2959	.2791
8	.4339	.4039	.3762	.3506	.3269	.3050	.2848	.2660	.2487	.2326
9	.3909	.3606	.3329	.3075	.2843	.2630	.2434	.2255	.2090	.1938
10	.3522	.3220	.2946	.2697	.2472	.2267	.2080	.1911	.1756	.1615
11	.3137	.2875	.2607	.2366	.2149	.1954	.1773	.1619	.1476	.1346
12	.2858	.2567	.2307	.2076	.1869	.1685	.1520	.1372	.1240	.1122
13	.2575	.2292	.2042	.1821	.1625	.1452	.1299	.1163	.1042	.0935
14	.2320	.2046	.1807	.1597	.1413	.1252	.1110	.0985	.0876	.0779
15	.2090	.1827	.1599	.1401	.1229	.1079	.0949	.0835	.0736	.0649
16	.1883	.1631	.1415	.1229	.1069	.0930	.0811	.0708	.0618	.0541
17	.1696	.1456	.1252	.1073	.0929	.0802	.0693	.0600	.0520	.0451
18	.1523	.1300	.1103	.0946	.0803	.0691	.0592	.0508	.0437	.0376
19	.1377	.1161	.0981	.0829	.0703	.0596	.0506	.0431	.0367	.0313
20	.1240	.1037	.0863	.0723	.0611	.0514	.0433	.0365	.0303	.0261
21	.1117	.0926	.0768	.0633	.0531	.0443	.0370	.0309	.0259	.0217
22	.1007	.0826	.0680	.0560	.0462	.0382	.0316	.0262	.0218	.0181
23	.0907	.0738	.0601	.0491	.0402	.0329	.0270	.0222	.0183	.0151
24	.0817	.0659	.0532	.0431	.0349	.0284	.0231	.0188	.0154	.0126
25	.0736	.0588	.0471	.0378	.0304	.0245	.0197	.0160	.0129	.0105
26	.0663	.0525	.0417	.0331	.0264	.0211	.0169	.0135	.0109	.0087
27	.0597	.0469	.0369	.0291	.0230	.0182	.0144	.0115	.0091	.0073
28	.0538	.0419	.0325	.0255	.0200	.0157	.0123	.0097	.0077	.0061
29	.0485	.0374	.0289	.0224	.0174	.0135	.0105	.0082	.0064	.0051
30	.0437	.0334	.0256	.0196	.0151	.0116	.0090	.0070	.0054	.0042
35	.0259	.0189	.0139	.0102	.0075	.0055	.0041	.0030	.0023	.0017
40	.0154	.0107	.0075	.0053	.0037	.0026	.0019	.0013	.0010	.0007
45	.0091	.0061	.0041	.0027	.0019	.0013	.0009	.0006	.0004	.0003
50	.0054	.0035	.0022	.0014	.0009	.0006	.0004	.0003	.0002	.0001
60	.0019	.0011	.0007	.0004	.0002	.0001	.00008	.00005	.00003	.00002

〈부표 3〉 정상연금 1원의 미래가치: $FVA = \frac{(1+r)^n - 1}{r}$ 이자율(r)

기간(n)	1%	2%	3%	4%	5%	6%	7%	8%	9%	10%
1	1.0000	1.0000	1.0000	1.0000	1.0000	1.0000	1.0000	1.0000	1.0000	1.0000
2	2.0100	2.0200	2.0300	2.0400	2.0500	2.0600	2.0700	2.0800	2.0900	2.1000
3	3.0301	3.0604	3.0909	3.1216	3.1525	3.1836	3.2149	3.2464	3.2781	3.3100
4	4.0604	4.1216	4.1836	4.2465	4.3101	4.3746	4.4399	4.5061	4.5731	4.6410
5	5.1010	5.2040	5.3091	5.4163	5.5256	5.6371	5.7507	5.8666	5.9847	6.1051
6	6.1520	6.3081	6.4684	6.6330	6.8019	6.9753	7.1533	7.3359	7.5233	7.7156
7	7.2135	7.4343	7.6625	7.8983	8.1420	8.3938	8.6540	8.9228	9.2004	9.4872
8	8.2857	8.5830	8.8923	9.2142	9.5491	9.8975	10.260	10.637	11.028	11.436
9	9.3685	9.7546	10.159	10.583	11.027	11.491	11.978	12.488	13.021	13.579
10	10.462	10.950	11.464	12.006	12.578	13.181	13.816	14.487	15.193	15.937
11	11.567	12.169	12.808	13.486	14.207	14.972	15.784	16.645	17.560	18.531
12	12.683	13.412	14.192	15.026	15.917	16.870	17.888	18.977	20.141	21.384
13	13.809	14.680	15.618	16.627	17.713	18.882	20.141	21.495	22.953	24.523
14	14.947	15.974	17.086	18.292	19.599	21.015	22.550	24.215	26.019	27.975
15	16.097	17.293	18.599	20.024	21.579	23.276	25.129	27.152	29.361	31.772
16	17.258	18.639	20.157	21.825	25.657	25.673	27.888	30.324	33.003	35.950
17	18.430	20.012	21.762	23.698	25.840	28.213	30.840	33.750	36.974	40.545
18	19.615	21.412	23.414	25.645	28.132	30.906	33.999	37.450	41.301	45.599
19	20.811	22.841	25.117	27.671	30.539	33.760	37.379	41.446	46.018	51.159
20	22.019	24.297	26.870	29.778	33.066	36.786	40.995	45.762	51.160	57.275
21	23.239	25.783	28.676	31.969	35.719	39.993	44.865	50.423	56.765	64.002
22	24.472	27.299	30.537	34.248	38.505	43.392	49.006	55.457	62.873	71.403
23	25.716	28.845	32.453	36.618	41.430	46.996	53.436	60.893	69.532	79.543
24	26.973	30.422	34.426	39.083	44.502	50.816	58.177	66.765	76.790	88.497
25	28.243	32.030	36.459	41.646	47.727	54.865	63.249	73.106	84.701	98.347
26	29.526	33.671	38.553	44.312	51.113	59.156	68.676	79.954	93.324	109.18
27	30.821	35.344	40.710	47.084	54.669	63.706	74.484	87.351	102.72	121.10
28	32.129	37.051	42.931	49.968	58.403	68.528	80.698	95.339	112.97	134.21
29	33.450	38.792	45.219	52.966	62.323	73.640	87.347	103.97	124.14	148.63
30	34.785	40.568	47.575	56.085	66.439	79.058	94.461	113.28	136.31	164.49
35	41.660	49.994	60.462	73.652	90.320	111.43	138.24	172.32	215.71	271.02
40	48.886	60.402	75.401	95.026	120.80	154.76	199.64	269.06	337.88	442.59
45	56.481	71.893	92.720	121.03	159.70	212.74	285.75	386.51	525.86	718.90
50	64.463	84.579	112.80	152.67	209.35	290.34	406.53	573.77	815.08	1163.9
60	81.671	114.05	163.05	237.99	353.58	533.13	813.52	1253.2	1944.8	3034.8

이자율(r)

기간(n)	11%	12%	13%	14%	15%	16%	17%	18%	19%	20%
1	1.0000	1.0000	1.0000	1.0000	1.0000	1.0000	1.0000	1.0000	1.0000	1.0000
2	2.1100	2.1200	2.1300	2.1400	2.1500	2.1600	2.1700	2.1800	2.1900	2.2000
3	3.3421	3.3744	3.4069	3.4396	3.4725	3.5056	3.5389	3.5724	3.6061	3.6400
4	4.7097	4.7793	4.8498	4.9211	4.9934	5.0665	5.1405	5.2154	5.2913	5.3680
5	6.2278	6.3528	6.4803	6.6101	6.7424	6.8771	7.0144	7.1542	7.2966	7.4416
6	7.9130	8.1152	8.3230	8.5355	8.7537	8.9775	9.2068	9.4420	9.6830	9.9299
7	9.7830	10.089	10.402	10.730	11.067	11.414	11.772	12.142	12.523	12.916
8	11.859	12.300	12.757	13.233	13.727	14.240	14.773	15.327	15.902	16.499
9	14.163	14.776	15.416	16.085	16.786	17.519	18.285	19.086	19.923	20.799
10	16.722	17.549	18.419	19.337	20.304	21.321	22.393	23.521	24.709	25.959
11	19.561	20.655	21.814	23.045	24.349	25.733	27.199	28.755	30.404	32.150
12	22.713	24.133	25.650	27.271	29.002	30.850	32.823	34.973	37.180	39.581
13	26.211	28.029	29.984	32.089	34.352	36.786	39.404	42.219	45.244	48.497
14	30.095	32.393	34.883	37.581	40.505	43.672	47.103	50.818	54.841	59.196
15	34.405	37.280	40.418	43.482	47.580	51.660	56.110	60.965	66.261	72.035
16	39.199	42.753	46.672	50.980	55.717	60.925	66.649	72.939	79.850	87.442
17	44.501	48.884	53.739	59.118	65.075	71.673	78.979	87.068	96.022	105.93
18	50.396	55.750	61.725	68.394	75.836	84.141	93.406	103.74	115.26	128.12
19	56.939	63.440	70.749	78.969	88.212	98.603	110.29	123.41	138.16	154.74
20	64.203	70.052	80.947	91.025	102.44	115.38	130.03	146.63	165.42	186.69
21	72.265	81.699	92.469	104.77	118.81	134.84	153.14	174.02	197.85	225.03
22	81.214	92.503	105.49	120.44	137.63	157.41	180.17	206.34	236.44	271.03
23	91.148	104.60	120.20	138.30	159.28	183.60	211.80	244.49	282.36	326.24
24	102.17	118.16	136.83	158.66	184.17	213.98	248.81	289.49	337.01	392.48
25	114.41	133.33	155.62	181.87	212.79	249.21	292.10	342.60	402.04	471.98
26	127.99	150.33	176.85	208.33	245.71	290.09	342.76	405.27	497.43	567.38
27	143.08	169.37	200.84	238.50	283.57	337.50	402.03	479.22	571.52	681.85
28	159.82	190.70	227.95	272.89	327.10	392.50	471.38	566.48	681.11	819.22
29	178.39	214.58	258.58	312.09	377.17	456.30	552.51	669.45	811.52	984.07
30	199.02	241.33	293.19	356.79	434.75	530.31	647.44	790.95	966.71	1181.9
35	341.59	431.66	546.68	693.57	881.17	1120.7	1426.4	1816.7	2314.2	2948.3
40	581.83	767.09	1013.7	1342.0	1779.1	2360.8	3134.5	4163.2	5529.8	7343.9
45	986.64	1358.3	1874.2	2590.6	3585.1	4965.3	6879.2	9531.6	13203.	18281.
50	1668.7	2400.0	3459.5	4994.5	7217.7	10436.	15089.	21813.	31515.	45497.
60	4755.1	7471.6	11762.	18535.	29220.	46057.	72555.	114189.	179494.	281737.

〈부표 4〉 정상연금 1원의 현재가치: $PVA = \frac{1-(1+r)^{-n}}{r}$ 이자율(r)

기간(n)	1%	2%	3%	4%	5%	6%	7%	8%	9%	10%
1	0.9901	0.9804	0.9616	0.9615	0.9524	0.9434	0.9346	0.9259	0.9174	0.9091
2	1.9704	1.9416	1.9165	1.8861	1.8594	1.8334	1.8080	1.7833	1.7591	1.7355
3	2.9410	2.8839	2.8286	2.7751	2.7232	2.6730	2.6243	2.5771	2.5313	2.4868
4	3.9020	3.8077	3.7171	3.6299	3.5460	3.4651	3.3872	3.3121	3.2397	3.1699
5	4.8534	4.7135	4.5797	4.4518	4.3295	4.2124	4.1002	3.9927	3.8897	3.7908
6	5.7955	5.6014	5.4172	5.2421	5.0757	4.9173	4.7665	4.6229	4.4859	4.3553
7	6.7282	6.4720	6.2303	6.0021	5.7865	5.5824	5.3893	5.2064	5.0330	4.8684
8	7.6517	7.3255	7.0197	6.7327	6.4632	6.2098	5.9713	5.7466	5.5348	5.3349
9	8.5660	8.1622	7.7861	7.4353	7.1078	6.8017	6.5152	6.2469	5.9952	5.7590
10	9.4713	8.9826	8.5302	8.1109	7.7217	7.3601	7.0236	6.7101	6.4177	6.1446
11	10.368	9.7868	9.2526	8.7605	8.3064	7.8869	7.4987	7.1390	6.8052	6.4951
12	11.255	10.575	9.9540	9.3851	8.8633	8.3838	7.9427	7.5361	7.1607	6.8137
13	12.134	11.348	10.635	9.9856	9.3936	8.8527	8.3577	7.9038	7.4869	7.1034
14	13.004	12.106	11.296	10.563	9.8986	9.2950	8.7455	8.2442	7.7862	7.3667
15	13.865	12.849	11.938	11.118	10.380	9.7122	9.1079	8.5595	8.0607	7.6061
16	14.718	13.578	12.561	11.652	10.838	10.106	9.4466	8.8514	8.3136	7.8237
17	15.562	14.292	13.166	12.166	11.274	10.477	9.7632	9.1216	8.5436	8.0216
18	16.398	14.992	13.756	12.659	11.690	10.828	10.059	9.3719	8.75568	8.2014
19	17.226	15.679	14.324	13.134	12.085	11.158	10.336	9.6036	.9501	8.3649
20	18.046	16.351	14.877	13.590	12.462	11.470	10.594	9.8181	9.1285	8.5136
21	18.857	17.011	15.415	14.029	12.821	11.764	10.835	10.017	9.2922	8.6487
22	19.660	17.658	15.937	14.451	13.163	12.042	11.061	10.201	9.4424	8.7715
23	20.456	18.292	16.444	14.857	13.489	12.303	11.272	10.371	9.5802	8.8832
24	21.243	18.914	16.935	15.247	13.799	12.550	11.469	10.529	9.7066	8.8947
25	22.023	19.524	17.413	15.622	14.094	12.783	11.654	10.675	9.8266	9.0770
26	22.795	21.121	17.877	15.983	14.375	13.003	11.826	10.810	9.9290	9.1609
27	23.560	20.707	18.327	16.330	14.643	13.210	11.987	10.935	10.027	9.2372
28	24.316	21.281	18.764	16.663	14.989	13.406	12.137	11.051	10.116	9.3066
29	25.066	21.844	19.188	16.984	15.141	13.591	12.278	11.158	10.198	9.3696
30	25.808	22.397	19.600	17.292	15.373	13.765	12.409	11.258	10.274	9.4269
35	29.409	24.999	21.487	18.665	16.374	14.498	12.948	11.655	10.567	9.6442
40	32.835	27.356	23.115	19.793	17.159	15.046	13.332	11.925	10.757	9.7791
45	36.095	29.490	24.519	20.720	17.774	15.456	13.605	12.108	10.881	9.8528
50	39.196	31.424	25.730	21.482	18.256	15.762	13.801	12.233	10.962	9.9148
60	44.955	34.761	27.676	22.623	18.929	16.161	14.039	12.376	11.048	9.9671

이자율(r)

기간(n)	11%	12%	13%	14%	15%	16%	17%	18%	19%	20%
1	0.9009	0.8929	0.8850	0.8772	0.8696	0.8621	0.8547	0.8475	0.8403	0.8333
2	1.7125	1.6901	1.6681	1.6467	1.6257	1.6052	1.5852	1.5656	1.5465	1.5278
3	2.4437	2.4018	2.3612	2.3216	2.2832	2.2459	2.2096	2.1743	2.1399	2.1065
4	3.1024	3.0373	2.9745	2.9137	2.8850	2.7982	2.7432	2.6901	2.6386	2.5887
5	3.6959	3.6048	3.5172	3.4331	3.3522	3.2743	3.1993	3.1272	3.0576	2.9906
6	4.2305	4.1114	3.9975	3.8887	3.7845	3.6847	5.5892	3.4976	3.4098	3.3255
7	4.7122	4.5638	4.4226	4.2883	4.1604	4.0386	3.9224	3.8115	3.7057	3.6046
8	5.1461	4.9676	4.7988	4.6389	4.4873	4.3436	4.2072	4.0776	3.9544	3.8372
9	5.5370	5.3282	5.1317	4.9464	4.7716	4.6065	4.4506	4.3030	4.1633	4.0310
10	5.8892	5.6502	5.4262	5.2161	5.0188	4.8332	4.6586	4.4941	4.3389	4.1925
11	6.2065	5.9377	5.6869	5.4527	5.2337	5.0286	4.8364	4.6560	4.4865	4.3271
12	6.4924	6.1944	5.9176	5.6603	5.4206	5.1971	4.9884	4.7932	4.6105	4.4392
13	6.7499	6.4235	6.1218	5.8424	5.5831	5.3423	5.1183	4.9095	4.7147	4.5327
14	6.9819	6.6282	6.3025	6.0021	5.7245	5.4675	5.2293	5.0081	4.8023	4.6106
15	7.1909	6.8109	6.4624	6.1422	5.8474	5.5755	5.3242	5.0916	4.8759	4.6755
16	7.3792	6.9740	6.6039	6.2651	5.9542	5.6685	5.4053	5.1624	4.9377	4.7296
17	7.5488	7.1196	6.7291	6.3729	6.0472	5.7487	5.4746	5.2223	4.9897	4.7746
18	7.7016	7.2497	6.8339	6.4674	6.1280	5.8178	5.5339	5.2732	5.0333	4.8122
19	7.8393	7.3658	6.9380	6.5504	6.1982	5.8775	5.5845	5.3162	5.0700	4.8435
20	7.9633	7.4694	7.0248	6.6231	6.2593	5.9288	5.6278	5.3527	5.1009	4.8696
21	8.0751	7.5620	7.1015	6.6870	6.3125	5.9731	5.6648	5.3837	5.1263	4.8913
22	8.1757	7.6446	7.1695	6.7429	6.3587	6.0113	5.6964	5.4099	5.1486	4.9094
23	8.2664	7.7184	7.2297	6.7921	6.3988	6.0442	5.7234	5.4321	5.1668	4.9245
24	9.3481	7.7843	7.2829	6.8351	6.4338	6.0726	5.7465	5.4509	5.1822	4.9371
25	8.4217	7.8431	7.3300	6.8729	6.4641	6.0971	5.7662	5.4669	5.1951	4.9476
26	8.4881	7.8957	7.3717	6.9061	6.4906	6.1182	5.7831	5.4804	5.2060	4.9563
27	8.5478	7.9426	7.4086	6.9352	6.5135	6.1364	5.7975	5.4919	5.2151	4.9636
28	8.6016	7.9844	7.4412	6.9607	6.5335	6.1520	5.8099	5.5016	5.2223	4.9697
29	8.6501	8.0218	7.4701	6.9830	6.5509	6.1656	5.8024	5.5093	5.2292	4.9747
30	8.6938	8.0552	7.4957	7.0027	6.5660	6.1772	5.8294	5.5168	5.2347	4.9789
35	8.8552	8.1755	7.5856	7.0700	6.6166	6.2153	5.8582	5.5386	5.2512	4.9915
40	8.9511	8.2433	7.6344	7.1050	6.6418	6.2335	5.8713	5.5482	5.2582	4.9966
45	9.0079	8.2825	7.6609	7.1232	6.6543	6.2421	5.8773	5.5523	5.2611	4.9986
50	9.0417	8.3045	7.6572	7.1327	6.6605	6.2463	5.8801	5.5541	5.2623	4.9995
60	9.0736	8.3240	7.6873	7.1401	6.6651	6.2491	5.8819	5.5553	5.2630	4.9999

[찾아보기]

[저자소개]

김동욱 교수

제주대학교 회계학과

- 미국 Temple University(경제학박사)
- 미국 Western Illinois University(회계학석사)
- 동국대학교 회계학과(경영학사)

(현) 제주대학교 경상대학 학장/경영대학원 원장
(현) 한국조세재정연구원 자문위원
(현) 제주특별자치도 지방세 심의위원회 위원장
(현) 한국회계학회 부회장
(현) 한국회계정책학회 부회장
(전) 한국정부회계학회 회장

김태동 교수

차의과학대학교 데이터경영학과

- 연세대학교 일반대학원 경영학과(경영학박사)
- 연세대학교 일반대학원 경영학과(경영학석사)
- 연세대학교 경영대학 경영학과(경영학사)
- 미국공인회계사(California)

(현) 차의과학대학교 학생지원처 처장
(현) 한국회계정책학회 부회장(차기회장)
(현) 한국회계학회 부회장(기획)
(현) 한국경영학회 부회장
(현) 한국정부회계학회 부회장
(전) 한국회계정책학회 편집위원장

김성환 교수

광운대학교 경영학부

- 연세대학교 일반대학원 경영학과(경영학박사)
- 연세대학교 일반대학원 경영학과(경영학석사)
- 연세대학교 경영대학 경영학과(경영학사)

(현) 한국회계정책학회 부회장
(현) 한국회계학회 연구이사
(현) 한국경영학회 이사
(현) 회계와정책연구 편집이사
(현) 세무와회계저널 편집위원
(전) 한국경영교육학회 재무이사

최서연 교수

사이버한국외국어대학교 경영회계학과

- 연세대학교 일반대학원 경영학과(경영학박사)
- 이화여자대학교 일반대학원 경영학과(경영학석사)
- 이화여자대학교 경영대학 경영학과(경영학사)

(현) 경영회계학과 학과장
(현) 한국회계학회 사이버교육위원장
(현) 한국회계정책학회 상임이사
(현) 한국관리회계학회이사
(현) 한국창업지도사협회 자문위원
(전) 사이버한국외대 온라인교육지원처장

김현동 교수

배재대학교 경영학과

- 연세대학교 일반대학원 법학과 법학박사(조세법)
- University of Texas at Arlington(회계학석사)
- 서강대학교 경상대학 경제학과(경제학사)
- 미국공인회계사(Delaware)

(현) 한국회계정책학회 학술이사
(현) 한국세무학회 편집위원
(현) 한국회계정보학회 상임이사
(전) 기획예산처 행정사무관

표경민 교수

건양대학교 세무학과

- 연세대학교 일반대학원 경영학과(경영학박사)
- 서울대학교 기술경영경제정책(경제학석사)
- KAIST 생명화학공학과(공학사)

(현) 한국관리회계학회 이사
(현) 한국회계정책학회 이사
(현) 한국회계학회 이사

시작하는 IFRS 회계원리

2020년 4월 25일 1판 1쇄 발행
2025년 3월 25일 1판 4쇄 발행

저 자 : 김동욱, 김태동, 김성환
최서연, 김현동, 표경민

발행인 : 한 정 주
발행처 : 교 육 과 학 사

경기도 파주시 광인사길 71
전화 (031)955-6956~8 / 팩스 (031)955-6037
Home-page : www.kyoyookbook.co.kr
E-mail : kyoyookbook@daum.net
등록 : 1970년 5월 18일 제2-73호

낙장 · 파본은 교환해 드립니다.
Printed in Korea.

정가 23,000원
ISBN 978-89-254-1478-2